中国百村调查丛书

国家社会科学基金重点项目（滚动资助，批号：98ASH001）

"十二五"国家重点图书出版规划项目

"十三五"国家重点图书出版规划项目

中国 村调查

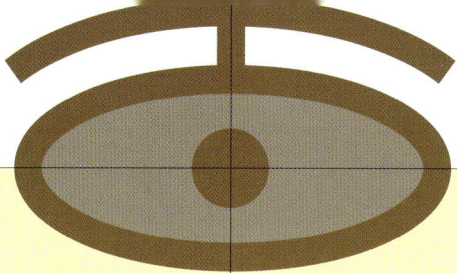

中国百村调查丛书·燎原村、东衡村

乡村活力如何维系与提升

HOW TO MAINTAIN AND ENHANCE RURAL VITALITY

李敢 / 著

社会科学文献出版社
SOCIAL SCIENCES ACADEMIC PRESS (CHINA)

目　录

百年老铺　　　　　　　胡文乔 摄

"洋家乐"与游客　　　　　徐丽莲 摄

东衡村乐韵钢琴厂

乡村音乐厅

村民锻炼之一

村民锻炼之二

莫干清晨

东衡村委

东衡新村

庚信北街

庚信南街

莫干山车站 ｜
赵孟頫墓 ｜ 中国农民藏书第一楼

＊图片均由中共德清县委宣传部提供

中国百村调查丛书总编辑委员会

总　　序

中国百村调查，是继全国百县市经济社会调查之后又一项经国家社科基金立项，由中国社会科学院组织协调的大型调查研究项目，其目的是加深对中国国情的认识和研究，特别是加深对中国农村社会的认识和研究。

在改革开放的大潮中，中国农村经历了空前的变化。早在20世纪90年代中期，在完成百县市调查研究后，中国社会科学院百县市调查课题组发现，县市调查属于中观层次，需要村落调查给予充实和完善。当时农村人口依然占中国总人口的多数，尤其是改革开放以后，农村基层社会变化最深刻，这是决定中国社会主义现代化命运的基础，是弄清国情必不可少的。在百县市调查的基础上，继续开展对村庄的大型调查，可以对县市村形成系统的、全面的认识。百村调查是百县市经济社会调查的姊妹篇，两者结合起来研究，将相得益彰，让我们更加完整地理解我国的基本国情。

因此，总课题组当时做了两件工作：一是组织一个课题组，到河北省三河市行仁庄进行试点调查，形成村的调查提纲、调查问卷和写作方案，为开展此项调查做了准备；二是在1997年7月写出了《中国国情丛书——百村经济社会调查》的课题报告，向全国哲学社会科学规划办申请立项，但因当时国家社科基金"九五"重点课题都已在1996年评审结束，立项时间已过，不好再单独立项。后来总课题组同全国哲学社会科学规划办反复协商，全国哲学社会科学规划办考虑到百县市经济社会调查课题组很好地完成了任务，考虑到再做一次百村调查是百县市国情调其他国家的社会科学学术交流中，丰富世界社会科学的研究经验和理论视角。

百村调查项目不仅进一步凝聚了百县市调查项目的科研人员，而且还吸引了一批新的科研人员加入。通过现有的二十多个项目的调查研究以及专著出版，培养和锤炼了一批科研人员，使他们成为当地社会科学院、高校、党校乃至政府政策研究部门的科研骨干，促进了各地的社会科学研究。百村调查之所以能培养和锤炼科研人才，首先是因为其要求科研人员在中国最基层进行长时间的实地调查，没有这样的调查，是写不出专著和论文来的；其次与总课题组的科研指导有着直接的关系，总课题组对所有各地负责百村调研的人进行定期的培训和指导，还专门派人到现场对各地的科研人员进行指导，这种合作模式有效地整合了各方的科研资源，产生了倍增的科研效力。

此外，百村调查和研究还引起了一些地方政府对村落保护性发展的重视，尤其推动了它们积极去保护一些地方的传统文化，更好地实现经济发展、旅游开发与文化保护相互促进的作用。

总之，百村经济社会调查的目的，同百县市调查一样，也是为了加深对我国基本国情的认识，特别是对我国农村、农民、农业的现状和发展有一个科学的认识。通过调查，"摸准、摸清"1949 年以来，特别是改革开放以来这上百个村在政治、经济、社会、文化和生态的变化过程、变化状况；经过综合分析，通过文字、数据、图表把这些村庄过去和现在的状况如实地加以描述，既能通过这个村的发展展示农村几十年来发展的一般规律，也能展示这个村特有的发展轨迹。

《中国国情丛书——百村经济社会调查》编辑委员会遵循实事求是、严肃认真的科学态度，坚持贯彻"真实、准确、全面、深刻"的方针，要求社会科学工作者深入农村，同当地的干部、群众相结合，采用长期蹲点调查、问卷调查、个案访谈等多种调查方法，力求掌握真实全面的第一手资料，通过"去粗取精、去伪存真、由此及彼、由表及里"的科学分析，如实全面地反映客观状况，杜绝弄虚作假的恶劣做法。社会科学成果，只有真实的才是有生命力的，也才有存在的价值。

《中国国情丛书——百村经济社会调查》是一项集体创作的成果。参加这项大型国情社会调查的，有国家和各省、市、自治区的社会科学院、大学、党校以及党政研究机构的社会科学工作者，他们与被调查地区的党政领导干部相结合，并得到他们的支持和帮助，还得到了被调查行政村的干部和群众的积极配合。专业工作者、党政部门的实际工作者和农民群众三结合，才能共同完成这项科学系统的调查任务。百村调查和研究不仅是一项研究课题，还是一个研究者与实际工作者共同合作、携手参与我国农村社会经济发展的实践平台。因此它是一项长期的、具有非常重要价值的工作。我们将在新的起点上凝聚各方力量，提升调查和研究水平，更好地为认识中国农村、推进理论创新、服务农村发展和振兴做出持续不断的努力和贡献。

《中国国情丛书——百村经济社会调查》

编辑委员会

2017 年 11 月 23 日

前　言

作为中国农村发展研究的一个有机构成，新时代"社会主义新农村建设"（其后亦称为"美丽乡村建设"）是农村综合改革事业的一个很好的切入点，也是城乡一体化统筹发展实践的有机组成部分。而新农村建设的一个核心环节，在于"乡村活力如何维系与提升"。在建设实践中，这一论题，既涉及乡村产业发展升级和乡村整体性治理的转型，也涉及对中国农业和农村发展前景的若干预判（黄祖辉等，2002）。比如，某些类型的村落是否会因为特定要素的巨变而出现终结现象（李培林，2002）。再比如，在不同地域的不同发展时期，关于农业多功能性和多元化的具体呈现，或许更值得深入关注（朱启臻，2009）。类似的研究议题还有不少，例如，在转型发展新时代，机会平等视角对于城乡统筹发展的顺利实施格外重要（王春光，2014）。进而言之，关于"乡村活力如何维系与提升"论题的可能解答，需要与时俱进，也有必要将其置于城乡互动关系考究背景之下予以审视（王春光，2016），承此，基于乡村地方产业何以重振及其自主性治理何以获得等"三农问题"的研讨（陆学艺，1989，2002，2004，2005），同时也出于对中国乡村现代化何以可能进行以及对其步骤、问题和出路的进一步探索（陈光金，1996；2016），本书尝试探究在地实践之上乡村活力的激发、维系与提升的可能路径选择，以及其中蕴含的可能的理论价值。

自2014年春天以来，经由对浙北德清县东西端两个典型村庄的跟踪式调研，我们格外关注，村庄治理转型与产业升级的路径变迁何以发生及其关联。需要说明的是，这里的转型变迁既包括村镇治理物理形态层面的转型变迁，也包括经济社会层面的转型变迁。从理论溯源角度去观察，在政府、市场和社会等多元力量的推动之下，启发自东亚一些经济较发达国家和地区在乡村转型发展及现代化城乡关系变迁和重塑过程中的有关实践，例如，日本的"造町运动"、韩国的"新村运动"和中国台湾的"社区总体营造"等，我们提炼出"地域活化"研究视角。此外，不同于一般社会学研究中研究者多为常见的观察者或"诊断者"的研究姿态，在德清县乡村建设持续性调研活动中，在一定程度上，我们还秉持了"行动－干预社会学"理念，即在"学术研究"之外，还扮演了实践者和参与者的角色，也就是说，还以在地行动的方式，在不同程度上对当地乡村建设施加了一定的"干预"，如对"双重产业集群合力化""地方空间重塑""小镇大村""城乡共同体"等理念的宣介推广，并与德清县域地方性学术团队（"研读德清"）通力合作，共同为地方发展建设建言献策。进一步而言，本书主要是经由对两个典型村庄在乡村产业整合与村庄整体治理方面的调查、沟通、再调查、再沟通等方式，突出在地经济社会文化等资源特质，在此基础之上，对地方性乡村活力维系和提升的实践予以归纳梳理，在肯定其既有成绩之外，指出潜在的问题与拓展空间，力求"管中窥豹而可见一斑"，这是因为，进入经济新常态之后，乡村社会治理面临着非同以往的新形势、新问题和新困境（王春光，2015）。自然，相应问题的解决也需要以新的实践和新的发展思路去应对。

承上，本项目调研的着力点在于围绕"地域活化"视角下关于"空间"的三重构建，也即"地域权型空间"、"地方空间"和"实践空间"及其具体对应向度，尝试以土地要素盘活视角为出发点，审视乡村产业要素激活及其整合的可能路径，进而关注"在地化乡村活力何以复兴、维系和提升"。有鉴于此，围绕经济新常态之下新农村建设中"乡村活力如何维系与提升"论题，本节初步建立了一个基于"地域活化"视角下"一体两翼式空间建构"分析框架。其中，"一体"指的是"地方空间"及其之下的三维组合，也即"土地＋土地上的人＋土地上的产业"。"两翼"分别指的是"地域权型空间"及其之下"产业、主体人及其需求"，以及"实践空间"及其之下"实践逻辑和实践过程相交织"。因此，在"一体两翼式空间建构"分析框架中，在"三位一体"分析思路下，除了关于土地要素的浓墨重笔刻绘之外，本书突出融入了"主体人及其职业变迁"，"从乡土农民到城乡农民"的人口迁移，以及"产业"和"产业地"间关系何以互动构建等知识点。

概言之，本书致力于探究在乡村转型发展过程中，产业升级和基层治理何以实现齐头并进的路径摸索，并尝试提供若干基于地方经验的分析性概念或命题，例如，"小镇大村"、"联村成片"、"乡村地域活化"以及"乡村治理转型及其之上城乡一体化的有效推进，离不开土地要素的利用创新与对应产业转型升级的稳步前行"等判识。具体涉及村庄分化和城乡互动、乡村产业及其业态的变迁变化、农业功能的多维转化、农民群体的异质性和代际差异等环节。以期借此为经济新常态之下新农村建设研究、为"乡村振兴"新时代之下城乡融合发展研究，以及为更全面的"三农"研究添砖加瓦，尽绵薄之力。

循沿村庄治理转型和产业升级研究需要置于县域发展转型和产业升级参照背景之下的基本见解，本书共计六章，其中，第三章至第五章为主体分析部分，致力于具体村庄案例之上阐释论述的铺陈展开。而且，总体上，主体部分三章的每一章，均尝试采用一个细化的理论视角或分析理路去支撑相关论点或素材。在此，将参考"一体两翼式空间建构"分析框架，对全部细化的理论视角予以整合。并且，在"地域活化"研究视角之下三重空间建构中，"地方空间"及其之下"土地＋土地上的人＋土地上的产业"成为本书主旨阐释的重中之重。

具体而言，第一章为引言，主要包括三个部分，分别是研究背景与研究问题提出、调查地点与研究对象简介，以及对德清县乡村建设的历史追溯，也即"莫干乡村改进"（1928—1950 年），并附有基于此乡建历史实践的若干思考和启示。实际上，该部分"思考和启示"对后续行文有较为明显的影响。第二章为理论框架的构建，主要包括两个部分，其一是整体性理论视角的介绍，包括"地域活化"视角理论溯源、发展及其之下"一体两翼式空间构建"分析框架的组成。具体而言，"两翼"分别为"地域权型空间"及其"产业、主体人及其需求"、"实践空间"及其"实践逻辑和实践过程相交织"；"一体"指的是"地方空间"及其"土地、土地上的人、土地上的产业"。进而言之，本章对"一体"，也即"地方空间"及其三维组合展开了进一步阐释。第三章聚焦于土地要素的盘活及其功能发挥，以"实践空间"之下"实践逻辑与实践过程相交织"为切入点，着力于对德清"土地流转"何以发生的机制进行探讨，以及关于"农村集体经营性建设用地入市改革试点"得以顺利推行的动因和机制探讨。此外，第三章还阐释了乡村土地要素激活功能体现的经济社会影响和后果，突出了从"新土改"视角观察乡村活力振兴的重要意义。第四章以"地方空间"之下"土地、土地上的人、土地上的产业"何以融合发展的设问为统领，聚焦于产业转型升级背景下村庄治理结构变迁的案例介绍和分析，着力于两个村庄各自产业模式变迁和治理结构变迁的论证。其中，燎原村主要以"地方空间"之下"土地、土地上的产业、土地上的人"的具体构建——"AGIL功能论之下舒适物系统的指标构建"为切入点，东衡村主要以"土地、土地上的产业、土地上的人（村庄自组织复苏）"互为作用为牵引。第五章是对第四章的深化探讨，涉及本书的关键性分析概念"小镇大村"的提出和阐释，也即，经由"小镇大村"分析概念，探讨了从乡村发展延展到小镇发展的"村镇一体化"发展建设的可能性，并以此分析概念作为未来乡村发展道路可能选择的一种预判。具体而言，分别以"地域权型空间"建构之下"产业、主体人及其需求"，以及"地方空间"之下"三位一体"的具体体现——"双重产业集群合力化"为切入点，对莫干山村和"钢琴之乡"的活化和发展路径再度予以评议阐释。其中，前者着力于对莫干山村整体性变迁的探讨，后者着力于对村镇产业振兴及其经济社会效应的探讨。第六章作为书稿的总结，结合"实施乡村振兴战略"的时代诉求，聚焦于新时代乡村建设的变革道路与演变趋势。在分析了近40年农地资源配置逻辑演变（1978—2018）以及"土地、产业、人口特性及其需求特征的变化"的基础之上，本书重申"乡村地域活化"这一研究重点，并以此思路作为未来乡村建设研究进一步观察和实践的可能尝试。

目　录

目　录

目 录

第一章　引言

第一节　研究背景与问题的提出

国家层面，2005 年中国共产党第十六届五中全会召开，会上提出以"生产发展、生活宽裕、乡风文明、村容整洁、管理民主"为标识的"社会主义新农村"建设愿景。[①] 随后，"社会主义新农村建设"的重大历史任务日渐进入国家发展规划议程。例如，在 2013 年，建设"美丽乡村"的奋斗目标正式写进"中央一号文件"。[②] 再例如，"中国要强，农业必须强；中国要富，农民必须富；中国要美，农村必须美"的前进目标，则明确写进2015 年中央一号文件《关于加大改革创新力度　加快农业现代化建设的若干意见》，如此等等，不一而足。继之，一定程度上，"美丽乡村建设"基本上已经成为"社会主义新农村建设"的代名词了。2017 年党的十九大报告中，中央明确提出"实施乡村振兴战略"。

[①] 2005 年 10 月，中国共产党第十六届五中全会《十一五规划纲要建议》提出"扎实推进社会主义新农村建设"。同年，时任浙江省委书记的习近平提出"绿水青山就是金山银山"的发展观。"美丽乡村"术语正式见文于 2013 年中央一号文件。如溯本追源，则可以推到 2005 年中共十六届五中全会提出的"社会主义新农村建设"。

[②] "中央一号文件"原指中共中央每年发布的第一份文件，现已成为中共中央重视农村问题的专有名词。例如，从 1982—1986 年，中央连续发布五个"一号文件"。再例如，进入 21 世纪以来（2004），中央总共发布了 15 个"一号文件"，农村问题的重要性由此可见一斑。另外，1978—2018 年，至少还有 13 个以中共中央名义发出，在性质、地位、规格上等同于"一号文件"的文件，以及中央关于农业农村的历次全会，目的都在于"保障农民的经济利益，尊重农民的民主权利"。

地方层面，在"十一五"（2006—2010）期间，多地省市已经陆续依据"社会主义新农村建设"的初期要求，努力打造"生产发展、生态良好、生活富裕"的美丽乡村建设计划，并付诸实际行动，也取得了相应成效。例如，2008 年，浙江省湖州市安吉县正式提出"中国美丽乡村"计划，出台《建设"中国美丽乡村"行动纲要》。在"十二五"（2011—2015）期间，受安吉县"中国美丽乡村"建设的积极影响，浙江省制定了《浙江省美丽乡村建设行动计划》。随后，广东、海南等地在"美丽乡村建设"方面陆续跟进（德清县在这一领域的概况见下文）。

随着各地"社会主义新农村建设"（美丽乡村建设）实践的进行，相应的理论问题也接踵而来，比如，（包括营造"乡村振兴标杆县"在内的）"美丽乡村建设"的可能实现路径有哪些，在不同地域又有着怎样的差异性体现？与此同时，"美丽乡村建设"与十八大突出的大力推进城乡体制改革和城乡统筹发展，与十九大强调的推进城乡融合发展以及其中关联的农业现代化目标事项之间又体现为怎样的关系？

承上，围绕新时代社会主义新农村建设中"村庄治理转型和产业升级向何处去"这一议题，本书将聚焦于"在地性乡村活力维系与提升的路径探索"。进一步而言，在一定程度上，乡村活力问题的本质为"三农问题"，而"三农问题"的解决又取决于"三农现代化"的实现，即"农业现代化，农村现代化、农民现代化"。在此期间，"三农现代化"既是过程，也是手段，还是载体，同时还是新时代社会主义新农村建设的核心内容，共同服务于"农村更美、农民更富、农业更强"的乡建目标。不过，具体而论，在新型城镇化与县域新农村建设过程中，如何实现"三农共进"则需要关注其间的动态性、地方性、整体性、时代性，以及其他关联影响因素的发展变化。据此，可以认为，经由乡村产业升级与村庄治理转型的共同振兴，以尝试解决新时代乡建"三农"难题，或不失为一种可能的尝试。

概而言之，基于浙江地域性经验素材的梳理整理，尤其是对湖州市德清县两个典型村庄为期三年多的实地田野跟踪调研，本书以跨学科的"地域活化"研究视角和社会学知识融合为理论指导，以"一体两翼式空间建构"为整体性分析框架，并注重对"地方空间"之下"土地＋土地上的人＋土地上的产业"的细化分析，致力于提供关于"乡村活力如何维系与提升"论题的若干分析性概念或命题，并借此尝试为新时代社会主义新农村建设（美丽乡村建设）探索出某些值得借鉴的发展经验与学理概括。

第二节　调查地点与研究对象简介

一　德清县简介

德清县位于浙江北部，居天目山东北，东苕溪中游，杭嘉湖平原西部，属于太湖流域长江三角洲经济区，也是杭州都市区的重要组成部分。总面积937.93 平方公里，东西长 54.75 公里，南北宽 29.75 公里，紧邻杭州城北约30 公里，距离杭州主城区约 30 分钟高速车程（德清县地方志编纂委员会，2015：1—2）。行政区划方面，德清县隶属于湖州市，现辖 8 个镇、4 个街道，总人口 436981 人（2015 年数据）。经济社会发展方面，德清县自 20 世纪 90 年代中期，先后 11 次入选"全国经济百强县（市）"。德清县多次获评全国综合实力百强县、全国全面小康十大示范县市，2015 年跃居全国县域经济最具发展潜力百强县（市）第一位。2016 年，德清县成为浙江省首批美丽乡村示范县。[①] 在财政收支方面，[②] 德清县 2007 年至 2011 年财政总收入年均增长 20.6%，地方财政收入年均增长 20.3%；其中 2011 年全县财政总收入 44.23 亿元，比上年增长（以下简称"增长"）28.2%，地方财政收入 23.4 亿元，增长 25.8%。2011 年至 2015 年财政总收入年均增长 14.1%，地方财政收入年均增长 15%；其中 2015 年全县财政总收入 66.64 亿元，增

---

① 近年来，德清县所获各类荣誉称号繁多，仅与乡村建设有关的就不少，如，2012 年，德清县被农业部评为全国农业标准化示范县；2013 年 10 月，德清县被浙江省政府授予"浙江省美丽乡村创建先进县"荣誉称号。2015 年，在全国首次农村人居环境普查评价（住建部）中，德清县位居全国第一。2015 年，被农业部和国家旅游局评为全国休闲农业与乡村旅游示范县之一。值得一提的是，德清县近年在休闲农业和乡村旅游融合发展方面成绩显著。休闲观光农业已成为德清县农业产业的重要经济增长点，有效增加了农民收入，缓解了就业压力。例如，在 2014 年，直接解决了 15882 多名农村劳动力就业，直接间接促进了农副产品销售 17.5 亿元。

② 本部分财税数据来自德清县财政税务局，按照资料提供方建议，仅限于学术理论研究。

长 6%，地方财政收入 37.36 亿元，增长 6.1%。2016 年全县财政总收入 72.79 亿元，增长 8.9%，地方财政收入 42.03 亿元，增长 8.6%。

表 1-1 "十二五"以来德清县地方财政收入构成明细

单位：亿元

年份	地方财政收入中的税收收入	地方财政收入中的非税收收入
2011	22.11	1.29
2012	25.40	1.79
2013	28.47	2.50
2014	30.66	3.05
2015	33.28	4.08
2016	37.30	4.73

资料来源：笔者依据德清县财税局资料整理。

德清县 2007 年至 2011 年财政支出年均增长 22%。2011 年全县财政支出 26.07 亿元，增长 21.6%，民生支出[①] 16.62 亿元，增长 26.3%。2011 年至 2015 年财政支出年均增长 15.6%，其中民生支出年均增长 22.2%。2015 年全县财政支出 46.24 亿元，增长 16%，民生支出 35.9 亿元，增长 18.5%。2016 年全县财政支出 46.04 亿元，下降 0.5%，民生支出 35.37 亿元，下降 1.5%。根据 2016 年数据，德清全县城乡常住居民人均可支配收入比为 1.71:1（同年，浙江全省为 2.07:1，全国为 2.72:1），城乡统筹发展水平位居浙江省前列。关于以上数据的详细构成，暂以 2015 年为例进一步加以说明：当年实现生产总值 392.7 亿元，增长 8.6%；完成财政总收入 66.6 亿元，增长 6%，其中地方财政收入 37.36 亿元，增长 6.1%；同年，全县全体居民人均可支配收入 34367 元，其中，城镇常住居民人均可支配收入 42622 元，农村常住居民人均可支配收入 24934 元，分别增长 8% 和 9.3%。

在综合改革方面，2015 年，德清县被国务院确定为 33 个农村土地制度改革试点县之一（起初主要负责农村集体经营性建设用地入市改革，其后又

---

① 民生支出主要包括在一般公共预算之中：公共安全、教育、科学技术、文化体育与传媒、社会保障和就业、医疗卫生与计划生育、节能环保、城乡社区事务、农林水事务 9 项。

获得征地改革试点权限），同年德清县被国家发展改革委员会、国土部、环保部和住建部四部委确定为"多规合一"试点县，被浙江省政府确定为城乡体制改革唯一试点县，不一而足。[①]

值得一提的是，近年来，德清县"中国和美家园建设"[②] 也开展得红红火火，颇有特色，并入选 2016 年度浙江省第一批美丽乡村示范县。本书中的两个主角，东衡村和燎原村，同列德清县"中国和美家园建设"名录，其中，东衡村为"和美家园精品村"，燎原村为"和美家园特色村"。另外，东衡和燎原这两个村庄还同时入选"2016 年度浙江省美丽乡村特色精品村"，东衡村所在的洛舍镇以及燎原村所在莫干山镇也入选 2016 年度浙江省美丽乡村示范乡镇。

二　东衡村简介

东衡村[③]又被称为"钢琴村"，与其所在的"钢琴之乡"（洛舍镇的绰号）相对应，原名东衡里（蔡泉宝、章顺龙，2005：3）。东衡村位居衡溪水以东，德清县中北部洛舍镇的东南端，地域面积 10.4 平方公里，总人口 3056 人，768 户，分布于 22 个村民小组，60% 的村内劳动力选择在村内或附近就业（2015 年 8 月 21 日，村主任访谈）。有水田 4553 亩，林地 690 亩，桑地 1004 亩，鱼塘 280 亩。整个村落处于低山丘陵和水网平原交织地带，石矿资源丰富、田肥地沃，水陆交通便捷。在经济发展方面，以采矿、钢琴制造、木业加工、水产养殖等为当地支柱性产业，现有中小企业 70 多家。2015 年，村集体收入为 886.65 万元，村民人均纯收入 25990 元。2016 年，村集体经济收入 1000.18 万元，村民人均纯收入 26800 元。

东衡村有着良好的历史人文底蕴，村民信奉"耕读并重"理念，素来重视教育文化训练。沈姓与章姓为村中大姓，历史上有东汉车骑将军沈戎、南朝文学家沈约等人。从北宋至清康熙年间，东衡村共走出 4 位尚书与 11

---

① 从 2014 年至 2017 年 6 月，德清相继获得 17 项国家级试点、36 项省级试点授权。
② 关于德清县"中国和美家园建设"资料性介绍，参阅书稿"附录"十一。
③ 关于东衡村更多资料性介绍，参见书稿"附录"之二。

位进士，还是宋末元初书画大家赵孟頫的第二故里，以及其晚年与妻子管道升隐居栖息地和归葬地。长期以来，东衡村也享有"八半村"美誉，即"半山半水，半耕半读，半乡半市，半武半文"（章顺龙，2014：153）。

三 燎原村简介

燎原村[①]地处德清县西部山区莫干山镇，面积 9 平方公里，450 户，总人口 1743 人，分布于 20 个村民小组，60% 左右的劳动力在村内就业。拥有水田 1555 亩，林地 8830 亩，竹林 2585 亩（含毛竹、小竹等品种），茶和果园 2000 余亩（2015 年数据）。茶和竹以外，燎原村还盛产桃、梨、杨梅等水果。

在漫长的历史长河中，燎原村一直被称为庾村。庾村则源自南北朝时期赫赫有名的庾信家族，也是民国"莫干乡村改进"的旧地。在民国时代，庾村可谓大名鼎鼎，因其是当时各路政要在莫干山兴建"万国别墅"的必经之地，当年部分欧式建筑和法国梧桐至今也有所存留。新中国成立后，在社会主义改造大潮中，庾村易名为颇具社会主义革命和建设气息的燎原村（后经多次村庄治理合并，历史上的庾村和现在的燎原村在地理区划上存有一定差异）。不过，即便如今，在当地人的日常生活中，一般仍习惯称燎原为庾村（据此，以下行文，二者通用）。

要谈论庾村在历史与现实层面的发展转型，民国时代"莫干乡村改进"实践是一个很好的切入点。

第三节 德清县乡村建设历史追溯：民国"莫干乡村改进"（1928—1950）[②]

国内学界一旦提及中国近代史上乡村建设运动议题，皆论及晏阳初

---

① 燎原村（庾村）更多资料性介绍，请参见书稿附录1。

② 本节主要内容已经发表，参阅：李敢，2017，《"莫干乡村改进实践"及其对新时期乡村建设的启示》，《浙江树人大学学报》第 1 期。

（1890—1990）和梁簌溟（1893—1988）等大方之家①，但关于黄郛（1880—1936）及其夫人沈亦云（1894—1971）主持的"莫干乡村改进"实践（1928—1950）却相对鲜有了解，遑论深入研究了，这不失为学界的一种缺憾。② 实际上，在民国时代，"莫干乡村改进"的社会影响力足以媲美前两者，其政治影响力甚至远高于前两者（参阅后文介绍）。

虽然"莫干乡村改进"只是中国近代史上乡村建设运动的一个片段，但本着发掘旧日乡建史实的诉求，基于实地考证，本书对"莫干乡村改进"历史资料予以了重新梳理，且将此案例置于今日新农村建设大环境中进行再审视，围绕"村庄转型向何处去"，本书提供了以"乡村活力如何维系与提升"主题的历史与现实、经济产业与社会文化双向融合的分析视角。

不过，鉴于多重复杂因素，在相当长的历史时期，黄郛一度被定格为"亲日派"软骨头，甚至被扣上"汉奸/卖国贼"罪名，毁之者有，誉之者亦有，聚讼纷纭，莫衷一是。于是，在行文结构上，本节首先有必要对黄郛及其夫人的一生做个简要介绍；其次对"莫干乡村改进"脉络予以整体性呈现；再次，探讨"莫干乡村改进"的学理意义；最后，探讨"莫干乡村改进"实践对于今日乡村建设的启迪。例如，当年"莫干乡村改进"原址浙江省德清县③在乡村建设实践中取得的成绩与存在的不足，及其可能转化与提升的空间。

---

① 其一，晏阳初先生于 1926 年至 1936 年在河北定县进行了十多年乡村平民教育实验。后于 1940 年至 1949 年，在重庆歇马镇创办中国乡村建设育才院（后命名为"乡村建设学院"），组织开展华西乡村建设实验。1950 年，晏阳初移居美国，主要在第三世界国家从事乡村建设活动；其二，梁簌溟先生于 1928 年开始倡导村治和乡治，其乡村建设运动正式启动于 1931 年 1 月"山东乡村建设研究院"（邹平）的建立，历时七年有余。其三，当然，民国时代乡村建设从业者很多，包括黄炎培、陶行知、卢作孚、彭禹廷、江恒源、陈翰笙等。

② 说来颇愧作，笔者踏入社会学这条"河流"，算来已有 10 多年，但在 2014 年之前，对黄郛及其乡村改进事业却未曾有过了解。在 2014 年初，因为一项县域文化产业调研，笔者来到位于德清县莫干山镇的"陆放版画藏书票馆"，乃得知，该楼实为黄郛当年修建的文治藏书楼（也是当时莫干小学图书馆）。继而，在 2015 年夏季，承蒙王春光研究员及其团队的善意，笔者得以有机会参与由陆学艺老先生发起的国家大型国情调查研究项目"中国百村经济社会调查"之德清调研（子课题），在对黄郛一生及其莫干乡建事业了解日益增多之后，觉得实诚有必要予以梳理呈现，以供时下乡村建设参考借鉴，错谬之处，文责自负。

③ "莫干乡村改进"主要发生于莫干山庚村，原属于浙江省武康县。武康县在 1958 年并入德清县。当年改良故地主要发生于莫干山镇庚村一带，即今日莫干山燎原村及其周边地带。

一　黄郛与其夫人沈亦云概介

黄郛，字膺白，江苏松江人（今属上海），民国时代颇具影响力的风云人物之一，但却终生郁郁不得志。之所以有此言，大概有以下几方面要素。其一，黄是同盟会最早期成员之一（"丈夫团"团长），与陈其美和蒋介石是义结金兰的兄弟。其二，辛亥革命时期任职沪军都督府参谋长，参与过上海光复，是劝清皇室退位与维护保存故宫博物院的最大功臣之一。其三，1921 年，出任华盛顿会议北洋政府代表团顾问。1924 年，在冯玉祥"北京政变"时期，黄郛任职内阁总理，摄行总统职权。在此前后，黄郛还陆续参与过"二次革命"、"护国战争"、北伐战争和国民党"清党"等事件。其四，南京国民政府成立后，黄郛担任过首任上海特别市市长（1927）、外交部部长（1928）以及行政院驻北平政务整理委员会委员长（1933）等职位。其五，1928 年 5 月，黄郛在"济南惨案"处置过程中被蒋介石免职顶罪。1933 年，在"塘沽协定"处置中黄郛再次替人受过。从此以后，身负"反共"、"亲日派"乃至"卖国贼"等污名（黄沈亦云，1967a，1967b，1967c；沈云龙，1976；沈亦云，1980；杨天石，1993；方可，2002；张学继，2005；上海地方志办公室，2008）。

沈亦云[①]，本名性真，嘉兴人，黄郛第二任妻子。亦云一名为其 1906 年在天津女师学堂读书时，时任校长傅增湘在其毕业时所赠，她还为自己取了个名字——景英。辛亥革命爆发后，沈亦云在上海组织"女子军事团"，1912 年嫁给黄郛，中华人民共和国成立后移居美国，并于 1961 年写成《亦云回忆》（沈亦云，1980）。该著述以史料翔实，信息真切而著称于世。

实际上，"济南惨案"后，黄郛便开始退出政坛，隐居莫干山，从事乡村教育与改良事业；"塘沽协定"后则完全退隐，全身心投入莫干乡村改进

---

① 沈亦云姐弟 4 人，皆为时代翘楚。二妹沈性仁（1895—1943），民国知名才女，翻译家，于 1917 年嫁给著名社会学家陶孟和先生。三弟沈怡（1901—1980），著名水利专家，黄河治理专家，中华人民共和国成立后去了中国台湾，其后去了美国。小妹沈性元（1906—1986），艺术家，教育家，于 1927 年嫁给著名爱国民主人士钱昌照先生。钱为近代中国国家资源委员会倡导成立者，一生为民族工业发展做出了巨大贡献。

实践，直至病殁。黄郛 1936 年辞世后，"莫干乡村改进"事业之所以能够持续到 1950 年，离不开其夫人在这 10 多年非常时期的巨大付出，谓之苦心孤诣以至殚精竭虑，并不为夸张之词。以下按照黄郛和沈亦云两个时期，分别对"莫干乡村改进"脉络予以概要性介绍。

二　"莫干乡村改进"脉络（1928—1950）

（一）黄郛时期（1928—1936）："受诸社会、报诸社会"，尽显男儿英雄本色

黄郛兴办莫干乡村改进活动一直奉行"受诸社会者报诸社会"的理念，倡导以"意远进渐"的温和方式从事乡村建设（沈亦云，1980：96—99）。

1928 年，黄郛与沈亦云在莫干山先购后修"白云山馆"，拟作为退隐之所。初始，主要是埋首书籍、吃斋念佛和零星做些善事。其后，黄沈二人悉心经营以"耕读并重、勤俭忠慎"为宗旨的莫干小学（1932），主张"以学校为中心，谋农村之改进"。随后，依托小学开办农业种养场，以场养校，执行教育与生产实践双结合方式。如此一来，既可以增强学生动手能力，学习乡村实际知识，也有助于小学自力更生。[①] 之后，黄郛在当地开始乡村公益设施建造，例如"膺白图书馆"（文治藏书楼）以及白云池水库[②]等农田水利设施（钱昌照，1998：22）。

黄郛余生以学校教育作为改进农村事业的中心，并试图不再过问"窗外事"。根据沈亦云的记录，黄郛经营莫干小学的动机有三：其一为报德，即"受诸社会者报诸社会"；其二为育才，黄郛目睹当时莫干农村儿童基本目不识丁，痛心于此；其三为帮扶农民，在莫干小学成立的同时，"莫干农村改进会"和"莫干农事试验场"等从事具体乡村改进工作的机构也相继成立。[③]

---

① "以农村教育促农村改进"是当年黄郛办学的一个重要出发点。1932 年 6 月 1 日，莫干小学举行开学典礼时，黄郛致辞说："我夫妇二人将来即以学校为家，愿乡村父老于以合作，使莫干小学成为我们农村改进的先声，莫干小学的学生，各个能成为地方上有用的人才。"

② 白云池水库兴建于民国二十三年（1934）庚村大旱之际，命名取自膺白和亦云各一字。

③ 1934 年，江南大旱时（甲戌大旱），黄郛还在"莫干农村改进会"下面设立了"旱灾救济委员会"，因其组织有方，工作有序，对救助莫干山村灾民、恢复生产起到了非常重要的功用。

它们主要承担自治、自教、自养、自卫四大职责功能，[①] 旨在帮助农民举办福利项目，增产增收，改进生活，"使得农村自有其乐趣所在"（黄沈亦云，1967c：35—51；沈亦云，1980：112—123）。一言以蔽之，在黄郛看来，乡村改进实践是推进农村改良以及改变农民"贫愚弱私"[②] 面貌的不二法则。

的确，在黄郛心目中，农村事业是一切事业的基础，"数千年来养国家者农村，而国家尚无暇谋所以养农村者"。从事局部农村志愿工作是国民应尽义务，乡村教育的目的在于培养身心健康的国民。理想的农村当有"习于农村、了解农村"的基本人才。这些从事农村工作的人才宜渐进知晓农村最需要什么、最厌烦什么，努力做到"上应政府法令，下合地方需要"。具体的农村改进工作，可以围绕农民体质、农业技术以及拓展农村市场销路等方面加以展开。为此，有必要采用现代合作方式和科学技术。农村问题的解决既需要考虑农业机械的使用，也需要同时兼营工业。农村建设的最终目的不仅在于满足农村居民种种需要，也可以吸引城市居民长期居住而不只是短期休闲度假，且"自治自卫自教养，相友相助相扶持"的农村不应局限于莫干山，而应遍布全国（黄沈亦云，1967c：53—61；沈亦云，1980：126—133）。

（二）沈亦云时期（1936—1950）：沧海横流、苦心经营，方晓巾帼不让须眉

1. 1936 年至 1945 年

1936 年底及以后，对于沈亦云而言，夫君赍志而殁，江浙相继沦陷，"莫干乡村改进"何去何从，自然是极大考验。在日军数次侵犯莫干山和庾村期间，黄郛生前悉心经营的莫干小学、文治藏书楼、教学设备器材、宿寝用具以及饲养场的养殖家畜，屡屡被日军劫掠吞噬，"断炊"是常有之事。

---

① 莫干乡村改进之"自治"包括订立山林公约、调解纠纷等；"自教"包括儿童教育、农民夜校、农民教育馆、健身场等；"自养"包括推广改良蚕种、推广改良麦种、提倡造林、水利交通建设、提倡副业等；"自卫"包括壮丁训练、建立消防队、设置医诊室等。

② 中国农民有"贫愚弱私"四大病为晏阳初在开展平民教育运动时所提出，此处借用。

在将位于杭州的唯一住宅捐献国家用于抗战之后，[1] 驻留于莫干山的沈亦云首先接手了黄郛生前主持的乡村改进会的"庚村公共仓库"，继续为当地农民融资与生活提供帮助，这也是黄郛隐居莫干山期间从事多项乡村建设活动之一。1937年底，因时局骤变以及出于对沈家人身安全的考虑，当时国民党浙江政府力劝沈亦云到上海避难。到上海后，沈亦云做的第一件事情就是写信给留守在莫干小学的时任校长郑性白，了解小学情况，继续出资维系小学运营。在郑性白及其夫人李雪钧，以及其他亲友同人鼎力支持襄助下，莫干小学全体教职工历经艰辛，于时时警戒及日军侵略战火中顽强生存，甚至还因时制宜开设了莫干"临时中学"，且每个学期都不存在完全停课情形，坚持至抗战胜利。

尤其值得一提的是，在校董事会示范支持之下，当时莫干小学全体师生不仅维系了莫干战时义务教育的工作秩序，还以铺修道路、节食捐粮、担架救护等方式协助政府军抗战。与此同时，沈亦云等人继续从事救济灾民与其他相关乡村农事改进工作（罗永昌，2013：193—199），以知行合一实践，落实了夫君"受诸社会者报诸社会"的理念。在此期间，莫干乡村教育与改良工作的最大收获，莫过于培养了一种患难不屈的精神，为国家，为乡村建设全身心投入的志趣，也即以"对农村之热心报以对国家之贡献"（沈亦云，1980：591—592）。

2. 1945年至1950年

抗战胜利后，对于沈亦云等热衷乡村事业的人士而言，除了莫干小学的复建，亟待开展的还是既有农村改进事业的推进。毕竟，庚村公益事业是黄郛退隐政坛后的最大心愿。在亲友同事的集体努力之下，沈亦云确立了新庚村事业当奉行"以生产之力，扩充教育，以教育之功，改良农村"的复建方针（沈亦云，1980：556），庚村教育和农事工作再度得以紧密结合。庚村

---

① 1. 卢沟桥事变之后，沈亦云立即将夫妇二人位于今杭州市南山路105号的唯一住宅及附属财物捐献给国家，"以供抗敌之用"。参阅：项文惠，2003，《寻访黄郛别墅》，《浙江档案》第3期。2. 杭州西湖边南山路原名膺白路，为蒋介石纪念黄郛功劳而命名。3. 沈氏捐献的住所即黄郛别墅，21世纪初易名为"1917花园餐厅"。中央"八项规定"开始实施后，在2014年，该高档会所再易名为"1917咖啡与茶"，其中一楼为大众消费场所与户外休闲区，二楼为民国名人陈列馆。

复兴计划执行后，主要有两件工作值得肯定。其一，一度名扬江浙市场的莫干蚕种场发展成长于此阶段。蚕场培养的"天竺牌"蚕种在当时业界口碑极佳，该品牌延续至今。其二，在沈亦云等奔走游说下，受益于联合国救济总署的资助以及宋美龄赠送的 50 头乳牛和 2 头种牛，"莫干农场"得以快速建立，而让当地人可以喝上牛羊奶也是黄郛生前的一个夙愿。

浙江和上海相继解放后，经过综合权衡，沈亦云同意将莫干小学以及庾村蚕种场、奶牛场、农场、林场等资产悉数捐给新政府管理，仅保留墓地、藏书楼等用作"纪念"。① 其后，沈亦云于 1950 年经香港去了美国，直至 1971 年辞世，未曾再度返回莫干山。

概而言之，在黄氏夫妇等人的精心呵护下，历经二十多年的努力，莫干乡村改进工作获得稳步发展，并初显成效。当地乡民的村规风俗和生产生活方式均得到不同程度的改进与提升；在 1934 年江南大旱时，相较于周遭饿殍遍野的情形，庾村无灾民饿死。此外，庾村无失学儿童，村中青壮年劳动力基本都是莫干小学毕业生，乃至有父子叔侄同校同呼先生的佳话（罗永昌，2013：202—219）。其间，莫干小学的毕业生中，既有从军抗战捐躯者，也有其他以不同专业知识服务地方和社会者，一些毕业生至今尚健在。②

实际上，即便是解放后的浙江人民政府，当时对于黄氏夫妇等人的奉献也予以了充分肯定，曾复函沈亦云，"台端在莫干山所做生产教育事业，已有相当成绩，请本为人民服务意愿继续努力"（沈亦云，1980：662）。

三 "莫干乡村改进"实践的学理意义

不同于一般社会学论文倾向大幅引用"洋理论"的写作方式，关于"莫干乡村改进"对于促进乡村建设的理论意义及其价值，本书侧重从与其存续同期的民国时代部分社会学家（尤其是专长于农村研究与社会调查者）的学术思想评议着手。

---

① 黄郛墓园在"文革"期间被炸毁。
② 参阅罗永昌（2013）附录部分的访谈。2015 年 8 月 31 日，笔者拜会了《黄郛与莫干山》作者罗永昌先生。类似信息，德清县莫干山镇工作人员也有一定介绍。

　　这个写作思路多少启发于本节议题主角黄郛的缘故，黄郛先生的一位连襟为中国社会学最重要的奠基者之一陶孟和先生（1887—1960）。另外，从社会学及其运用而言，20 世纪二三十年代的中国有两大特色：一是包括农业实验主义、农村合作运动、乡村教育等板块在内的"乡村复兴"活动风行一时；二是在当时那个快速社会变迁时代，中国社会学取得了长足发展，除却陶孟和，还出现了诸如陈达（1892—1975）、孙本文（1892—1979）、陈翰笙（1894—2004）、李景汉（1895—1986）、言心哲（1898—1984）、杨开道（1899—1981）等一批学界翘楚，且在当时的国际社会学界取得了令人瞩目的成就，其中尤以系列社会调查与乡村建设议题成果最为突出。

　　当然，本节书写之所以一时埋首于"故纸堆"，也是找回濒临"丢失"的民国时代社会学传统的一种尝试（田毅鹏，2005）。这种尝试，如用陶孟和先生的表述去概括，大意为，历史的功用在于明白现在的情形和思想，而要明白现在，需要对过去有充分知识，需要先知其如何经过（金毓黻，1993：168）。因此，笔者尝试以与"莫干乡村改进"大致同时代的社会学家关联的学术思想去审视这场乡建改良实践，或许具有一定的拓展价值。

（一）民国"乡村建设"与"莫干乡村改进"实践的中心内涵究竟为何物

　　关于"乡村建设"一词何时进入理论界"大雅之堂"，学界的共识是，其肇始于梁漱溟的山东乡村建设研究院。梁漱溟（2005）也有关于乡村建设是什么、由来、意义、关键，以及救济乡村和创造新文化对于乡村建设价值功用一类的相关论述。当然，在那个时代，相近主张在晏阳初、黄炎培、陶行知、卢作孚、彭禹廷、江恒源以及陈翰笙等先贤身上都有所体现。他们的共同之处在于，均欲以局部渐进的乡村改进和农村复兴方式去救治和振兴中国。例如，孙本文（1948/2011：191）曾明确指出，农村问题一直是影响中国社会建设的四大类问题之一，其中尤以土地问题为甚。

　　与此同时，一个客观事实是，20 世纪上半叶中国处于家国离乱非常时期，其中尤以乡村破敝为甚。在当时，包括乡村教育、农村实验在内的形形色色的"改良救国"呼声不绝于耳。因而，"莫干乡村改进"实践正是其时国内乡村建设运动的一个产物或者缩影（侯建新，2000，2006；郑大华，2000；李德芳，2001；何建华、于建嵘，2005；徐秀丽，2006；虞和平，

2006；李金铮，2013，2014）。①

前文也有提及，黄郛认为，乡村事业是中国的根本。实际上，黄郛隐居莫干山之初所目睹的农村种种困苦，正是其萌生兴资办学、从事帮扶农村事业的一大动力源。而且，随着黄郛对莫干山区乡村了解日益增多，他越来越压抑，无论是从其人生阅历，还是从人格情操而言，只有付之以"报诸社会"实践方可能得以解决。

因此，关于"莫干乡村改进"实践的第一点价值意义即在于，在20世纪二三十年代，无论是陶孟和那样的研究者，还是黄郛那样的实干家，对乡村建设都有着一种卓绝的家国情怀，一种敢于担当的执着坚韧。

进而言之，这种担当尤其体现于当年莫干小学整体教职工团队在抗战非常时期的非常努力。在他们身上可以清晰地看到在中国传统文化熏陶中，以天下为己任的士人风采与品格。而这一方面，或许正是在我们这个时代众多只关注"绩效考核与稻粱谋"的科研工作者难以具备的内聚性精神品质。因而，"莫干山乡村改进"实践最大的成果或许在于，对秉持知行合一、家国一致信念的乡建精神的培育，对成为陶孟和（2011：221）所言"有责任心的人"的价值观的肯定。在再度面临多重转型的当下中国，这种执着与担当的乡建精神与人才理念，尤其值得重视、继承与发扬。

（二）"莫干乡村改进"何以存续：也论"多研究些实践，少谈些主义"②

从民国乡村建设运动背景着手，"莫干乡村改进"无疑是一场地方化的社会进步实践。尽管相对于当时武康县整体乡村建设而言，黄郛从事的莫干小学乡村教育及其附属农业试验只是一种局部和整体的关系，但改良工作也只能依此循序渐进程序才有可能得以运作和持续。或正如李景汉

---

① 关于"民国乡村建设运动"的考证，以上几份材料在某种程度上算是改革开放后相对"有分量"的研究文献，但对"民国莫干乡村改进"几无提及，遑论分析阐释了。

② "多研究些实践，少谈些主义"为钱理群针对问题百出的教育现状，依据胡适"多研究些问题，少谈些主义"而提出。本书暂且借钱氏此语去讨论可行性乡村改良的研究取向。其中，"主义"在本小节指的是，在乡村建设议题中，轻田野证证，重数字推演，动辄为了理论（模型）而理论（模型）的研究取向，以及那类只见到乡村"土地"重要性，而未能有效关注"土地上的人"的限定性影响因素的"纯理论性"命题假设的构建及其检验类操作理念与方式，其忽视历史与现实的多元综合，动辄试图得出某种普遍性、可复制性的结论。

（1991：21—22）所言，农村社区是一个有机整体，对于调查而言，应用具有首要位置，为此，一要发现事实，二要说明事实。孙本文（1935/2012：86）也认为，乡村社会问题的解决，需要对其地方性和时代性予以充分估计。于是，乡村改造适宜以技术、经济和科学为主，而以宣传为辅（杨开道，1935：21）。杨开道此语或可看作对"莫干乡村改进"实践秉性的一个不错的注脚。这是因为，倘若抛开其政治与意识形态方面争端纵览"莫干乡村改进"的方方面面，尤其是农村生活三大块，即自治、经济和教育（杨开道，1931a：19），均具有明显的专注于实践而远离空论的风格。

就莫干乡村改良实践整体而言，这种"多研究些实践、少谈些主义"的务实风格具体指的是，反对空谈，不求"根本解决"，而只求"逐步解决"，主张面向实际问题的探究与求解，经由不断的实践和实证，奉行实干兴村与科学兴村之准则。关于实干兴村，借用杨开道（1932：9—11）的论述，农村问题不是单靠喊口号或"理论研究"即可以解决，乡村改良第一步是了解真实的农村，应如诊病一般去弄清楚病症的诱因与病理，然后才可能找到解决之道。比如，务必先弄清楚农村建设的主体问题，而只有具有自己意志、能力和工作的"村民自己"才是乡村建设的主体（杨开道，1931b：7—10）。因此，有必要充分发挥农民的主动性，深入农村，聆听农民声音；与此同时，以扎实的田野工作去发现农村到底需要什么，并细心地考察特定地域乡村社会需求的实在情形（如区位优势、产业基础、资源禀赋、竞争优势、自然条件和社会文化底蕴等），而不是继续摆出"为农民做主"的官学精英高姿态。科学兴村指的是，农业生产需要及时吸纳新科学新技术。乡村改进事业的持续推进，离不开技术与理念的与时俱进。上述文字在介绍莫干乡村改良实践整体线索时也有提及，黄郛不但重视一般农业发展，还倡导农村市场拓展、新技术与机械的使用，以及与工业一道发展的乡村经济复兴之路。再例如，陶孟和（2011：28—32）也曾指出，"新农业"的倡导离不开基于农业机械化与科学化的农业技术革命。于是，不管是论及农民增收，还是农业增效，抑或是农村发展，科学作为与理性决策均不可或缺。

光阴荏苒，回顾历史，民国时期包括"莫干乡村改进"在内的乡村建设运动的理论阐释，尽管意见纷繁复杂，但民国社会学人一般都可以在扎实的社会调查的基础之上给出自己的观点见解。李景汉（1930：21—23）曾论断，关于农村问题症结及其解决办法的争执一直处于胶着状态，而关于乡村问题病灶，李景汉（1933：85—86）认为，乡村最缺乏基于自立自强的公民训练，以及基于团结合作的道德陶冶。陈达（1934：39—49）认为，人口数量与人口品质不匹配为农村问题的主要病根。言心哲（1939：355—359）则将农村病因归纳为赋税、人口、农村组织涣散等九个方面。而具有马克思主义倾向的陈翰笙（1931：43—45）则认为，帝国主义侵略与封建地主阶级压迫才是农村建设停滞不前的真正原因。

岁月如梭，正视当下，尽管在政权性质与乡村社会问题的种类与层次等方面，今日中国与民国并无多少可比之处，但在新一轮乡村建设中，国内理论界倾向于"坐而论道"的状态至今也无多少实质性改观，"仰望星空"者多，而坐言起行者少。例如，走马观花式调查后，过多依赖于"理论或模型"去揣度乡村建设，而不是身体力行，以力所能及的行动去改变乡村现实，远逊于民国先贤对乡村建设的专一与执着。

因此，对新时代乡村建设全体利益相关者而言，"多研究些实践，少谈些主义"与"大胆地假设，小心地求证"这种脚踏实地的风格与作为，在今日乡建中尤为可贵。只有如此持续前行，方有可能孕育出足以有效解决各地乡村建设实际问题的能力、情怀与智慧。

（三）"莫干乡村改进"的后续理论求索：社会与国家力量如何更好合作

不同于民国时期乡村建设运动普遍具有救亡图存之诉求，如今，国家一统早已实现，且处于绝对支配位置，但是，关于"乡村活力如何维系与提升"这一世纪难题的破解，同样面临着诸多压力与挑战。

在转型变迁新时期，国家与社会，更确切地说，国家与乡村的各自权力与权利基础的构建，都还处于磨合调试阶段，也即，在国家政权与乡村社会各自形态呈现及其角色扮演、功能发挥和互动关系等方面，均处于变动不居的形塑过程之中。

进而言之，近十余年来，始于十六届五中全会的"新农村建设"在某种程度上可视为"莫干乡村改进"一类民国乡村建设运动的涅槃再生。但这种以政府为优势主导力量的"新农村建设",在乡村经济发展模式推动以及乡村社会发展空间提升等方面也衍生出很多的问题。譬如,部分地方新农村建设有沦为新农村建筑(外观)建设之嫌,多局限于基础设施层面的"造村"或者并村,而"建新村"运动背后的乡村经济产业、乡村组织结构,乡村文化和生活方式等内容却鲜有新的进展。再例如,农村适宜劳动力流失加剧问题,即便在经济相对发达的浙北、浙东地区,乡村劳动力流失问题也并未有实质性减缓,反倒是越来越多的农村适宜劳动力倾向于到城市,至少是到附近工商业较为发达的城镇务工或定居。①

关于此类现象的利弊得失不宜简而化之,而需要辅之以分门别类、审慎细致的调研考察。因为,这其中涉及"村庄转型向何处去"变迁过程中的类型、趋势、功能发挥等多重维度,需要考虑到不同地域乡村的历史文化特色、人口结构、社会结构、既有产业形态,以及其他物质性或非物质性资财遗存等差异性村庄特质。于是,"村不再村,庄不再庄"既可能是一种遭遇工业化、城镇化大面积侵蚀之后,村庄的全面衰败或"沦陷",也可能是一种从传统"农业型"农村向现代服务业农村转变后的升华;而且,在后一类新型现代化乡村转型过程中,不仅有可能见到传统"乡愁"点点滴滴地再次萌芽,也可以见到过去一直以城市为载体的便捷舒适的现代生活向乡村转移(见"启示"部分的分析阐释)。

因此,解决问题的一个思路是宜疏而不宜堵。例如,可以遵依"一不越位,二不错位"原则,一方面,国家需要采取积极措施,推动乡村经济产业的转型升级以及乡村社会文化生活空间的改良提升,其中需要由乡村自己完成的事项尽可能经由乡村自治,借助市场与社会力量去完成,国家力量在"新农村建设"过程中不宜管得过多过细;② 另一方面,循序渐进地推进城

---

① 根据我们在浙北、浙东多个地点的调研,即便是经济较为发达的乡村,留在村中谋生存的劳动力其教育水准一般均在高中以下,这个比例往往占全村人口的80%—90%,有的村更高。概言之,农村劳动力受教育水平与其留村意愿或事实呈较为明显的反比。

② 国内已经有了一些乡村新产业新业态的试点实验。例如,传媒人士陈统奎在海口市古村落的"博学里"生态创业,海归艺术家渠岩在山西和顺县许村开展的"以艺术激活乡村"试验,以及德清县五四村经由土地流转推动产业升级等操作路径,这类案例在借力市场和社会力量方面各有特色,但不宜照搬照抄。

乡体制改革，促进公共服务与公共基础设施的均等化与共享化，有序拓展城乡融合发展新空间。为此，户籍、土地和金融等配套改革措施需要及时跟进。简而言之，今日乡村活力的维系与提升，依赖于城乡互动基础上既有体制机制藩篱的循序突破，乡村建设诸种问题的解决将更多地取决于特定地域内"城乡一体化"的水准、成本与效果。

四　"莫干乡村改进"对于今日乡村建设的启示

承前所述，囿于多重因素，"莫干乡村改进"的史实与学理价值长期以来处于边缘化状态，亟待进一步发掘。① 结合历史与现实，以及笔者在浙北和浙东的经年调研，关于"莫干乡村改进"对今日乡村建设的启示，做出以下三点总结。

（一）复兴之路：从农村起步，重建乡村社会文化生活

按照中央有关文件的诠释，中华民族再度复兴是最大化版本的中国梦。只是，中国目前依然处在复杂的多重转型期，无论是从历史而言，还是从现实而言，"复兴之路在于从农村起步"着实为一个重要的抉择。实际上，关于以农村为研究单位，重建乡村生活的主张，杨开道（1929：12—19）曾多有阐释论证，他认为，农村生活是改造农村的目标所在，而谋求"全体农民的生活幸福"是乡村改造的最终归宿。

而从农村起步，重建乡村社会文化生活，首先需要细细讨论乡村生活的灵魂是什么，以及对应的象征符号与价值信仰体系在哪里，例如，是否体现为乡村文化与日常生活方式的重建，如果是，则新时代乡村建设过程中需要怎样的乡村文化与生活方式，以及二者之间如何结合，等等。

与此同时，有鉴于文化主要体现于人们的社会性行为（孙本文，2012：61），仅从日常生活方式完善去观察，今日乡村建设，尤其是经济较发达的浙江的乡村建设，尽管在"口袋充实"方面所做的工作可圈可点，但是在"脑袋充实"方面的实践尚有待于探索和丰富。比如，存在基于风俗基础之

---

① 例如，其旧址所在地德清县近年来在新农村建设方面取得的成绩颇为显著。这也许多少惠泽于当年"莫干乡村改进"事业的遗风，当然，也面临一些亟待解决的问题。

上的健康的生活和消费方式如何更有效地推广等值得深入探讨的事宜。相较而言，黄郛当年在莫干山推进乡村改进实验时就非常看重移风易俗的功用，择其善者而从之，提倡不吸烟、不赌牌、讲卫生、守秩序等有益的生活方式。在这一方面，历史经验或许值得反复咀嚼品味，比如，约90年前，基于关联性社会调查，陶孟和也曾论证（2011：39—52），关于乡村文化振兴，祭祖风俗和佛教等民间信仰对乡村生活的黏合聚集有重大功用，重建乡村信仰非常重要。

（二）新思维："大农业"助推复兴乡村经济活力

承上，如果说重振乡村活力的第一步是乡村文化与生活方式建设，第二步则为乡村经济产业建设。陶孟和（2011：31—66）很早即认识到，农业是国民经济中最重要的部门，振兴中国不仅在于改造农村文化与生活，还要关注农村的社会经济建设。为此，陶先生还亲自组织了一系列县域乡村的经济社会调查。依据浙江调研实际，笔者进一步认为，还可从"异业整合"与产业融合等角度出发，就农村经济产业或转型或升级等内容展开研究。

关于这一观点，姑且还是以"莫干乡村改进"原址德清县莫干山镇为例。[①] 近年来，以"土洋一体"和"新旧一家"为特色的"洋家乐"[②] 的群落化发展，以及其他类别的文化创意产业的集聚化发展，已成为当地乡村产业发展的新动力。一定程度上，可以说，与文创共生已经成为莫干乡村经济产业升级的一条可行路径。与此同时，伴随着文化旅游的发展，在莫干山镇，以生态农业为标志的现代农业也得以快速成长。概而言之，农村经济在莫干山镇既有"生态化"体现，更有"文创化"体现，"软硬"与"新旧"产业融合特色日趋明显。

进而言之，关于新时期"莫干乡村改进下一步可以做什么"的后续问题，最重要的莫过于因地因时而制宜。比如，能否给各个村庄更多的自我选

---

① 莫干山镇，因莫干山在其境内而得名，先后获得全国环境优美乡镇、浙江东海文化明珠、市级新农村实验示范镇、浙江省首批风情小镇等称号。目前已经确立了"建设特色风情小镇和全省一流的国际休闲旅游度假区"的奋斗目标，致力于建设惠及全镇人民的小康社会。

② 据德清县文创办李姓工作人员介绍，"洋家乐"这个名词是当年他"奉旨作文"的产物，当时需要写一篇关于洋人开设农家乐的报道，直接启发于"洋人"＋"农家乐"这一组合，即具有国际化色彩的农家乐，例如，国际化服务、管理、餐饮、休闲、运动等。

择空间，由其自主发展。① 基于当下莫干实践，一个可能路径为：结合当地生产生活实际，一方面，以文化融合携手产业整合，借鉴台湾的乡村社区营造经验，文化元素再创造可以为乡村带来不同寻常的生命延续力。而"大农业"② 之间多元有效的产业整合，有望成为乡村经济结构调整的一大动力源泉。另一方面，支持城乡互动联合发展，从理念价值、技术行为到空间布局等规划设计，均可以包括在内，采取以"过去（乡村）记忆加现代（城市）印象相结合"的乡村改进路数。努力做到既能尊重和保留原有形态，例如，民间礼俗的复活；又能容纳活跃多样化的现代生活，例如，新式消费方式的迭代。要实现这类发展规划愿景，除却知识技能之外，更需要利益相关者的智慧与视野。

其次，就德清全县整体发展而言，除了县城西部"莫干民国风情小镇"和庾村文化创意产业园之外，县域内还有其他一些农村在经济产业发展转型方面具有此种"软硬（新旧）产业复合化"特色。例如，县城中西部五四村以"花花世界"为代表的文化旅游群落，以及位于县城中东部东衡、雁塘等村落群正在尝试打造"中国钢琴音乐谷"文创园。③ 基于此类地域化乡

---

① 我们在浙江调研时注意到，传统社会的"乡贤参事会"正在某种程度上得以复兴，但在选拔标准、组织结构和功能发挥等方面亟待改善提升。

② 基于实地调研，笔者发现在德清部分乡村，原本具有"异质性"的产业，已经开始融合跨界发展。此处借用前文提及的由陶孟和先生提出的"新农业"术语，提出"大农业"概念，具体阐释见下文。当然，2015 年中央一号文件也曾提出鼓励乡村一二三产融合发展的探索实践。

③ 1. 在德清县，大多数有影响力的文创园均处于乡镇之中，这是一个有意思的现象。另外，2015 年上半年，德清县文化产业增加值 GDP 占比为 10.75%，文化产业增加值为 19.55 亿元，增速为 27.9%。按照国家有关政策规定，文化产业成为国民经济支柱性产业的一个主要标志为，文化产业增加值占国内生产总值的比重达到 5% 或以上。浙江省规定，参评文化产业十强县的认定指标为，文化产业增加值必须超 10 亿元（含 10 亿元）或文化产业增加值占 GDP 比重达到 5% 以上。由此观来，在文化产业指标层面，德清早已经"超标"。目前，德清县新入选浙江省文化产业十强县，为湖州市唯一入选单位。参阅浙文改办〔2015〕2 号。2. "莫干民国风情小镇"从属于"莫干山国际休闲旅游度假区"整体规划，因具有万国别墅和黄郛乡村改进遗迹等较为丰富的民国文化元素，以及善于对当下"民国热"消费开发而得名。其理想定位为，突出发掘潜在文化资源、提升既有主题特色、整合产业融合要素。3. 庾村文创园区主要是对黄郛时代蚕种场的改造与开发利用，目前，有初步建成的中国首个乡村文创园"清境·庾村 1932"与正在建设的"清境上物"和"清境农园"，其中包括全国最大的自行车主题餐厅"乡食"、乡村文化艺术展厅、莫干山艺术邮票馆、光合作用创意邮局、茧咖啡、茧舍、"蚕宝宝乐园"、萱草书屋，以及黄郛莫干农村改良展示馆等文创单元。4. "中国钢琴音乐谷"已经被列为浙江省文化产业发展"122"工程 20 个重点培育文化产业园区名录，参阅浙宣〔2012〕55 号。

村产业发展特色，在笔者看来，此类乡村产业转型或可涉及对既有"农业"概念的某种另类理解。农业或许不只是局限于传统的第一产业，还可以包括更为广义的农村产业，可涵盖一二三产业，也即，只要有助于促进乡村经济发展的产业都可以纳入其中。这种基于异业整合的综合化"大农业"的发展思路及其转化，或许可以更好地推动"农民增收，农业增效，农村发展"改良目的的实现。

再次，就浙江而言，此种主打生态、文创、文旅进行脱贫致富的"大农业"乡村产业发展路径，除德清之外，还存在于湖州安吉县余村、湖州南浔区荻港村、杭州桐庐县荻浦村，以及浙东宁波市奉化滕头村等地。其类似之处在于，农业产业结构呈现多元一体化态势，且大致都包括农地规模化、农业企业化与科技化，以及农村生态化、文化创意化等环节。值得一提的是，本书提出的"大农业"概念旨在探讨在新农村建设过程中，经济产业发展转型的某种可能路径。当然，由于"大农业"这一概念提法有违于传统产业划分标准，并不适用于统计层面。至于是否合宜用于乡村经济产业整合式发展以及是否有后续研讨价值，有待于学界的批评指正。

（三）"村镇化"：乡村建设与发展的一条可能新路径

综合以上浙北、浙东新农村建设的成绩与不足，可以发现，在旧式城镇化扩张过程中，更多的是社会问题丛生的"城中村"与"镇中村"。相较之下，在浙江部分地区的新式乡村建设中，却开始出现"村中镇"现象。此处的"村中镇"不是指乡村简单地被城镇吞噬而同质化或孤立化，而是指乡村生活质量的现代化。在这类乡村，村民和游客不仅可以大致均等享受到过往以城镇为载体的公共服务和公共产品，还可以享受到城市中难得的生态资源。在这种"村庄里的城镇"的发展模式范畴内，"城"在村中，村在景中，呈现了一幅"乡城一体化"图景，有望构成城乡一体"化"发展的某种"另类标杆"。因此，这类"村城一体化"路径可视作城乡统筹融合发展的具体体现。本书姑且将此现象命名为"村镇化"。进而言之，如果再从中国城镇化"推进模式"（李强等，2012）角度去观察，此种"村镇化"或也可视作就地城镇化，体现了别具一格的乡村现代化与城镇化发展路径，以及城市与乡村的良性互动，或可构成新型城镇化建设的一种特定类型与阶段。

第四节　小结

作为本书的开篇，第一章主要介绍了"中国百村经济社会调查"德清调研子课题的进展概况，以及本书的内容架构和对应梗要。具体而言，首先，依据学术论著写作的常规路线，交代了本书的研究背景，并提出了主旨性研究问题"乡村活力如何维系与提升"与"村庄转型和产业升级向何处去"。其次，对调查地点，同时也是调查研究对象——浙江省湖州市德清县东衡村和燎原村，进行了简要介绍（这类资料性介绍详情，均以附录形式在文末分别予以呈现），并做出相应说明：研究乡村发展变迁不能孤立地就乡村论乡村，而需要将其置于县域整体转型发展背景下予以考察。再次，结合多番实地考察，对德清县乡村建设历史，即民国时期"莫干乡村改进"（1928—1950）的史实资料予以了梳理，并就该乡建实践对今日新农村建设的若干可能启示进行了解读，其中已初步提及后文若干分析概念的雏形，例如，基于中国社会学奠基人之一陶孟和先生（"莫干乡村改进"领导者黄膺白先生的连襟）提出的"新农业"以及德清县乡村产业发展的某些特质，本书提出了"乡村大农业"产业观（亦可称为"新农产业"，其包括但不局限于今日官媒常言的乡村新产业和新业态，更倾向于产业跨界融合发展）；同时，结合新型城镇化"推进模式"的演化论述与德清县一些村镇的发展路径特色，本书提出了"村镇化"或"乡城一体化"等概念，特别倡导乡村建设（研究）重在"崇尚实践、问题导向"。第一章的这类见解，在本书后续不同章节均有进一步的说明、阐释和论证。

第二章　理论框架的构建

第一节　"地域活化"研究视角概要

一　"地域活化"研究视角的缘起、构成和发展

近几年，在治学道路上，笔者逐渐倾向于选择基于交叉学科视角的"地域活化"研究取向，注重社会学知识与城乡规划学知识的融合发展。关于这一研究取向的形成，实际上主要受益于同台湾大学建筑与城乡研究所、上海"乡愁经济学堂"、同济大学建筑与城市规划学院、清华大学建筑学院、清华大学社会学系、中山大学社会学系诸位师友的交流互动和请教学习。

"地域活化"研究取向大致有两个特征：一方面，注重对"地方性知识"（local knowledge）的汲取。只不过，此处的"地方性知识"不再只是如吉尔兹（2000）呈现于阐释或文本的"地方性知识"，更可折射于"地方空间"之下的地方性实践，致力于"地方导引型发展"（place-led development）（Cartes，2016）具体实现路径的探索。另一方面，如果追本溯源，一定意义上，也可以说，"地域活化"研究视角的形成和选取与韩国"新村运动"①、

---

① 韩国自1970年开始实施"新村运动"，起初阶段主要是致力于加大农村基础设施建设，改善农村生活条件，改变农村贫穷落后面貌，后来延伸到大力发展农产品加工，提升农村产业化水平，并在全国倡导精神文明建设，完善全国性的新农村民间组织，把"新村运动"推向新高潮。参阅：邓文钱，2013年12月13日，《韩国"新村运动"的成功经验》，《学习时报》第6版。

日本"造町运动"① 和"地方创生"②，以及中国台湾的"社区总体营造"③
等东亚国家和地区的新乡村建设实践和研究具有一定关联（朴振焕，2005；
黄辉祥、万君，2010；邓文钱，2013；宫崎清，1995；陈其南，1998；西村
幸夫，2007）。

东亚这类村镇地域再造实践有着大致共通的线索：既有物理自然层面的
改善，也有产业层面的推进，还包括人口的流动及其综合素质的提升等。东
亚这些先发国家或地区在地方振兴方面的探索，对本书整体性和细分性分析
框架构建思路的形成有直接的启示价值。

就学科归类而言，笔者以为，"地域活化"研究视角属于转型社会城乡
发展学说的一支，注重对城乡规划学和社会学知识的融合和汲取，倡导建筑
规划、经济社会、人文地理等学科的跨界对话，突出"空间（及其更新）"，
以及对其中经济、社会、生态、土地等维度修复或振兴的探讨与实践，而非
过往局限于振兴地方经济的单一维度。具体可以从土地利用、生态环境、产
业重构、公共空间、文化传承和创新、社会（社群）关系重构以及人口迁

---

① 日本"造町运动"于 20 世纪 70 年代末兴起（町相当于中国的镇，但实际运作中包括镇村两
级），其出发点是以振兴产业为手段，促进地方经济的发展，从而振兴逐渐衰败的农村。随着
"造町运动"的发展，其内容逐渐扩展到整个生活层面，包括景观与环境的改善、历史建筑
的保存、基础设施的建设、健康与福利事业的发展等。"造町运动"的地域也由农村扩大到
城市，成为一项全民运动。"造町运动"成为 20 世纪 90 年代中国台湾"社区总体营造"兴
起和实践的重要渊源之一。参阅（宫崎清，1995；西村幸夫，2007）等资料。

② 日本"城镇、人、工作创生总部"于 2014 年 9 月制定通过了"长远蓝图及综合战略"。原为
安倍政权为纠正东京过度一极化、阻止地方人口持续减少、提升全日本经济活力而制定的国
家战略和配套政策措施，中心主旨在于围绕"解决（中心城镇）人口减少，激活地方经济"，
实现"地方有了活力，日本就有生机"的发展目标。本书在援引时，突破了其"地方创生"
的原有内涵，采取了经济、社会、管理等跨学科的研究取向，强调基于建构和培育人与所在
环境相互关系而得以共生共荣。例如，可以通过广泛且专注地经营地方品质，打造地方（村
镇）共享价值、社区能力、跨领域合作，是韧性城镇与活力社区的基础。

③ "社区总体营造"在地实践直接受益于 1994 年中国台湾地区"行政院文化建设委员会"提出
的"社区总体营造政策"。该政策出台的初始目的在于，以社区文化为切入点重振地方经济。
后来大致由于"总体"二字拗口而更改为"社区营造"，甚至简称为"社造"。实际上，在其
前后，台湾多地也陆续兴起以"重回部落"或"返乡"等形式出现的（准）社区营造类社会
运动（李敢，2018）。另外，依据笔者有限的阅读和考证，社区营造五字诀"人、地、文、
产、景"为日本千叶大学教授宫崎清提出，在 20 世纪 90 年代初，"台湾工艺研究所"（原名
"台湾手工业研究所"）将这些理念引入台湾。后来，曾在千叶大学求学的中国台湾留学生黄
世辉、翁徐得等人返台后进行了广泛宣讲和推广。

移及其职业变迁等层面，分层次、有选择地加以展开。简而言之，"地域活化"致力于探讨特定地方的活力何以得到激发和实现振兴，也即，探求地方整体活力何以再生的理念和路径，及其社会影响和后果与它们之间的相互作用。此处作为特定"地方空间"外在体现的"地方"具有一定的"弹性"（flexibility）或者"可延展性"（malleability），可以是但不限于"城（镇）"或"乡（村）"，因其是一个突出形式、功能和意义，且能够自包容于物理临近性界限内的特定地域（卡斯特，2010：112—127）。因此，"地方空间"之"地方"，不仅是一个具有位置和方向意义的物理空间概念，同时也可以是一个包括人的居住、生活和行为等意蕴在内的人居环境空间概念（Agnew et al.，1990：525—536）。

二 "地域活化"知识体系的整体构建与呈现："北斗七星模型"

关于"地域活化"这一转型社会城乡发展学说的运用，需要与不同情景之下的具体实践相契合，也需要以符合实践的理论模式和研究视角去考察不同类型城乡发展可能的升级路径，正所谓有效的分析力度往往存在于合宜的分析框架之中。在城乡转型发展和乡村地域系统演化进程中，注重社会治理体制机制与空间重构相结合，或不失为寻求"乡村空心化"等"农村病"治愈药方的一条研究路径（刘彦随、刘玉、翟荣新，2009）。

与此同时，立足于对"地方质量"（王宁，2014）的关注，兼有对中国传统文化知识的汲取，关于"地域活化"具体研究内容的概括，本书提出了一个总体性分析模型，姑且名之为"地域活化 - '北斗七星'模型"，旨在强调"地域活化"视角的跨学科性，尤其是对城乡规划学和社会学知识的融合、借鉴与汲取。

有关此模型构建，需要说明的是，在传统星宿学中，北斗七星的构成从"柄"到"勺"依次为"摇光、开阳、玉衡、天权、天玑、天璇、天枢"。参照此论述，在本书中，关于"地域活化"之"北斗七星"模型要素的构建，按从左到右顺序（也即从"柄"到"勺"顺序），分别设置为"土地、生态、空间、人口、产业、社会、文化"七大要素（如图 2 - 1 所示）。另外，在北斗七星原图中，"玉衡"星最亮，而在此"地域活化 - '北斗七

土地
　　生态
　　　空间
　　　　人口
产业　　　　　　文化
　　　　社会

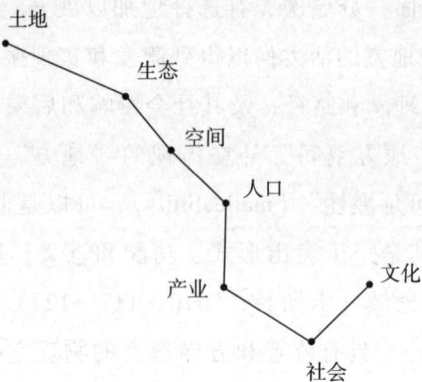

图 2 - 1　"地域活化" 研究视角知识体系构建示意

资料来源：作者自绘。

星' 模型" 中，对应于原有 "玉衡"，"空间" 的位置最为突出。不过，此处关于 "空间" 的突出，有两方面需要进一步说明。其一，"空间及其规划" 具有多维特质，可以涵盖土地规划、城乡规划、经济社会发展规划、环保生态规划等内容，且并非传统精英主义至上、简单地自上而下的 "规划"，而是融合 "地方空间" 的全体利益相关者有效参与的 "规划"，其间还可以包括 "使用者参与"（user participation）（Sheat，1989）、"参与式设计"（participatory design）（Schuler & Namioka，1993）等规划理念和实践。其二，在市场、社会、政府诸方的合力推动下，作为自然生态空间和经济社会空间的多重体现者，由自下而上和自上而下联袂作用生成的 "地方空间" 及其发展变迁是一个动态过程，其中，既可以包括物理空间，也可以包括公共空间，既可以包括存量空间，也可以包括增量空间。于是 "空间" 的更新，既可以是在地的自然维度的更新，也可以是在地的经济社会维度的更新。例如，土地作为生产要素的核心，首先是一种物理性空间的呈现，但同时也是经济社会文化活动得以实施的空间，而城乡差距生成的部分原因在于，经济社会发展对土地空间路径依赖过程中所形成的体系性规划目标的错位（韦亚平，2011）。于是，土地空间体现的不只是物理性联系，还有土地与人、土地上的产业与人、人与人（群体与群体）、人与环境之间的联系及其交互作用。

还需要说明的是，作为星宿，北斗七星的外形会随着季节变化而变化，而作为城乡规划学融合社会学知识分析模型的研究假说，此处的"地域活化–'北斗七星'模型"，也可以随着特定"地方空间"资源存量的差异性及其再生阶段性而发生相应变化，但其基本构成要素或可维系不变。

第二节　基于"地域活化"研究视角分析框架的提出

一　整体性分析框架："地域活化"视角之下的三类"空间"构建

承继上述"地域活化"之"北斗七星模型"的理念和思路，同时囿于篇幅和主旨的限制，以下将对此学术知识体系予以简化，主要循延三个空间向度予以展开，即"地域权型空间"、"地方空间"和"实践空间"，姑且将此三重空间构建概括为"一体两翼"式分析框架（如图2–2所示）。

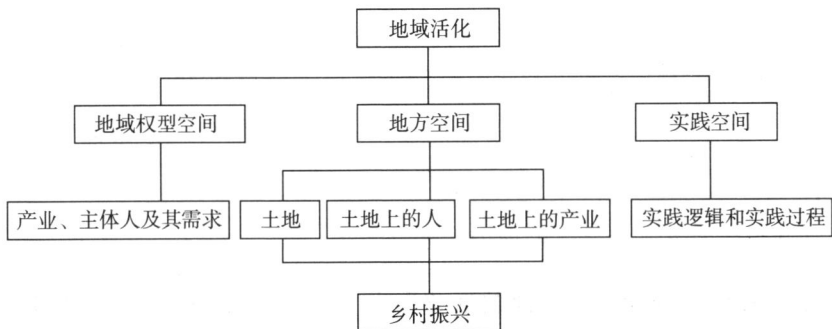

图2–2　本书整体分析框架与具体分析框架示意

如图2–2所示，本书理论构建的起点为"地域活化"，终点为"乡村振兴"（二者何以相结合的具体内容，参见第六章）。"地域活化"与"乡村振兴"一首一尾，遥相呼应。显而易见，"地域活化"视角之下存有三类"空间"构建，分别为"地域权型空间"及其之下的"产业、主体人及其需求"（详见第五章"再论莫干山村"与再论"钢琴之乡"），"地方空间"及其之下的"土地、土地上的人、土地上的产业"，以及"实践空间"及其之下的"实践逻辑和实践过程"相交织（详见第三章"新土改"之历史和现实考察）。在此整体性分析框架之中，"地方空间"为"一体两翼"分析框架之"一体";"地域权型空间"和"实践空间"为"一体两翼"分析框架之"两翼";"两翼"辅佐存托"一体",反之,"一体"支撑配合"两翼"。显然,三类"空间"相互依存。

为何在此分析框架中突出"空间",主要是源自前述关于"地域活化"知识体系构建的阐释,同时也是因为既有关于农村治理和发展的社会学研究,多着力于组织、结构、分层、流动、冲突、产业转型升级等分立式视角,却很少顾及作为系统整体的村庄空间的再造(比如土地及其之上的多元要素)对于乡村治理提升的必要性和重要性。须知,一切社会性事件均依托于特定空间而存在。比如,仅从空间的物理性而言,很难想象,在邋遢甚至污秽的村容村貌基础之上可以建立起一个在经济社会等维度治理良好的村庄。这是因为,作为一种空间的存在,村庄既具有物理性特质,同时也具有社会性特质。进一步而言,按照"地域活化"研究视角及乡村建设适宜多维同时改造的旨意,在有关"空间"知识的跨学科融合方面,如果说城乡规划专业的论述多着力于物理型空间,农业经济学多着力于要素资本型空间,农村社会学多着力于社会型空间(比如"地域权型空间""实践空间"等形态),那么,本项目研究则尝试将此三者融会贯通,主要体现于对"空间之'一体两翼'"的建构及其细化内涵的阐述论证。这也正是为何本书对空间及其不同向度分外重视的原因所在。

二 具体分析框架:"地域活化"视角之下"地方空间"及其三维组合

承前"地域活化"研究视角及其三类空间构建的阐释,需要进一步说明的是,关于"一体两翼式空间建构"之"两翼"的具体内容,在后续相关章节(如第三章和第五章)均有相关说明介绍和阐释论证,此处暂不展开陈述。同时,从全书整体架构和核心内容而言,有鉴于"一体"环节与"两翼"环节存在交织,是本书论述的重中之重,即由"地域活化"视角衍生而来的"地方空间"细分框架,将突出以"土地要素+产业要素+人口要素"三个维度相整合的分析路径。比如,关于本书两个主角燎原村和东衡村在产业升级与对应的村庄治理结构变迁方面的分析和论证,即大抵围绕

"土地＋土地上的人＋土地上的产业"等环节而展开。"土地"环节涉及土地流转、农村集体经营性建设用地入市等内容；"土地上的人"涉及乡村人口就业渠道多样化，以及从"乡土农民"到"城乡农民"的人口迁移和变迁等；"土地上的产业"涉及双重产业集群合力化、AGIL 功能论之下舒适物系统的构建等内容。其中，既有纵向的历史比较，也有横向的地域性村庄发展的同期比较。为更好地服务于全书章节论述，以下将对"地方空间"之下"土地＋土地上的产业＋土地上的人"这一层级分析框架的内涵，做进一步的阐释和说明。

（一）土地，"地方空间"存续的先决条件

承前，"地方空间"（space of places）首先是一个地理概念上的"场所"或"地方"（place）。毫无疑问，所有的地方空间都必须立足于一定的地理性位置之上，地方养育了人，也塑造了相应产业。当然，"地方空间"也可以有其他体现，比如，它可以是段义孚（Yi-FuTuan）人文地理学所指称的"地方之爱/恋地情结"（topophilia）的呈现（段义孚，2018：6；宋秀葵，2012，2014；刘苏，2017），也可以是卡斯特所言的"现场性地点"（locale）或者"附着性地域"（territory）的呈现，还可以是特定"行动者网络空间"（space of actor-networks）的呈现。"地方空间"是一种"行动者网络"构建的关系型"社会－物质"聚合体，具有多元性、杂合性和异质性等特质，而实践性是其最大特色，有助于化解自然空间和社会空间的二元隔阂（艾少伟、苗长虹，2010）。因此就"地方空间"而言，可以涉及地方（place）、位置（location）和"地方感"（sence of place）等维度，而从空间到"空间性"（spatiality），从地方到"地方性"（placeness）的转变，也就都成为可能了（周尚意、戴俊骋，2014）。但无论如何，土地始终是各类型"地方空间"及其功能发挥的基本立足点。一旦离开土地去讨论地方和空间，无疑是一种奢谈。因此，土地（农村土地）及其之上的乡村社会空间，将成为本书写作具体分析框架的一个核心性基本要素，无论是乡村产业发展角度，还是乡村基层社会治理角度。

当然，中国农村的土地问题非常复杂，无论在历史上，还是当前，土地问题一直是中国农村最复杂的经济社会问题之一。农村土地问题处置是

否妥当，对于现政权的合法性来源而言，具有一种基石性价值，且往往构成农村发展的一个瓶颈性制约因素。比如，改革开放以来，农用地从"两权分离"（农民集体拥有所有权——物权、农户拥有承包经营权——用益物权）到"三权分置"（原承包经营权再度一分为二，成为承包权和经营权）的演变，便经历了很长时期的探索。即便如此，其中的相关法律细则的规定依然有进一步厘清的必要。姑且以农用地的"三权分置"为例，其间的经营权在法律上的权力属性何以定位，究竟属于物权抑或是债权，尚需要进一步探索。

再以"土地流转"为例，多年以前，珠三角地区由于制造业发达，一度存在激而不活的农地流转与禁而不止的建设用地流转，这两种不同用途土地流转的不同景象一直并存（商春荣、王冰，2004）。这或许也是因为，当时珠三角等地的农地市场整体上仍处于初级阶段，且具有显著的区域差异性（叶剑平等，2006）。导致此类差异的重要原因在于，各地不均衡的经济发展水平以及当地农村非农产业发展水平和人均纯收入水平等因素（包宗顺等，2009）。浙江省一些地区的实践已经证明，（农用地）土地流转对现代农业发展具有重要影响，而且，"在经济比较发达的农村地区，已经呈现了土地流转方式的多元化、土地流转过程的市场化、土地流转工作的规范化、土地流转价格的合理化等新特点"（黄祖辉、王朋，2008）。而且，在浙北、浙东等市场经济较发达地区，随着新型城镇化的推进和农村居民的持续转移，可以预见，"土地流转"的规模和速度将会进一步加快，如何平衡其中的各类利益关系，需要从实践中予以认真梳理。[①] 与此同时，越来越多的经验材料证明，土地规模流转是农业现代化的基础和前提，已经渐次在有关农村引起了巨大变化，为此，需要持续关注"土地规模流转的阶段特征和地域差异"（北京天则经济研究所"中国土地问题"课题组，2010）。陈锡文（2017）曾

---

① "土地流转"这类颇具中国特色的用词，在特定时期均有助于特定领域改革的推进，但同时也制造了一些历史遗留问题。比如，"土地流转"中流转的土地类别和权利属性的界定，在经济关系和适用法律方面，均存有深入探讨空间，尤其是在一些经济较发达地区，随着新农村建设中乡村新产业和新业态的兴起，原先已经"流转"出去的土地价值明显上扬，不排除未来可能出现因相应利益角逐引发的系列争端。

建议，关于"土地流转"概念，需要在相关法律层面进行明确和规范，如流转的权利属于租赁还是转让，流转的土地经营权属于物权还是债权，都需要进一步明确化和细化。[①]

还有，"土地流转"过程中的"股权化运作方式"也存在争议，如何有效处置才能有助于保障在"地方性新土改"实践中不至于"突破底线"，也需要深入调研和探讨。这是因为，国家最新以土地为中心的农村集体产权制度改革，其目的在于促进集体收益分配权的落实，而不是对集体资产本身的分割。

至于从 2015 年春天以来，正在 33 个县市区实施的"三块地"试点（农村集体经营性建设用地入市、农村土地征收和宅基地制度改革），也尚处于摸索和调试之中，都在尝试如何以有效方式突破既有的土地管理机制体制的障碍，提升土地的利用效率。[②] 实际上，在城乡建设用地增减挂钩试点实行后（2008），尝试以"农地入市"类改革推进土地利用效率提升的呼声已经存在，例如，主张立足农村和城乡转型发展，深入开展农村土地综合整治，强化农村废弃闲置用地的整治，稳步推进城乡同地同价与城乡土地优化配置的改革探索等（刘彦随，2011）。另外，在当下的一些建设实践中，农村土地开发利用中其他类型的试点（试验）也有一些，诸如尝试在都市周围合宜区位盘活一些闲置低效地产（如北京、上海、杭州等地），由集体经济组织利用存量集体土地建设租赁房，以求扩大租赁房市场的有效供给、推进旧城有机更新，等等，不一而足。

因而，在深化农村改革和发展工作任务序列中，土地往往排在首要位置。只不过，不同于农村社会学或者农业经济学关于农村土地问题的单维度

[①] 2017 年 3 月 30 日，陈锡文在中国农业大学的讲座"农村土地制度改革问题"。

[②] 依据中共十八届三中全会关于建立城乡统一建设用地市场工作目标，2015 年 3 月，国土部开始实施新一轮农村土地制度改革，共计 33 个试点。其中，15 个面向农村集体经营性建设用地入市，15 个面向宅基地制度改革，3 个面向农村土地征收工作，试点遵守"封闭运行、风险可控"原则。参阅：中共中央办公厅和国务院办公厅《关于农村土地征收、集体经营性建设用地入市、宅基地制度改革试点工作的意见》，（中办发〔2014〕71 号）。《国土资源部关于印发农村土地征收、集体经营性建设用地入市和宅基地制度改革试点实施细则的通知》国土资发〔2015〕35 号。

诠释倾向，在本书中，土地还融合有跨学科"空间"知识及其之上其他关联要素的考量。

（二）土地上的人，"地方空间"存续的核心要素

承上，无疑，土地价值的终极体现取决于土地上的人及其相关活动。从中国历史和经济社会建设实践去观察，人地关系紧张与否及其如何疏解，可能是中国农村土地制度安排中最核心最本质的内容。显然，土地与人，二者不能分离，这一点在东西方社会发展中概莫能外。中文有"一方水土养一方人"的形象化提法，西文也有类似提法，比如，"城市设置（urban settings）不同，育化的人也不同"（Gallagher，2007：6）。

姑且以如何推进新农村建设这一热门话题为例。在实施过程中，需要秉持"以人为本"原则，类似观点，从上到下，从下到上，处处都在言说。但需要深入探讨的问题有：谁是这其中的"人"？又如何以及以什么为"本"？这类问题的深入讨论对于乡村建设及其之上城乡统筹融合发展的有效推进，可能更为关键。

本书认为，"以人为本"原则中的"人"，首先谈论的是既定"地方空间"、既定土地上的原居民，其次为这一特定地域经济社会发展格局发生变动后的关联利益相关者。暂且以新时代乡村建设及其新产业新业态发展为例加以说明，除了村民之外，来到乡村的创客、投资者、建筑师、外来务工人员等都可以构成特定村落中"人"的要素。实际上，在这个城乡社会复杂转型时期，即便以农村集体经济组织成员资格、股份经济合作社社员身份（俗称"村民身份、社员身份"）及其对应权益界定为例，都是一个具有挑战性的问题，而这类身份界定又与当下中央大力倡导的农村集体资产股份合作制改革密切关联（共计三类，分别为土地等资源性资产、集体统一经营的经营性资产和用于公共服务的非经营性资产）。比如，在德清县一些乡村休闲旅游产业比较兴旺的村落，之前因各种原因，从村里迁出后成为城镇居民的一部分原村民，陆续开始提出一些利益诉求，而诸如社员股东、社员非股东、非社员股东、单纯非社员等利益关系的调整（在德清，2012 年户籍改革之前，整体而言，大概是股改那个时间点之前出生的，分到股份的是社员股东，之后新生的或是新娶的是社员非股东，花钱买了股份的外村人是非社员股东，没买股份住村里的外村人就是单纯非社员）① 也正随着当地农村集体资产改革的深化而有所变化。

无论如何，万变不离其宗的是，农村劳动力就业问题何以能够有效解决，以及农民的生活水平和生活质量何以保障和稳步提升。例如，农业部早有经验数据表明，为了实现农民收入的增长和城乡居民收入差距的缩小，促进农村劳动力在非农领域的充分就业是一条重要渠道（张红宇，2003a）。再如，随着农村土地及其之上空间开发利用方式的转变，随着乡村人口的持续性转移流动及其职业变迁，人地关系的多方利益调整将成为探索新农村建设何以深度开展的不可忽视的重要参考因素。

（三）土地上的产业，"地方空间"存续的驱动要素

毋庸置疑，产业是经济社会发展变迁的关键性驱动力。对中国"三农问题"而言，农村产业发展议题更是有着不同寻常的机遇和挑战。例如，2016年开始实施的农业供给侧结构性改革，正是面向此议题的一个重要应对策略。论及农业供给侧结构性改革，无非是两个根本性问题，一个是农业科技创新能力不足，另一个为农业经营体制不合理，不能适应市场竞争环境要求，尤其是国际市场竞争的要求。于是，科技创新和体制创新可以成为新时代克服乡村农业发展障碍的两个突破口。当然，循延这两大突破口，不同乡村地区可以采取不同的解决路径，既可以采取规模经营，也可以采取规模服务，不仅仅局限于规模生产，关键是如何有效选择及结合。

实际上，为促进农业发展提质增效、带动农民就业和增收，关于如何更有效地推进新时期农村建设中新产业新业态（如休闲农业、创意农业等）的发展，中央与国务院有关部委一直在积极探索，并相继发布了系列文件，对地方上的发展实践和试点试验予以鼓励支持。例如，2016年的中央一号文件《关于落实发展新理念加快农业现代化实现全面小康目标的若干意

---

① 据《浙江省农村集体资产管理条例》（2016），"本条例所称村集体经济组织及其成员，是指《浙江省村经济合作社组织条例》规定的村经济合作社及其社员，以及村经济合作社股份合作制改造后成立的村股份经济合作社及其社员股东"。《浙江省村经济合作社组织条例（2007年修正本）》，"第九条　户籍关系在本村、年满16周岁的农民，均可以参加村经济合作社成为社员。户籍关系不在本村但在本村劳动的农民加入本村经济合作社问题，由村经济合作社章程规定"。

见》、2017 年的中央一号文件《中共中央国务院关于深入推进农业供给侧结构性改革加快培育农业农村发展新动能的若干意见》《国务院办公厅关于推进农村一二三产业融合发展的指导意见》（国办发〔2015〕93 号）、《农业部等 11 部门关于积极开发农业多功能大力促进休闲农业发展的通知》（农加发〔2015〕5 号）、《国土资源部住房和城乡建设部国家旅游局关于支持旅游业发展用地政策的意见》（国土资规〔2015〕10 号），等等。

基于在浙北、浙东等地的实地调研，笔者认为，关于乡村产业如何进一步发展，应进一步关注以下问题。首先，农村集体产权制度改革如何进一步推进，在此期间，（包括土地在内的）农村集体产权关系如何更加清晰，农村集体经济如何焕发新的活力，农民财产性收入如何获得稳步增长；[①] 其次，现代农业"新三区"，即粮食生产功能区、重要农产品生产保护区、特色农产品优势区，三者之间如何协调发展；再次，在农用地再利用开发过程中，（非）农化和（非）粮化用途，如何在具体维度搭配上因地因时而得以平衡；最后，"农业"是否一定必须与"农"相关联，"农业"与"农村土地上的产业"是否为相同内涵，以及在乡村新产业新业态的推动之下，特定地域的乡村产业有无可能发展为"综合性大农业体系"，如此等等，不一而足。

第三节　小结

本章主要从理论构建角度对"地域活化"研究视角的来龙去脉进行了概要性介绍，并依据"地域活化"视角之下三类"空间"构建，推演出"一体两翼式空间建构"作为本书的整体性分析框架，并对全文相关章节所用理论依据在整体上做了简要说明。具体而言，"一体"指的是"地方空间"之下"土地＋土地上的人＋土地上的产业"；"两翼"分别指的是"地域权型空间"之下"产业、主体人及其需求"以及"实践空间"之下"实践逻辑和实践过程相交织"；"一体"和"两翼"之间存在互为支撑的关系。

---

① 参阅 2016 年 12 月 26 日，中共中央、国务院印发《关于稳步推进农村集体产权制度改革的意见》。

同时，需要说明的是，一定程度上，该整体性分析框架的构建涉及跨学科知识，比如，人文地理学和规划学关于"地方"或"空间"观点的概要介绍，社会学"主体人"的引入等。这是因为，村庄的转型发展不只是社会治理或产业发展的转型，也包括村庄内外形态的转变，二者并非对立关系，而是相互嵌套、融合共存的关系。也即，此处的"地方"或"空间"，既是物理性的概念，也是社会性的概念。

当然，如果仅从（基于学科分工的）学科属性原则上去观察，"地域活化"研究视角好像与社会学无多大关联，"地域是地理学方面使用较多的一个词""活化是文化、建筑、规划领域使用较多的词汇"。不过，一种现象应不只体现为一种学科属性，例如，如果对"乡村规划和发展的社会属性"进行探讨，社会学即可以派上用场——在视角、立场、方法等维度均可以有所尝试。实际上，在本书中，"地域活化"之"地域"，倾向指源自"community"（社区、共同体）之上的"地域"；而"活化"则涉及土地利用、生态环境、产业重构、公共空间、文化传承和创新、社会（社群）关系重构以及人口迁移及其职业变迁等维度的再生和振兴。单就本书的具体内容而言，关于乡村建设和转型发展之上的"地域活化"，主要以"地域活化"研究视角下"空间"的三类构建为导向，以"一体两翼空间建构之一体"包含的"土地要素、产业要素和人口要素"三结合作为行文中心，同时结合案例对"两翼空间建构"辅以相应阐释。

由此可见，本书在写作过程中，尝试对农村社会学、农业经济学、经济社会学、城乡规划学等知识点予以融会贯通，也正有鉴于涉及跨学科知识融会的尝试（这也是为何在本书中，除了中规中矩的社科文献之外，还有少量规划、地理等学科文献的缘故），关于"地域活化"的研究视角取向，本书的写作自然也有一些不足之处。这是因为，作为转型社会城乡发展学说的一支，"地域活化"倡导经济社会、建筑规划、人文地理等学科跨界对话的做法，尤其是有意于对城乡规划学和社会学知识予以融合汲取的研究路径。目前主要是台湾大学、清华大学建筑规划专业的部分师生在实践中有所尝试，但整体而言，他们还是较为倾向城乡规划学的研究路径；本书则尝试更多地整合融入社会学知识（比如，对城乡关系变迁和乡村经社组织发展等方面的关注），因而，不成熟之处，在所难免。因此，"地域活化"视角对于包括乡村建设和小镇建设在内的城乡统筹融合发展议题的研究路径是否可行，以及如果可行，如何进一步丰富等，均有待于在聆听业界专家指正批评后进行完善，并在未来的研究实践中予以补充和检验。

第三章 土地要素盘活:乡村产业升级 与治理发展的一个微观过程

关于土地要素盘活对乡村产业升级与治理发展的推动作用,多年前,中国社科院农村发展研究所党国英(2009)已经明确指出,中国土地制度改革的方向,主要应服务于城乡统一土地要素交易市场的建立和运行,促进合理的土地要素价格机制的形成和运作。大量村庄建设的实例已经证明,土地赋能有助于创造村庄发展新空间(杨秋生、朱重庆,2010)。而农村人口与土地关系的变化及其引发的乡村结构变革,则构成当下中国最重要的经济社会变迁图景之有机成分(北京天则经济研究所"中国土地问题"课题组,2010)。

基于较长时期的实地观察,笔者发现,在市场需求力量的推动之下,在浙北德清县农村,土地早已经不再"土"了。在此处,农村土地要素不再"土"的意思大致有二:一是不再"土气",不再是一种"落后职业和社会身份"的象征符号,诸如"农村的""种地的""乡下人"之类的贬义称谓;[1] 二是不再局限于"乡土"的本意,而是能够因地因时地予以开发利

---

① 远的姑且不论,作为城乡二元结构的一个肇始,自 1958 年《中华人民共和国户口登记条例》通过以来,既有户籍制度的功能除了体现在"农业和非农业"或者"城镇人口和农村人口"这类表层的登记区别之外,更在于地域和身份差异之上所拥有的公共服务和对应资源的多寡、优劣,以及个体可分享的概率高低。2016 年,国家发布了全面取消农业户口的通知。当然,若仅仅只是在统计科目层面取消农业户口并没有什么实质性意义,关键还是基本公共服务大致均等化的实现。

用，推进高附加值产品的开发利用，尤其是在拓展农村新产业新业态方面。比如，在德清，农地非粮化利用就一度存在，而导致农地非粮化利用选择的原因莫过于种粮食收益不大，对农民缺乏吸引力。当然，农地利用方式的拓展尝试，需要设定在国家法规政策允可的范围内。比如，落实耕地保护底线不被突破、严格遵守保障土地公有制性质不变和农民利益不受损等原则；以及当前的"农村集体经营性建设用地入市改革试点"不可用于商业性房地产开发的政策，等等。

实际上，在德清，对于乡村土地要素的盘活利用，在农用地和集体建设用地等不同类型的农地上均有典型体现，结合其产生发展的历史和现实，本书暂且将这类土地利用举措概括为"地方性新土改"。只不过，有的尝试更多地体现为自下而上的方式，有的尝试更多地体现为自上而下的方式。下文将从多年前已经在德清乡村开始，目前依然在进行的农用地"土地流转"（1999—），以及现今正在开展实施的"农村集体经营性建设用地入市改革试点"（2015—）两方面案例予以介绍和分析。其中既有全县面上和县内其他村庄在"土地流转"方面先发作为的简要信息，也较为详细地记录了本书主角之一东衡村在"农地入市"方面的典型性案例信息，至于本书另一主角燎原村在土地要素利用方式方面的弹性发挥，主要体现于近年来在乡村新产业发展方面，如民宿、休闲农业等对农村土地的利用开发。因此，关于土地要素盘活相关内容，除本章外，在第四章和第五章也有相应的记录和分析。

第一节 "土地流转"："新土改"的历史
考察（1999—2015）[①]

一定意义上，"土地流转"可视为自家庭联产承包责任制在全国范围内实施铺开之后，在国内部分农村地区，为了高效利用土地承包经营权而

---

① 本节主要内容已经刊发，参阅：李敢，2016，《浙江"新土改"及其城乡一体"化"探索（1999—2015）》，《中共南京市委党校学报》第 4 期。

在建设实践中摸索出的土地利用模式。其中的动因在于，可以进一步分流农村剩余劳动力，提升耕作的产出效益，同时也有助于开展农业规模性经营。至于哪些类型的农地可以流转、是否流转、如何流转，在理论和实践上均应遵循因地制宜、因时制宜与因人（家庭户）而宜等原则而予以开展实施。

在德清，其土地流转改革大致开始于 1999 年，当时土地流转的主角为县城西部莫干山脚下的五四村与县城东部水乡沈家墩村（囿于篇幅和主旨，本章提及的德清县其他村庄"改革事迹"仅点到为止。本书的两个主角村庄燎原和东衡，地理上也是位于县城一东一西）。那个年代，国家政策尚未明确，五四村和沈家墩村在"未曾合谋"的情形下，几乎同时开始"试水"土地流转，或许只是某种时间巧合，但在当时的确承担了一定风险。关于德清当地的土地流转，以下将循依作为"实践空间"及其之下"实践逻辑与实践过程相交织"的分析路径，聚焦于"作为实践形态的国家与乡村社会关系"进行探讨。在县域新农村建设过程中，"实践逻辑"与"实践过程"关系呈现何以构建，以及"实践规则"与"实践图示"关系如何平衡。需要说明的是，作为"地域活化之一体两翼空间建构"研究视角的一翼，此处的"实践空间"倾向于指称社会实践的空间性，且与行动者的空间实践可以构成互补关系。文军和黄锐（2012）以及钟晓华（2016）曾对这类概念及其运用进行了较为详细的梳理，同时，由于本书篇幅和主旨所限，此处关于"实践空间"的文献综述暂不铺开，而是着力于阐释位列其之下的实践逻辑和实践过程何以相互作用和功能互补。

一 "实践空间"之下的实践逻辑和实践过程

关于此章节细化的分析思路，主要启发自两方面，其一是布尔迪厄对其"实践逻辑"的理论阐述。当然，有鉴于布氏作品的艰涩与深邃，行文之中难免有不当甚至误读误解之处，尤待方家指正了。其二是清华大学孙立平应布氏理论提出的"实践社会学"及其"过程－事件分析"概念与工具。基于此，本章提出了一个"实践逻辑与实践过程相交织"的分析框架。

（一）"实践逻辑"与"实践过程"

1. "实践逻辑"

关于"实践逻辑"（the logic of practice）这一概念的来源及其意义阐释，学界有不同的理论体系（布迪厄，2003；申静、王汉生，2005；Chia & Mackay，2007；Guntera & Forresterb，2010；Sandberg & Tsoukas，2011）。其实，实践活动的真正价值在于对特定实践图示的发掘，而非对某些既定"规则"的遵循。进而言之，一定程度上，可以说，布氏实践理论的重心是描述实践何以发生的逻辑，也即，实践在特定时空中展开的方式与呈现的图示。继之，如果总览布氏的实践理论体系可以发现，其主要回答了在社会历史性与结构性共同作用之下，酿制实践特性的可能条件有哪些（高宣扬，2002）。

概而言之，布氏的"实践逻辑"包括三个层次，即紧迫性逻辑、经济必需性逻辑、模糊性及总体性逻辑。第一层逻辑指的是，受制于时间限制，实践行动是一种必须在有限时间内迅速"做出决定"的行为，而非慢条斯理的"理性"决定，其可能表现为某种程度的将就性。因此，紧迫性正是实践的最基本特征之一。"实践的紧迫性预先排除了许多在理论上完全可能的行动路线和方式"。第二层逻辑指的是，行动者的实践不可或缺地面临相应经济条件的限制，实践中不存在随心所欲的行动方式。第三层逻辑包括两个次级方面，一是实践的模糊性，这是因为实践在某种程度上其实只是一种"实践感"（the sense of practice）存在，实践理论的独特之处即在于努力经由各式各样富有弹性的概念去处理具有模糊性的实践；二是实践的总体性，实践具有生成功用，实践的总体性就是实践的生成性。布氏"实践逻辑"的内核即在于它是历史活动中"生成"的逻辑。这是因为，真实的实践并非如研究它的社会科学一般，可以分裂为不同学科的碎片。这种总体性其实是实践模糊性的进一步体现，因此，"总体性社会事实"视角为实践研究所不可少，这是基于实践的基本统一特性（李猛，1999）。

2. "实践过程"

"实践过程"这一术语出自孙立平倡导的"实践社会学"。在某种程度上，实践社会学理论的一个起源为孙氏对布氏"实践逻辑"的解读。例如，尽管"实践概念是布迪厄领回来的，他对于实践特征的分析，也可以给我们非常重要的启发。但在把实践社会学付诸实践的时候，布迪厄失败了，他是用一种非实践的精神与方式对待实践的。原因是他将实践抽象化了，于是实践就死掉了"（孙立平，2002a）。

实践社会学不主张从社会关系、社会结构等静态的角度去关注社会现象，而是主张从实际运作过程的角度去关注社会现象，即其关注的是社会现象的实践状态。实践的过程主要体现于动态的机制、技术与目标之中。依据该分析观点，"过程本身造就过程的逻辑"，以及"过程本身是一种独立的解释源泉和解释变数"。"过程－事件分析"策略的目的在于，"为了接近实践形态的社会现象，或者说是找到一种接近实践状态社会现象的途径"（孙立平，2000）。

有鉴于实践社会学关于实践过程特质的强调，以及实践往往具有布氏所言的实践逻辑三要素特征，结合本章论题，土地流转姑且也可以视为一种实践性社会活动，非常有必要着眼于其变化过程的分析，着眼于社会情境下的具体分析。而"过程即意味着变化与运动，意味着对变动的分析"（陈那波，2006）。在对过程的强调中，宜更加重视的是事件性过程，这是因为，"实践状态社会现象的逻辑，往往是在事件性的过程中才能更充分地展示出来"（孙立平，2000）。

进而言之，借用上述实践社会学的分析思路，可以认为，在德清县，20世纪90年代末的土地流转是一种正处于"实践状态的社会现象"。为此，探索其实践中的逻辑与过程尤为重要。同时，也可以通过对该实践中的过程、机制以及技术和目标的关注，增进对此"实践形态社会现象"的理解。

（二）分析思路：基于"实践空间"的实践逻辑与实践过程

依据上述布氏"实践逻辑"与孙立平关于"实践社会学"的理论阐释，本章提出一个"实践逻辑与实践过程相交织"的分析路径，并尝试将其运用于一般性实践诠释（如图3－1所示）。至于"实践形态的社会现象"，在本书中具体指土地流转这种类似"新土改"的尝试（之所以称之为"新土改"，是因为站在20世纪90年代末的政策环境角度去审视，这类举措显得颇为"新颖")。

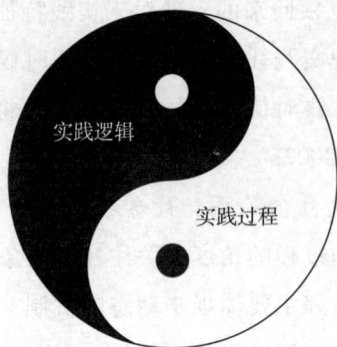

图 3 – 1 "土地流转何以进行"之"实践空间"分析模型

关于此分析模型图示，有三个方面说明。第一，"实践逻辑"与"实践过程"既不是非此即彼的对立关系，也不是静止不动的"结构"关系，而是一枚两面的共生关系，共同服务于"实践"活动本身。这也正是本书借助于中华易文化中"阴阳鱼"图示来说明二者互动关系的缘由所在，阴阳鱼图示代表的是一种动态流转，而不是静态的"黑"或"白"，重点不在于谁是"阴"或者"阳"，而在于两者之间的互动平衡。第二，因为布氏"实践逻辑"是连接理论与实践的中介，是在实践者与环境相互作用的历史活动过程中"生成"的逻辑。可以认为，布氏"实践逻辑"是基于实践者的行为与特定环境结构之间关系的"逻辑"，其要旨并非对实践活动"应该怎样"的规范，而是对实践活动"何以如此"的解释，指向的是"解释性理论与实践的关系"（冯向东，2012）。第三，出于对实践"过程"的强调，"实践社会学在面对实践状态的社会现象的时候，要找到的就是实践中的逻辑。然后通过对这种实践逻辑的解读，来对我们感兴趣的问题进行解释"（孙立平，2002b）。

二 个案研究："新土改之土地流转"的实践探索（1999—2015）

案例呈现部分将循沿修订后"实践空间"之下"实践逻辑与实践过程相交织"的分析策略与路径。资料来自德清县委宣传部、组织部、社科联、理论科、体改办、发改委、国土局、金融办、民政局、农办、农业局等机构提供的公开或不公开的政府文件、会议记录、数据报表等素材，以及笔者在城西五四村和城东沈家墩村的参与观察、座谈与深度访谈等。

（一）"新土改之土地流转"的实践逻辑与实践过程

溯本追源，关于"新土改"系列举措在德清的运营，并非是源自浙江省政府于 2015 年初颁布的城乡综合体改公文，而是在 20 世纪 90 年代就已经开始运作了，确切而言，始于 1999 年。而且，在真实实践中，其间的实践逻辑和实践过程难以如分析模型那样清晰区分，这是因为，对于作为"实践形态社会现象"的具体实践而言，实践逻辑与实践过程相辅相成、互动依存，二者共同构建了实践特征。二者并不是非此即彼的关系，而是融合共生关系。

例如，仅以"土地流转"而言，不论是西部的五四村还是东部的沈家墩村，不论是从最早的"被迫试水"，还是后来的"谋篇布局"，两个村庄在土地流转方面的作为更多地体现为"过程性"的探索，都是当地农民在实践中的创造。两个村村委的工作人员告诉我们，如同小岗生产队当年改革一般，沈家墩和五四两个村庄的土地流转实践同样是始于民间的探索实践，是民间智慧的体现，其次才有地方政府的默许及支持，尤其是在政策或法律层面取得某种"合法化"身份之后。事实证明，基层实践往往可以先行一步，超越既定政策或法律不合理的规划或管控。比如，在德清，西部山区村庄与东部水乡村庄的土地流转均开始于 1999 年，或许这只是某种时间巧合。但依据笔者三年多来对德清多方面的调研来看，其实际为一种倒逼机制力量推动之下的县域产业发展的自我改革。这是因为，在 20 世纪末，作为浙北发展的一个缩影，德清的工业化已经达到同类县域较高水准。相应而言，当地农民的产业工人化趋势已经渐趋明显。与此同时，在当地部分乡村，改革开放之后兴起的以"包产到户"为标识的家庭联产承包责任制越来越无法适应新的发展形势与需求，土地规模经营成为一种客观需求。于是，当地土地流转从"偷偷摸摸"到正大光明，得以渐次推进，而这一转变过程本身就是费孝通先生所言"从实求知"实践性的产物（刘亚秋，2014）。

这或许应验了学者的观点，"实践是实践的参与者能动地发挥作用的过程，这种能动作用是塑造实践逻辑的一个重要因素"（孙立平，2002b）。具体而言，这种能动的实践性体现在，不管是"实践状态中那些行动者在行动中所使用的技能和策略"，还是实践逻辑发挥作用的机制，抑或当面对"实践状态社会现象"时要找到的实践目标。

（二）"新土改之土地流转"的学理价值：一个社会学分析路径

承上，如从孙立平（1993）的"自由流动资源"与"自由活动空间"分析概念去审视，德清从20世纪末开始持续到当前的"新土改"及其城乡一体化改革试点，不仅促进了本地林农渔等物质性资源的流动组合，也促进了户籍、就业机会、权利和信息等制度性资源的流动与组合，扩大了当地农民就业与发展的活动空间，进而有助于当地城乡二元结构体制性障碍的破除。在这个过程中，既有城乡体制改革产出的影响，也有相关政府政策调整的影响。进而言之，"自由流动资源"与"自由活动空间"这两个因素有助于国家与乡村社会关系的调整与协调。

继之，按照孙立平（2000、2002b）对实践社会学的诠释，当面向"新土改"及城乡一体化改革试点实践时，同样可以将国家与乡村社会关系具体化为乡镇政府（国家机构最低一层的体现者）与村庄（在理论上是一个村民自治组织）的相互作用关系。土地正是二者之间互动最有效的介质。抓住土地问题，无疑即抓住了国家和乡村社会关系问题的本质。以德清为例，当初的新土改"试水"，既是城乡二元隔阂问题倒逼出来的结果（如"大包干"已经解决不了当地农村居民继续发展的问题），也有（乡镇）政府政策层面引导的功劳。如果再将前述孙立平关于实践过程的观点融入上述两个村庄"土地流转"的具体案例中去观察，可以发现，在紧迫性和经济约束性制约之下，实践过程本身既存在着不确定性，也存在着创造性，作为制度运作和制度变迁方式的"变通"其实一直在其间发挥作用（王汉生、刘世定、孙立平，1997）。比如，当初，沈家墩村实行的"米袋子""记账本"以及建立土地股份合作社等多样化流转方式。这类实践在一定程度上有助于弥补既有"国家－乡村社会"体制和组织结构的不足或缺陷，从而既保障了国家对乡村社会的基本维控，也保障了乡村社会"弹性生存与生活机制"的构建，形成一种共赢关系。因此，就城乡一体化改革试点这类"实践形态的社会现象"分析研究而言，"叙事性再现和动态关联分析"将不可或缺（孙立平，2002b）。

综上，关于如何更好地面向作为"实践形态的社会现象"的具体实践，以"地域活化"视角为统领，以"实践空间"为出发点，基于对布尔迪厄"实践逻辑"与孙立平"实践社会学"之"实践过程"的理论回顾，本书提出了一个实践逻辑与实践过程相交织的分析路径，并就德清"新土改之土地流转"实践予以了探讨。个案分析表明，"新土改之土地流转"的"实践逻辑"接近布氏所言的以行动的逻辑代替理论的逻辑，而不是相反。

第二节 "农村集体经营性建设用地入市"：
"新土改"的现实考察（2015 年至今）

前述"实践空间"运作特质及其之下"实践逻辑与实践过程相交织"的分析路径，不仅有助于解释农用地的流转，也有助于解释其他类型的"地方新土改"，例如"农村集体经营性建设用地入市改革试点"，简称"农地入市"。该试点为新时期农村土地制度改革三大板块之一，服务于中央谋虑已久的建立城乡统一建设用地市场的工作目标，当前主要为地方性实践探索。在城乡统筹发展结构背景之下，值得观察的有：作为行动主体之一的地方政府，其广为人知的"土地财政"行为取向在此番改革中有无变更及其缘由。与此同时，在经济社会发展进入"新常态"时期和"后土地财政时代"，对特定地域而言，从"土地财政（依赖者）"到"土地管理（督责者）"有无可能成为地方政府转型发展过程中特定的行为转变，如果存在，其间对应行为选择的动力机制、制度安排和治理效果又有何展现。

一 农村集体经营性建设用地形成的历史背景与改革动因

（一）历史背景

在一定程度上可以说，一部中国史就是一部中国土地制度形成与演变史，其核心为土地权属与土地冲突。不过，从既有实证资料去审视，土地所有制与土地兼并没有必然关联，无论姓"公"抑或姓"私"，土地与历史上的王朝更迭并无多大显性相关度（赵冈、陈钟毅，2006）。关于土地权属，远的姑且不论，自1949年以来，我国实行土地社会主义公有制，按照土地所有制划分，全部土地一分为二，即国有土地和集体土地①，分属于两种不同的权利体系。然而，受制于城乡二元经济社会结构的分割，在土地要素市场上，我国执行"一国两制版式"的土地制度，也即实行城乡建设用地双轨制（王小映，2014）。与此同时，受制于诸种因素，按照用途划分，农村集体土地在当前土地要素市场上主要有两类形态：一是农用地，对应农地经营权流转市场（建设兵团的国有农用地另当别论）；二是建设用地，在"农地入市"试点被正式允可之前，一般需要经由征收转为国有土地，走招拍挂流程，进而演变为时下流行的地产市场的有机组成成分。

"农村集体经营性建设用地"（以下简称"农地"）隶属于"集体建设用地"② 范畴，是一种按照土地现状用途与规划用途的划分方式，主要面向二级市场，"是指存量农村集体建设用地中，土地利用总体规划和城乡规划确定为工矿仓储、商服等经营性用途的土地"。③ 简而言之，"农地"目前仅仅指向符合规划用途和管制的乡镇企业用地和产业用地，非农产业用地和二次产业用地，划拨集体所有权的产业用地等（王小映，2014）。然而，一定意义上，在国内，此处的"农地"却又是一个语义含混的术语，一方面，其功能上定位为"经营性建设用地"，也即"非农用途"；另一方面，在产权归属上，又被纳入颇具模糊性的农民集体产权。再则，有鉴于农村土地归农民集体所有的法律规定，作为农村集体建设用地构成之一的农村集体经营性建设用地，如从其所有权角度去观察，中央和地方的关系依然是委托代理关系，这是因为村民小组、村委、乡镇等主体及其对应的集体经济组织并非真正意义上所有权人（尽管有着"三级所有、队为基础"的传统约定），经

---

① 集体土地包括属于农民集体所有的建设用地、农用地和未利用地。

② 集体建设用地又叫乡（镇）村建设用地或农村集体土地建设用地，是指乡（镇）村集体经济组织和农村个人投资或集资，进行各项非农业建设所使用的土地。集体建设用地分为三大类：宅基地、公益性公共设施用地和经营性用地。"经营性用地"在狭义层面往往就是乡镇企业用地，在广义层面接近"集体建设用地"，不过，需突出"经营性"特质。

③ 《国土资源部关于印发农村土地征收、集体经营性建设用地入市和宅基地制度改革试点实施细则的通知》（国土资发〔2015〕35号）。

由国家政策和法律控制，中央依然紧紧持有农村集体经营性建设用地的所有权（周其仁，2004：6）。

（二）改革动因

溯本追源，"农地入市"改革的动因在于，尝试化解城市建设用地不足和建立城乡统一建设用地市场，以及舒缓城乡二元结构张力。"农地入市"在中央层面的讨论至少可以从中共十七届三中全会（2008）计算开来。[①] 现实中，地方层面这类实践则更早，不过，当时试点省份更倾向使用的名称为"农村集体建设用地入市"。[②] 致力于尝试在全国范围内逐步建立城乡统一建设用地市场，发挥市场在资源配置中的决定性作用，促进城乡要素合理流动，是十八大及十八届三中全会以后的工作了，这也是中央力推全面深化改革的重要举措之一。从中央层级授权角度而言，此举措可视为新时期"农地入市"以及综合性农村产权制度改革得以推进的最大动力源。

综合国内既有试点情形看来，"农地入市"目前主要为一种致力于农地非农化用途之上、土地权属关系平衡的技术性改革，确切而言，除所有权外，其他权利关系均可以调试，例如出让、转让、租赁、抵押以及入股等。实际上，关于农村土地效能何以提升及其改革动向，杜润生（1999）先生极具远见，他在20世纪末已经指出，要重视市场优化土地资源的配置，要培育土地市场，将来的农民可以享有多重土地权利，例如经营权、收益权、入股权、转让权、抵押权、继承权等，而实现产权界定的明晰是这类权利得以实施的保障所在。

二 "农地入市"与县域村镇发展

（一）文献回顾与综述

首先，新中国成立以来，农村土地的开发利用政策一直处于分分合合的

---

① 按照中共十七届三中全会《中共中央关于推进农村改革发展若干重大问题的决定》，农村集体依法获得的集体建设用地在不突破用途管制的基本前提之下，可以自由入市流转，并且要求建立城乡统一的建设用地市场。

② 例如，2005年10月1日，《广东省集体建设用地使用权流转管理办法》正式施行。其后，2006年国土资源部发布52号文（《关于坚持依法依规管理节约集约用地支持社会主义新农村建设的通知》）提出集体非农建设用地使用权流转试点。近似对广东等地的试验予以默认。

调整之中。中央层面，十八大之后，"三块地"改革①逐渐成为新时期农村土地政策调整的焦点所在。农村集体经营性建设用地入市（以下简称"农地入市"）②正是这三大板块之一。比如，在中共十八届三中全会后拟定的土地制度改革目标中，农村集体经营性建设用地在入市方面将享有与国有建设用地同等权责。

　　不过，从有关报道中可以看出，中央虽然鼓励地方积极作为，但中央对"农地入市"议题持有慎之又慎的态度，例如，对于可入市对象，从早先讨论提及的"农村集体建设用地"（可以包括宅基地），收缩到最后定稿的限于"农村集体经营性建设用地"（宅基地除外，而不论此宅基地实际状态中是否处于"经营性"用途，且多限于存量乡镇企业产业用地，并不得用于住宅建设；至于宅基地制度改革，另做试点）。地方层面，覆盖大江南北的15个县级试点（县区市）被遴选出来作为此次"农地入市"试点，③时间为2015年1月初至2017年12月底，其后获得授权延续到2018年底。在此

① "三块地"改革指的是农村土地征收、集体经营性建设用地入市和宅基地制度。依据中共十八届三中全会关于建立城乡统一建设用地市场工作目标，2015年3月，国土部开始实施新一轮农村土地制度改革，共计33个试点。其中，15个面向农村集体经营性建设用地入市、15个面向宅基地制度改革，3个面向农村土地征收工作，试点遵守"封闭运行、风险可控"原则。参阅中共中央办公厅和国务院办公厅《关于农村土地征收、集体经营性建设用地入市、宅基地制度改革试点工作的意见》，（中办发〔2014〕71号）。《国土资源部关于印发农村土地征收、集体经营性建设用地入市和宅基地制度改革试点实施细则的通知》（国土资发〔2015〕35号）。

② 实际上，尽管农村集体经营性建设用地有些"名不见经传"，但却是全国建设用地的重要构成部分。截至2013年底，全国集体经营性建设用地面积约为4200万亩，占全国建设用地总量13.3%左右。同时，按照《全国土地利用总体规划纲要（2006—2020年）》，从未来发展趋势看，新增建设用地增长将受到严格控制，存量建设用地盘活将成为建设用地供给主要来源。改革试点中所称农村集体经营性建设用地是指存量农村集体建设用地中，土地利用总体规划和城乡规划确定为工矿仓储、商服等经营性用途的土地。参阅中办发〔2014〕71号、国土资发〔2015〕35号文件、财税〔2016〕41号、银监发〔2016〕26号，也可以参阅2014年一号文件，以及2015年中央一号文件《关于加大改革创新力度加快农业现代化建设的若干意见》，"按照中央统一部署，审慎稳妥推进农村土地制度改革"。

③ 这15个试点地区分别为：北京市大兴区、山西省晋城市泽州县、辽宁省鞍山市海城市、吉林省长春市九台区、黑龙江省绥化市安达市、上海市松江区、浙江省湖州市德清县、河南省新乡市长垣县、广东省佛山市南海区、广西壮族自治区玉林市北流市、海南省文昌市、重庆市大足区、四川省成都市郫县、贵州省遵义市湄潭县、甘肃省定西市陇西县（国土资发〔2015〕35号）。

期间，部分法律法规执行予以暂停。①

其次，从地方政府行为与土地开发利用关系而言，既有研究多着力于"三块地"改革中宅基地与征地的探讨，且往往落实于"土地、财政、金融"三位一体模式的论证辨析，其论点有承继发展，也有针锋相对。这类文献不胜枚举，姑且以近年几则"核心期刊"文献为例：仇保兴（2010）认为，经由土地出让方式和出让金支出管理等综合改革措施，有助于解决"土地财政"衍生的城市高房价难题。基于《城市统计年鉴》（1985—2011）面板数据的格兰杰因果检验，王丰龙和刘云刚（2013）证实了20世纪90年代中期以后，土地对地方财政收入增长的推动功用，但这种即期效应也暗示了土地财政在中国有过度使用的倾向。孙秀林和周飞舟（2013）认为，1994年开始的分税制是地方政府专注于土地财政的最大推动力。周飞舟和王绍琛（2015）还认为，土地财政是城镇化过程中"农民上楼与资本下乡"现象频发的一大诱因。李升（2015）则论证了，近些年来土地财政迅速发展的主因并非分税制，而是地方政府在经济社会发展过程中追求自身利益最大化的主动行为。杨林和刘春仙（2014）以及宋琪和汤玉刚（2016）持有的观点比较接近，均认为尽管"土地财政对地方公共品提供具有结构性的激励效应"，但以土地出让收入为支柱财源的土地财政难以长久持续，随着"后土地财政时代"的到来，如何有效推进现有土地财政的及时转型，是对中央与地方的双重考验。基于1999—2009年286个地级市的面板数据，叶林等（2016）发现，地方政府对土地财政形成的路径依赖已经构成我国"土地城市化"的主要推动力之一，推进地方政府行为方式的转变已经成为保障经济社会转型发展的一个必须要件。基于2003—2007年全国地市县财政统计数据和国土资源统计年鉴，李辉（Li Hui，2016）认为，土地财政更多是东部地区的现象，地方政府更倾向于将部分收入用于经济发展而不是社会发展。而

---

① 第十二届全国人大常委会第十三次会议审议了国务院关于提请审议《关于授权国务院在北京市大兴区等33个试点县（市、区）行政区暂时调整有关法律规定的决定（草案）的议案》。具体为：国务院决定暂时停止土地管理法第43条和第63条，《城市房地产管理法》第9条关于集体建设用地使用权不得出让的规定，允许农村集体经营性建设用地使用权出让、租赁、入股，实行与国有建设用地使用权同等入市、同权同价。

且，对东部地区地方政府而言，其总收入使用上也存在此偏好。

至于对地方政府行为与"三块地"改革中农村集体经营性建设用地关系的研究，相较于前"两块地"研究成果的丰硕，该领域研究相对新颖，关联文献颇为有限，且早期作品多以"集体非农建设用地"等术语取而代之（二者内涵并非完全一致）。例如，高圣平和刘守英（2007）认为，在工业化和城市化过程中，农村集体建设用地潜力价值实现的障碍主要在于相关政策与法律的滞后。许海燕（2009）认为，非农建设用地自发流转市场在多地已经形成，受制于政策法律与理论研究的滞后，亟待克服交易中的潜在风险，以更切实有效地提高土地配置与利用效率。基于博弈分析，马凯和钱忠好（2009）认为，在土地开发利用过程中，"农民对政府的影响使政府丧失了稳定的先动优势"，为此，有必要经由集体非农建设用地去打破政府对土地征用的垄断，同时"必须加快对农村集体经济组织的建设，尽快实现政府和农民的非农建设用地供给力量的平衡"。基于实证检验，万健（2010）认为，"现行土地征收制度排除了农民获取土地增值收益的权利，侵害了农民集体和农民的土地权利与经济利益"，继而诱发了各式各样的农民抗争，在这种情形下，"允许集体建设用地进行市场化流转成为最优解"。围绕城乡建设用地指标在中央和地方之间的博弈，谭明智（2014）对"土地增减挂钩政策"的来龙去脉及其地方实践予以了详细梳理，突出其中严控与激励并存机制的功能发挥。唐莹和王玉波（2016）论证了构建合宜土地财政驱动农村建设用地入市的区域调控政策，受制于系列法律法规的制度设计，比如，两种土地供给者在出让金等收益方面如何配置，以及如何进一步协调因此造成的地方财政来源收缩，从而可能减少公共设施建设支出等难题。周怀龙、陈玉杰（2016）则认为，浙江（德清）"农地入市"改革试验有利于土地利用效能的释放，有益于助推地方经济转型与升级。

不难发现，关于地方政府与"三块地"的关系，上述文献倾向于论证地方政府与"土地财政"之间扯不断理还乱的关系，比如，在前期快速城镇化过程中，地方政府易产生"卖地冲动"，进而在不同程度上患有"土地财政依赖症"（即"土地偿债在政府负有偿还责任债务中占比"）。同时，囿于时代，"农村集体经营性建设用地"这一正式术语出现较晚，除了刘守英、蔡继明、周其仁等少数长期跟踪研究者外，既有的关于"农村集体建设用地"的文献主要着眼于相关法律法规的滞后及其引发的利益配置的失衡。

再次，从地方性试点案例去观察，截至目前，各地进展参差不齐，原因多样。例如，德清县作为全国"农地入市"在浙江省唯一试点县，因其试点工作成绩突出，一时成为此次土地制度改革的一颗明星，相继获得了两个国土部认可的"全国第一"称号，即全国第一宗农村集体经营性建设用地入市和全国第一笔农村集体经营性建设用地使用权抵押贷款。截至 2017 年元月，德清县已完成入市土地 100 宗，共计 750.36 亩，成交金额 1.64 亿元，其中，农民和农民集体获得收益 1.33 亿元（占比 81% 左右），惠及农民 86000 多人，覆盖面达全县农村集体经济组织的 30% 左右。另有 20 宗 107.7 亩土地正在组织入市。至此，省市县政府均认为"农地入市"试点改革工作已经取得了阶段性成效。

如今，3 年试点期限接近尾声，德清县拟定入市的农村集体建设用地总共 1881 宗、10691 亩（其中可直接入市 1036 宗、5819 亩），由于试点时间界限为 2017 年底，如果要实现更多入市，任务可谓艰巨。并且，由于此试点牵涉利益面很广，在此试点过程中，作为过往征地主体的地方政府（此处为县级）不仅获益不多，[①] 还需要投入相当多的人力物力和财力，且与媒体常见的"土地财政"助推地方政府致富的行为路径也并无多大关联。如此一来，值得深入探究的问题有，就"土地利用"与县域发展而言，既然作为理性行动者的地方政府从"农地入市"中获利微薄，甚至无利可图，但为何还有较高的积极性投入试点呢？或者，只是为了落实中央"郡县治天下安"的战略意图，借助此轮土改试点完成相应的"政治任务"？或者，可入市的"农地"量不多，也卖不了多少钱？这是因为，在既往土地买卖中，

---

① 财税〔2016〕41 号：第十五条 调节金全额上缴试点县地方国库，纳入地方一般公共预算管理。试点期间省、市不参与调节金分成。另外，在德清县，"农地入市"收益分成严格规定，政府所获收益部分仅限城乡基础设施建设等公共利益，不得挪作其他用途。

改革进度安排

2015年5月，方案制订报批阶段

2015年6月至7月，动员部署阶段

2015年8月至12月，全面实施阶段，重点做好就地入市

2016年，深化推进阶段，抓好就地入市，重点推进异地调整入市，查摆改革调整入市，完善政策问题

2017年，总结提炼阶段，形成一系列实践与理论政策，修法、立法提供经验

目标：建立形成"同权同价、流转顺畅、收益共享"的集体经营性建设用地入市

改革核心内容

谁来入市？完善农村集体经营性建设用地产权制度

严格界定集体经营性建设用地

明确集体经营性建设用地入市主体

规范集体经营性建设用地产权管理

哪些地入市？明确农村集体经营性建设用地范围和途径

允许就地直接入市

鼓励调整入市

探索城中村整治入市

怎么入市？建立市场交易规则和服务监管制度

建立运转高效的市场交易机制

建立民主透明的入市决策机制

建立城乡统一的地价评估机制

建立统一的不动产登记抵押机制

建立多方协同的监管服务机制

钱怎么分？建立兼顾国家、集体、个人的土地增值收益分配机制，合理提高个人收益

按照合理比例收取农村集体经营性建设用地土地增值收益调节金

健全土地增值权益在农村集体经济组织内部的分配机制与监管机制

形成了"一办法、两意见、五规定、十范本"的政策框架体系

组织保障措施

成立以县委、县政府主要领导为组长的工作领导小组

下设办公室，抽调重点部门114名骨干集中办公

乡镇主要领导所全程抓，国土资源所参与

行政村排定地块，依次向上申请审查，确定后做好民主决策

入市收益返还后，县农办、乡镇监管好收益分配、使用，保障农民利益不受损

资料来源：德清县国土资源局。

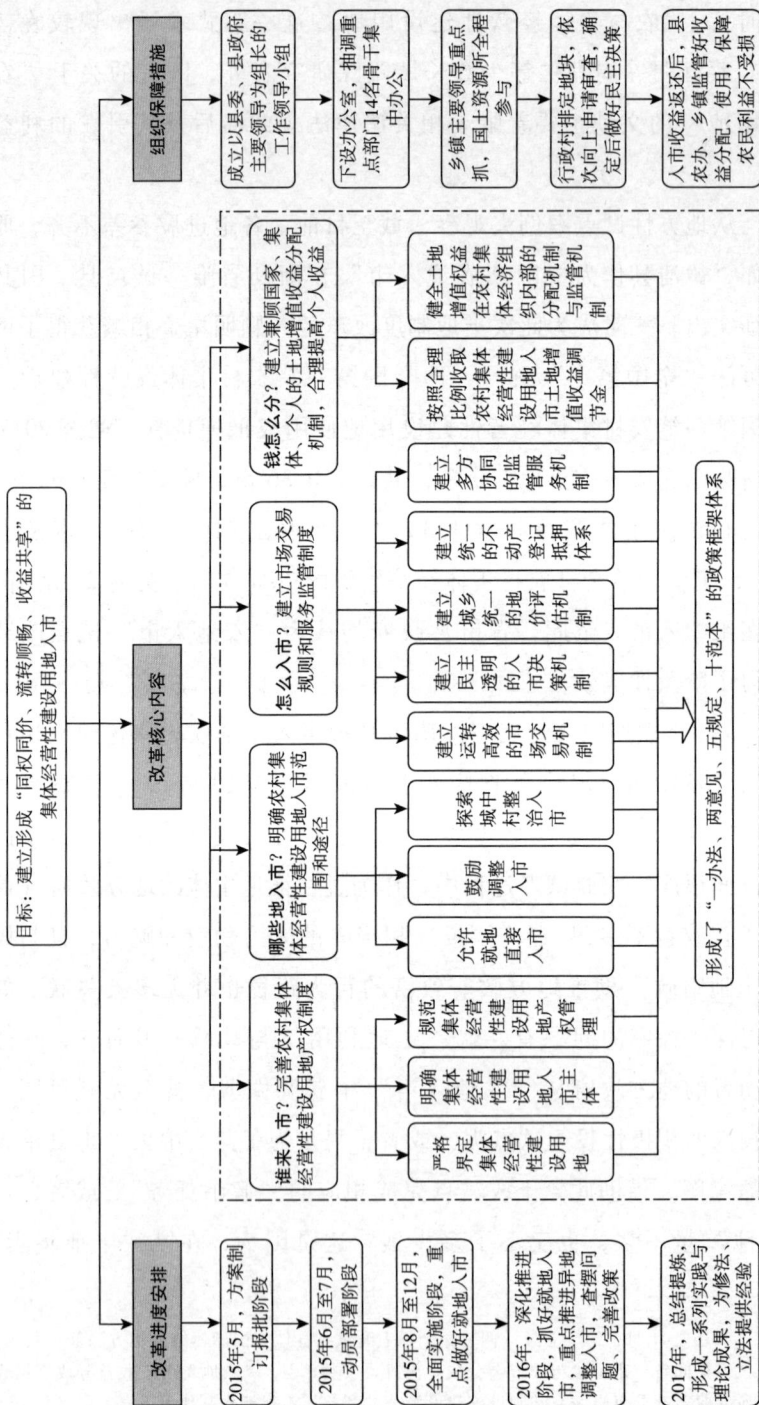

图3-2 德清县农村集体经营性建设用地入市改革路线

52

确定拟入市地块 → 审核入市地块 → 地价评估 → 事项民主决策 → 地块入市 → 颁发权证

中介机构测定界，出具地块红线

集体经济组织书面提出入市申请

评估机构对地块进行地价评估

入市事项由村民会议或村民代表大会进行民主决策

提出入市申请

受让人持税费缴纳证明申请办理契税证

权属调查指界，相邻权利人签字确认，集体经济组织出具权属证明，报乡镇人民政府盖章确认，地籍科审核

乡镇人民政府出具审核意见

土地估价报告向国土资源局进行备案

集体经济组织出具人市决议，提交乡镇党政联席会议或镇长办公会议集体讨论，并由出具集体会议纪要

支付地价款及税费

发改、建设、环保、国土等部门审核

评估报告提交委托方用于决策

组织入市交易

受让人县统一专户，缴纳土地增值收益调节费及相关税费

入市实施主体向县国土资源局提出书面入市申请，并提供相关资源

县国土资源局提出审核意见，报县政府核准，颁发入市核准书

1. 制作出让文件；2. 发布出让公告；3. 组织招拍挂；4. 成交确认书；5. 成交公示；6. 签订出让合同

申请办理土地和房产登记手续

组织入市审批

支付地价款及税费

申请办理土地和房产证登记手续

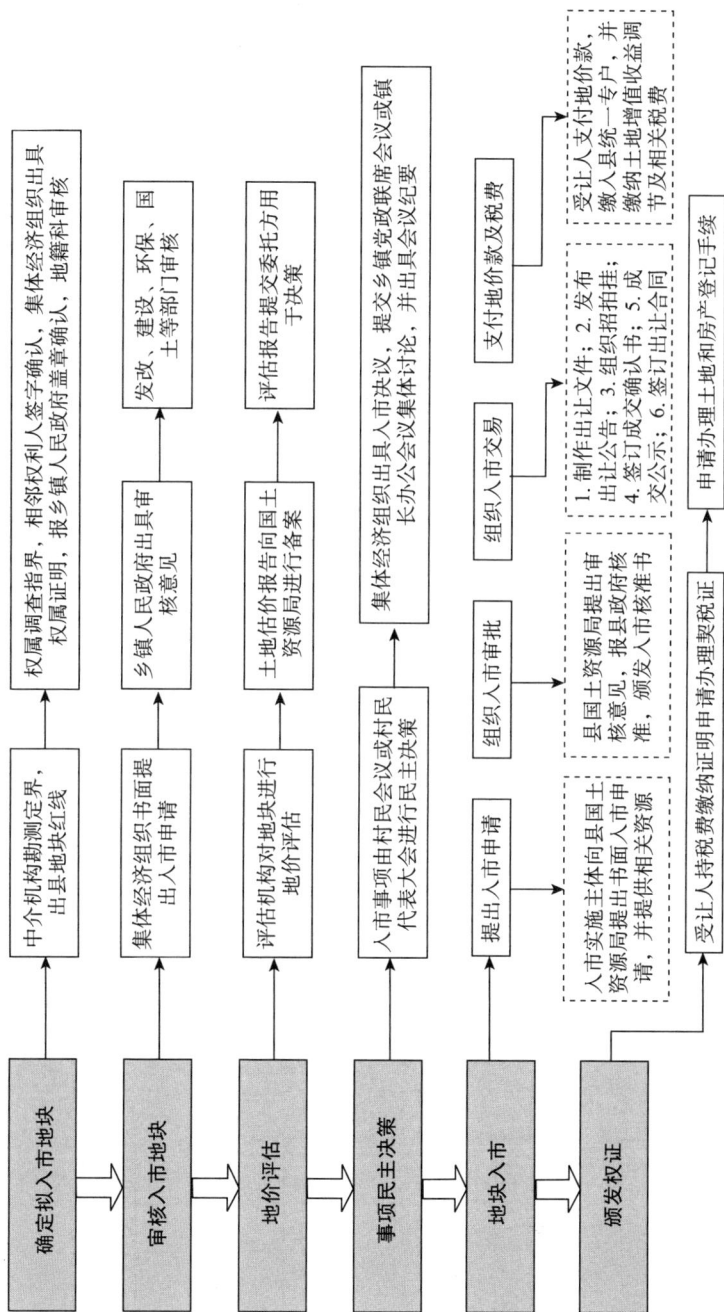

图3-3 德清县农村集体经营性建设用地入市流程

确定"按类别、有级差"的
增值收益调节金收取模式：
·工业用地16%、20%、24%
·商服用地32%、40%、48%

政府收取土地增值收益调节金

专项用于农村基础
设施建设、环境建
设、土地前期开发
等，反哺农民和农
村

土地出让金

公共资源交易中心

农村集体经济组织

村民小组集体

村集体

乡（镇）农民集体

村级土地民主决策

·收益的10%作为
村集体提留，用于村
集体所有、村内公益
事业支出；
·其余可在该集体
经济组织成员之间
公平分配

·首先用于发展壮
大村级集体经济，
作为村级集体积累入
集体公益；
·农户通过股权增
厚的形式，享受分
红的权益

不直接分配，主
要用于辖区内农
村基础设施建设、
民生项目等支出

"同权同价同责"，
确定国家、集体之间
收益分配合理比例

根据三级集体经济组
织不同、差别化落实
集体、个人收益

明确入市收益
属性和利用途

预期多方共赢成效

基层治理更有效

产业结构更优化

农民收入有提高

集体经济更壮大

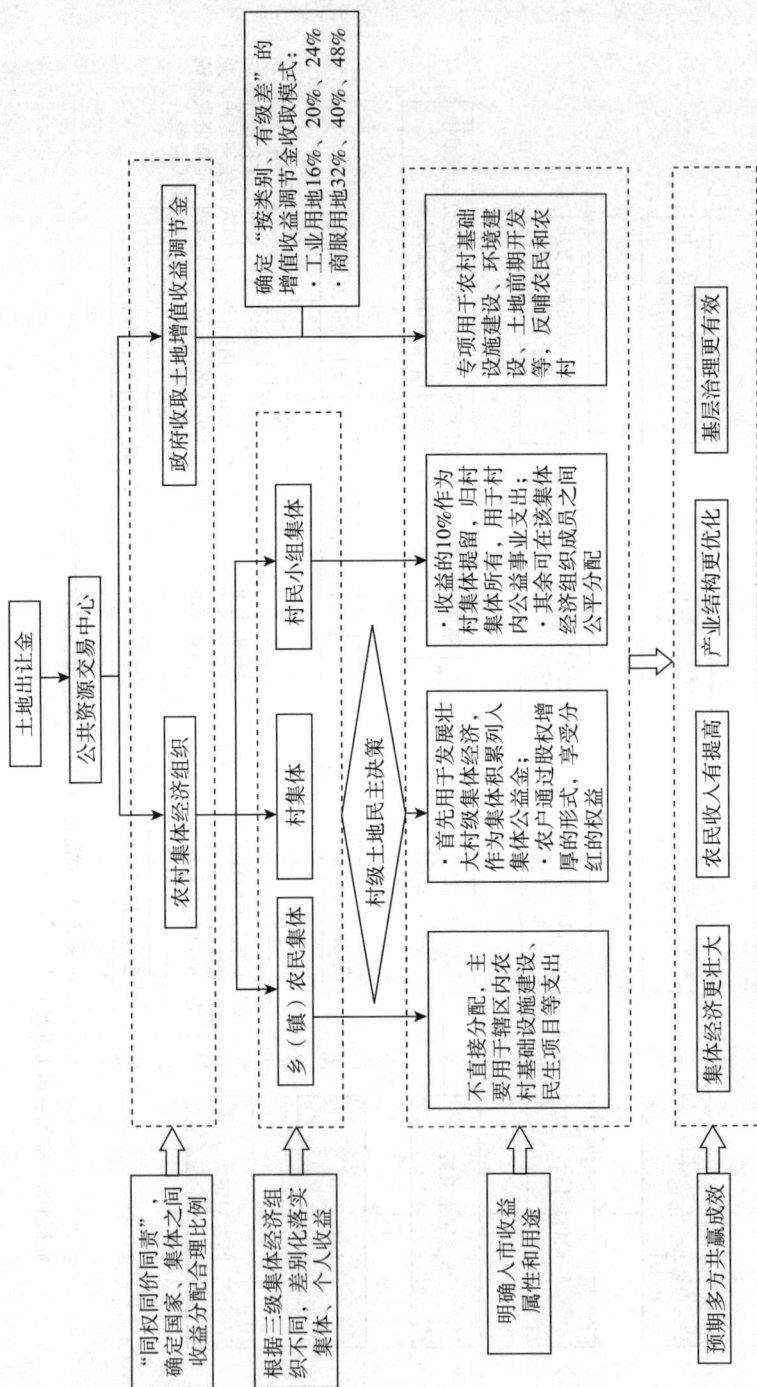

图3-4　德清县农村集体经营性建设用地入市资金流向和收益共享

资料来源：德清县国土资源局。

包括农地非农化在内，地方政府往往是最大获利者。而且，在试点改革已逐渐步入深水区的情况下，地方政府在后续"农地入市"推进过程中的动力机制和保障何在？在此过程中，地方与地方之间以及中央与地方各自的行动诉求和相互间的利益博弈又何以呈现与维系？

（二）"农地入市"的经济社会效应

关于"农村集体经营性建设用地入市"改革试点对德清县村镇经济社会发展带来的经济社会效应，大致有以下六个方面。

（1）"五个统一"推动工作方式的切实转变，[①] 县域内城乡统一的建设用地市场初步形成。建立完善市场交易规则，将全县集体经营性建设用地统一纳入县公共资源交易中心交易，建立多方协同的入市监管服务机制，实行与国有建设用地的"五个统一"，使农村土地市场从改革前的"各自为政、无序交易"转变为目前的"权能完整、统一规范"，抵押融资市场从改革初的"县农业银行一家单干"转变为目前的"县域金融机构全覆盖"，广大用地业主从改革初的"怀疑顾虑"转变为目前的"主动申请"，在县域范围内初步建立起城乡统一的建设用地市场，形成公平竞争的用地市场环境。

（2）"农地入市"助推"农民增收"，群众的改革获得感显著增强。在试点推进中，德清县始终把维护好、发展好农民利益作为出发点，让老百姓共享发展成果。特别是在入市增值收益分配上，兼顾入市与土地征收间大体平衡的同时，更多地体现为让农民有改革的获得感，已入市的土地收益中农民和农村集体获得占比为80%。以2015年9月8日拍卖出让的洛舍镇砂村地块为例，出让后，该村农民每股股权价值从5500元增加到8000元，增长幅度达到45%，农民得到了较大实惠。同时，鼓励村集体将入市收益用于扩大再生产，实现保值增值。村集体获得的入市收益和政府提取的增值收益调节金，也明确主要统筹用于城镇和农村基础设施建设、农村环境整治等支

---

① "五个统一"：统一的交易平台、统一的地价体系、统一的交易规则、统一的登记管理、统一的服务监管。

出，均以直接或间接的方式反哺给农村。

（3）"产业升级"拉动"土地增效"，农村经济发展后劲明显增强。坚持"宜工则工、宜商则商"，强化产业引领和规划管控，商贸、旅游、高新制造和"特色经济产业园"并举，不仅解决了小微企业的用地需求，契合了当前"大众创业、万众创新"的发展战略，同时助推产业转型升级。例如，推出了非常灵活、群众也乐于接受的租赁方式，可以 5 年、10 年一交，大大降低了企业前期土地资金投入。从入市的 100 宗土地情况看，由于入市时严格按照规划条件和产业政策，一批精品酒店、乡村民宿和小微企业创业园、农产品加工企业等符合农村实际的项目逐渐替代了原有的砖瓦厂、废弃码头、小矿山、小化工厂等落后低效产能。同时，由于落实了土地权能，业主更放心地进行厂房和机器设备的改造提升，促进了县域产业格局的优化。经过初步测算，已入市的 100 宗土地投资将达 9 亿元以上，农村经济发展后劲明显增强。

（4）"民主议地"促进"基层治理"，农民群众参与农村土地管理的积极性明显提高。在推进农地入市的过程中，德清县不断强化入市决策的民主管理，全面开展农村土地民主管理"十村示范、百村共建"的创建活动，使农地入市的民主决策带动了农村土地的民主管理，同时也增强了农民珍惜土地资源的观念意识、促进了节约集约用地。至 2016 年底，全县 150 个行政村实现民主管理覆盖率 100%，无房户、危房户宅基地保障率 100%，一户多宅整治率 100%，无违建村创建参与率 100%，宅基地确权发证率100%，永久基本农田保护补偿覆盖率 100%，全县 31 个经济欠发达村的集体经济得以发展壮大。

（5）促进修法立法，为国家和省级配套制度提供样本。德清"农地入市"地方实践得益于中央和省级有关部门的大力支持和帮助指导，同时也为中央和省级有关配套制度的出台提供了经验样本。2015 年以来，德清县在全国率先实现集体经营性建设用地使用权抵押贷款第一单，并实现县域内银行业金融机构该项业务的全覆盖，为国家银监会和国土资源部联合出台抵押贷款管理暂行办法提供了实践支撑。同时，德清县提出的"按类别、有级差"的土地增值收益调节金征收模式也被吸纳到财政部和国土资源部联合发布的调节金征收管理办法中。在省级层面，2016 年 5 月 1 日实施的《浙江省农村资产管理条例》将德清县集体经营性建设用地入市收益分配做法写入第 27 条。

（6）有力推动了城乡统一建设用地市场的建立。从德清县推进农村集体经营性建设用地入市改革的实践和效果去观察，有两点最值得总结。其一，集体经营性建设用地入市是对现行土地制度的有效创新，可以发挥其催生农村发展新动能的独特作用。改革前，农民和土地的关系更多地体现在农用地上，除了宅基地和公益事业用地之外，一般只能被动地通过征地、城乡建设用地增减挂钩等政策参与土地管理和土地增值收益分配。通过自主入市，农民从"被动"参与转为"主动"管理，一来激发了农民群众参与经营性建设用地入市决策的积极性，扩展了其主人翁内涵，增强了农民管好土地的意识，十分有利于形成群众参与的土地管理新格局；二来通过入市收益显著壮大了集体经济，优化了农村产业结构，增强发展后劲，由以往的"输血性扶持"转变为"造血性再生"，提升了集体经济组织的凝聚力和战斗力，有助于地方政府治理能力的巩固和提升。其二，集体经营性建设用地入市是对现行土地市场的有益补充，扩展了市场配置土地资源的途径。改革前，农村土地实施经营性建设必须使用国有土地，土地一级市场高度垄断，行政干预相对过多，造成了国有土地在要素供给上的唯一性，压缩了市场配置土地资源的能力，也在一定程度上造成了资源的浪费。通过农地入市，可以扩展土地一级市场的供给渠道，发挥市场发现价格、引导投资的功能。并且，以德清县农地入市实践为例，集体经营性建设用地和国有土地两者在地域范围、市场对象上存在差异，集体土地入市并未对国有土地市场造成冲击，反而激活了一部分用地供给，使原本闲置低效的农村建设用地得到有效利用。因此，城乡统一的建设用地市场应是一个"合理竞争，优势互补，互利共赢"的市场。

三　"实践空间"的再构建：东衡村"异地调整入市"的实践探索（2015 年至今）

对当下农村转型发展而言，乡村生产力激活要素最需要破解的是农村建设用地问题，农村集体经营性建设用地入市可以为农村发展带来不一般的红利（韩俊，2017）。在笔者看来，包括德清县在内的15个"农地入市"的试点试验，本质上从属于推动市场在土地资源配置上发挥应有功用的一种尝试。统计层面，德清县可直接入市土地为5819亩。截至2015年，德清县"农村集体经营性建设用地"为10691亩，全县建设用地面积为233005亩，二者之比大概为5%（全国约为13.3%）。截至2017年6月，德清县已入市的128宗土地新增有效投资将达12亿元以上，农村经济发展后劲明显增强。关于德清县"农地入市"案例，围绕其阶段特征与地域差异等特质，暂且以本书主角之一东衡村为例加以阐释。

（一）东衡村"农地入市"异地调整项目概介

截至2017年元月，在东衡村，可直接入市的"农村集体经营性建设用地"地块共计3宗，合计73.34亩。适用于异地调整"农村集体经营性建设用地"地块共计15宗，合计68.56亩。东衡村之所以注重探索农村集体经营性建设用地的异地调整入市，这是因为，一方面，原有点状、分散式农地一旦入市后，难以形成规模效应。比如，将原先的小矿山、小码头、小化工厂等低、小、散企业和其他低效闲置用地集中拆除复垦后，有助于土地资源的整合利用。另一方面，当地千亩废弃矿山一直在等待合适的项目来加以盘活。而且，异地调整入市措施的实施可以为打造"钢琴小镇"提供扎实的国土资源要素保障。这也是因为，尽管洛舍镇和东衡村的钢琴产量在全国具有相当的位置，但以往钢琴厂大多规模小且分散，不少厂房甚至还属于违建项目，存在着较为严重的消防隐患，经由异地调整入市措施去推进钢琴产业园的建立，有助于这些问题的缓解或解决。另外，按德清制定的80%的"农地入市"出让收益归村集体的政策来计算，整个项目实施后，东衡村集体经济组织可以获得大约9000万元的收入。以下将对东衡村"钢琴产业众创园"异地调整入市地块项目予以简介。

1. 项目背景

洛舍镇东衡村众创园项目规划面积500—680亩，总投资约17亿元，分为A、B、C、D等区块，用地性质为集体建设用地及部分异地调整复垦用地。项目一期已基本平整到位，平均标高约5米，周围植被生态环境良好，居民区距现场 1 公里以外。其中，A 区块是德清县首宗异地调整入市项目，共计 68.56 亩。B 区块（69 亩）采取东衡村与洛舍镇其他村共同开发的方式入市，B 区块计划建造 18 幢厂房，供 18 家企业入驻。C 区块（规划中）将在东衡村自行入市后，采取与县内经济薄弱村联合运作的方式予以利用。

众创园项目主要通过集体经营性建设用地入市，将废弃矿基地平整后加以合理利用，并与本地特色的钢琴产业结合，推动大众创业、万众创新，努力打造中国钢琴小镇。目前，在 A 区块，出让方为德清县洛舍镇东衡村股份经济合作社，受让单位为德清德伦钢琴有限公司、东韵乐器有限公司、德清卡诺伊乐器有限公司、德清伯梁钢琴有限公司、德清博兰钢琴有限公司、德清德海钢琴有限公司、德清洛舍凤凰钢琴厂、德清恒凯乐器有限公司、德清恒意乐器有限公司、德清鸿发乐器有限公司、德清嘉之爵乐器有限公司、德清亮键琴业有限公司、德清斯丹利钢琴有限公司、德清县希晨木业有限公司等 14 家企业。

2. 已开工 A 地块概况

A 地块坐落在洛舍镇东衡村，总面积 68.56 亩，土地用途为工业用地，土地使用权出让年限为 50 年。

3. 交易结果

2016 年 5 月 10 日以挂牌出让的方式公告，6 月 8 日，14 个地块正式成交，土地用途均为工业用地，土地使用权出让年限为 50 年，成交总价 1462.6 万元，平均每亩 21.33 万元。增值收益调节金按照 16% 的标准共收取 234.1 万元。2016 年 6 月 8 日在德清县公共资源交易中心签订合同。

4. 开发建设和利用情况

项目方案由德林建设公司统一建设，将建成 18 栋标准厂房，供 14 家企业使用。固定资产投资额约 1.35 亿元。项目于 2016 年 10 月 7 日正式开工建设，先进行场地平整，目前正在加快土建基础部分浇筑和雨污水管网等配套工程建设。该项目主体已经于 2017 年 10 月竣工。

表 3-1 德清县洛舍镇东衡村异地调整入市地块信息

序号	地块所在地	地块编号	出让面积（平方米）	用途	出让年限	容积率	建筑密度	起始价（元/平方米）
1	洛舍镇东衡村	LS003020	5687.95	工业用地	50 年	1.2—1.6	40%—60%	320
2	洛舍镇东衡村	LS003021	2820.12	工业用地	50 年	1.2—1.9	50%—70%	320
3	洛舍镇东衡村	LS003022	2820.56	工业用地	50 年	1.2—1.9	50%—70%	320
4	洛舍镇东衡村	LS003023	7291.76	工业用地	50 年	1.2—1.9	50%—65%	320
5	洛舍镇东衡村	LS003024	2488.36	工业用地	50 年	1.2—1.8	50%—65%	320
6	洛舍镇东衡村	LS003025	2488.36	工业用地	50 年	1.2—1.8	50%—65%	320
7	洛舍镇东衡村	LS003026	2349.55	工业用地	50 年	1.2—1.9	50%—65%	320
8	洛舍镇东衡村	LS003027	2349.55	工业用地	50 年	1.2—1.9	50%—65%	320
9	洛舍镇东衡村	LS003028	2511.57	工业用地	50 年	1.2—1.8	50%—65%	320
10	洛舍镇东衡村	LS003029	5216.27	工业用地	50 年	1.2—1.8	50%—65%	320
11	洛舍镇东衡村	LS003030	2486.74	工业用地	50 年	1.2—1.8	50%—65%	320
12	洛舍镇东衡村	LS003021	2633.66	工业用地	50 年	1.2—1.8	50%—65%	320
13	洛舍镇东衡村	LS003022	2633.66	工业用地	50 年	1.2—1.8	50%—65%	320
14	洛舍镇东衡村	LS003023	2486.74	工业用地	50 年	1.2—1.8	50%—65%	320
15	洛舍镇东衡村	LS003024	5129.14	工业用地	50 年	1.0—1.2	40%—60%	320
合计			51393.99					

资料来源：德清县国土局。

（二）东衡村异地调整入市项目的复垦操作流程

为了保障东衡村集体经营性建设用地异地入市的复垦工作顺利开展，提高土地复垦的效率和质量，德清县国土部门对东衡村和洛舍村集体经营性建设用地异地入市的复垦工作的操作流程和相关要求进行了如下规范。

1. 确定集体经营性建设用地拟复垦地块

1.1 对拟复垦地块由有资质的中介机构进行勘测定界，出具地块勘测定界红线图。

1.2 地块相邻权利人指界确认，明确土地权属。相邻权利人的确认可以是出具相关权属证明材料，也可在地块红线图上签署意见并盖章

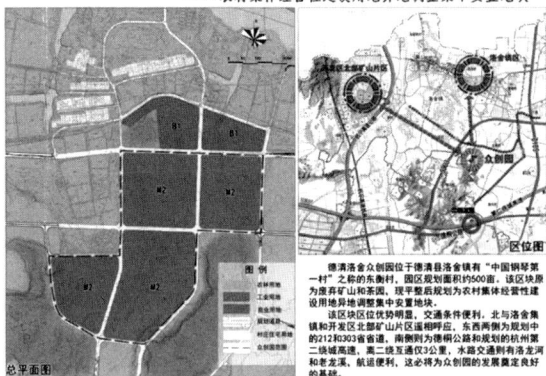

图 3-5 异地调整区块——德清县洛舍镇东衡村众创园项目

资料来源：德清县国土局、"德清国土"微信号：2017 年 4 月 26 日。

确认、明确权属。

1.3 地块权属必须经洛舍镇人民政府证明意见，可在地块红线图上签署意见并盖章确认、明确权属。

2. 确定集体经营性建设用地拟入市地块

2.1 对拟入市地块由有资质的中介机构进行勘测定界，经建设、国土"两规"初步审查后，出具地块勘测定界红线图。

2.2 地块相邻权利人指界确认，明确土地权属。相邻权利人的确认可以是出具相关权属证明材料，也可在地块红线图上签署意见并盖章确认、明确权属。

2.3 地块权属必须经洛舍镇人民政府证明意见，可在地块红线图上签署意见并盖章确认、明确权属。

2.4 由县国土资源局对压覆矿产资源情况进行调查，并出具对拟建地块未发现有矿产资源（甲类）压覆的证明。

2.5 根据德清县地质灾害防治规划，由县国土资源局出具证明：拟入市地块位于地质灾害不易发区，不需要地质灾害危险性评估。

2.6 由东衡村和洛舍村之间签署土地权属互换协议，并在洛舍镇人民政府和县国土局进行备案。

2.7 由县国土资源局办理农用地转用建设用地批文。

61

3. 签订补偿协议

由东衡村和洛舍村集体经济组织和复垦区、建新区的村民分别自愿签订补偿协议，并在国土局备案。

4. 确定复垦方案

4.1　由东衡村和洛舍村集体经济组织或县国土资源局委托有资质的中介机构提出复垦区块的复垦方案，举办听证会，公开征询村民意见，并在县国土资源局备案。

4.2　进行复垦方案的工程设施设计。

5. 实施复垦工程

由东衡村和洛舍村集体经济组织或委托县国土资源局进行公开招投标，组织实施复垦工程。

6. 复垦项目验收

6.1　由有资质的中介机构对东衡村和洛舍村复垦区块的耕地（水田和旱地）进行质量鉴定，出具鉴定报告，并在县国土资源局备案。

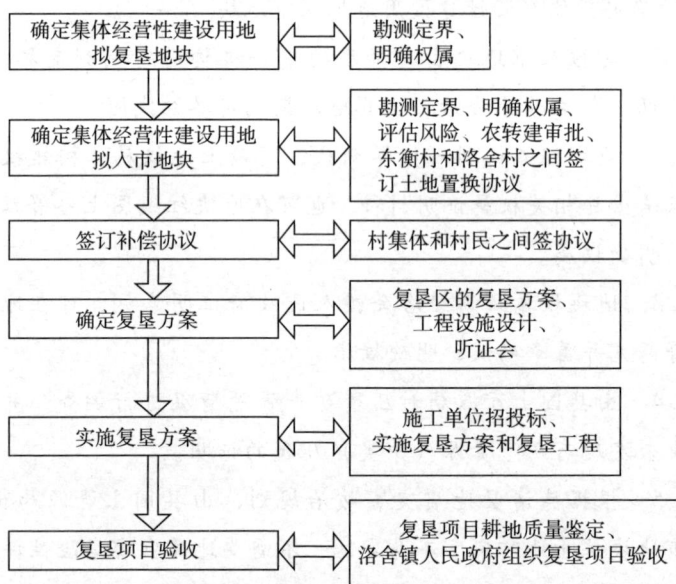

图 3-6　东衡村"农地异地调整入市"复垦操作流程

资料来源：德清县国土局。

6.2 按照耕地质量的验收标准，由东衡村和洛舍村的股份经济合作社向洛舍镇人民政府申请组织相关职能部门进行复垦验收，也可委托具有土地规划、土地调查、土地测绘、土壤检测、水利工程等资质的第三方机构或相关专家组织实施验收。

图 3-7 东衡村钢琴产业众创园项目规划

资料来源：德清县国土局。

（三）东衡村"异地调整入市"的社会效应："8 村异地联建、强村带弱村"

经济薄弱村如何实现持续性"造血"，一直是这类村庄发展中难以逾越的障碍。受益于"农村集体经营性建设用地入市"（简称"农地入市"）政策试点，在市场、地方政府和村落的共同推动下，浙江省德清县洛舍镇"东衡村钢琴产业众创园项目"在异地调整入市扩建过程中引入了"8 村异地联建"机制（实际上，总计为 10 个村。其中 2 个与东衡村在地理上相邻，7个与东衡村在地理上不相邻。通常所言"8 村联合"主要指的是"异地"），其间体现的异地联建、互联互通，以地方性创新推动经济社会发展的探索性实践和理路，值得进一步跟踪调研和探讨。

1. "8 村联建项目"生成的渊源和推动力（本书写作时主要为 C1 区块）

"8 村联建项目"出现在 2015 年德清县开展"农地入市"试点期间，简而言之，就是 1 个经济强村联合 7 个经济薄弱村共同从事"钢琴产业众创园异地调整入市项目"的开发利用。

"8 村联建项目"兴起的渊源有两处。其一，涉及德清县第四批次壮大村级集体经济（2013—2017 年）专项扶持活动，活动期间，每个入选村总计可以获得 50 万元专项基金。按照当时的标准（村每年经常性收入低于 15万元），德清县共有 31 个经济薄弱村。到 2015 年中，31 个薄弱村中只剩下7 个村（即"8 村联建"中的 7 个薄弱村）仍未能找到任何可有效壮大自身集体经济的项目。在这种情形下，结合东衡村钢琴产业众创园项目，"8 村联建"工作思路由县农办首先倡议，后与县组织、财政部门以及"德清县发展壮大村级集体经济工作领导小组办公室"共同推动，东衡村领导班子也给予了大力支持。其二，2016 年初，德清县争取到省级扶持村级集体经济发展试点（浙农改办函〔2016〕7 号），德清县共有 15 个村申报了 10 个项目，获得 2800 万元专项扶持基金。这其中包括原计划的阜溪街道"5 村集体经营性建设用地异地置换项目"550 万元。后由于全县统一规划调整等权衡，阜溪街道异地入市项目遭遇搁置，无法实施。随后，德清县委组织部等部门联合向省级部门提出以"8 村联建项目"置换阜溪街道项目的请求获得批准，德清方面提出这个请求也是有鉴于，无论是项目建设的内容，还是建设规模，这两个项目之间都较为接近。

不过，由于两个项目调整存在置换省级财政扶持村级集体经济发展试点的情形，经综合平衡，2016 年 11 月，对原阜溪街道 5 村集体经营性建设用地异地置换项目涉及的省以上财政补助金 550 万元进行了重新分配。由于东衡村在"8 村联建项目"中承担了更多的责任和义务，确定补助给东衡村 130 万元，其余 7 个村每村补助 60 万元（德发领办〔2016〕3 号）。

综上，"8 村联建项目"的推动力大致来源于三方面：首先，地方政府层面，涉及国土、组织、农办、财政和专门性改革小组等部门的牵线搭桥；其次，市场层面，项目所涉村镇是在长三角有一定声誉的钢琴产业集聚地；最后，社会层面，涉及地理相邻村和地理不相邻村之间的互动合作。

2.　"8 村联建项目"的组建

为继续壮大村级集体经济，帮扶经济薄弱村实现共同富裕，德清县在东衡村钢琴产业众创园区专门规划出 C1 区块（原定 30 亩，后具体为 23.3 亩）用作集体经营性建设用地异地调整入市。该地块于 2017 年 10 月 9 日至 18 日在德清县公众资源交易中心挂牌，规划用途工业，出让年限为 50 年，容积率为 1.2—1.6，建筑密度为 50%—60%，起始地价为 300 元/m^2，最终德清县八合物业管理服务有限公司以总价 466.0848 万元（单价 300 元/m^2）成功摘牌，并取得了不动产登记证土地使用权。

德清县八合物业管理服务有限公司由项目所涉 8 个村的村股份经济合作社共同出资 1915 万元筹建，用以建设标准化厂房和出租，以获得长期稳定的经济收益，进而提升经济薄弱村集体经济组织自身的"造血"功能，实现共同富裕。具体而言，洛舍镇东衡村出资 970 万元，占股 50.65%。新市镇子思桥村出资 160 万元，占股 8.35%；石泉村出资 125 万元，占股 6.53%；钟管镇滕头村出资 125 万元，占股 6.53%；舞阳街道太平村出资 160 万元，占股 8.35%；下渚湖街道宝塔山村出资 125 万元，占股 6.53%；和睦村出资 125 万元，占股 6.53%；沿河村出资 125 万元，占股 6.53%。7 个经济薄弱村出资额主要来自省级和县级财政扶持基金，每个薄弱村所获资金为省级 60 万元，县级 50 万元。东衡村也获得了省级 130 万元、县级 30 万元、镇配套 10 万元的补助。①

3. "8 村联建项目"的运营规则和预期展望

在上述县有关部门以及项目所涉的阜溪街道和洛舍镇的推动下，东衡村钢琴产业众创园 C1 区块所涉及的 8 个村在 2016 年底共同拟定了《关于联合组建公司建设标准厂房的协议》，协议规定：（1）各方出资额应于公司章程规定时间内足额缴纳。（2）拟定联合建设标准厂房约为 20000 平方米，厂房投资额约 2400 万元。如果再计算上土地、道路、绿化、供电、污水管网、消防设施等，总投资额需要 3200 万元上下，超过注册资本金的投资额。超出部分由东衡村牵头在公司内统筹安排，通过融资等形式解决（比如，因为该地块有不动产证，可以按照造价的 70% 额度到银行进行抵押贷款，也可以吸引厂房需要者缴纳定金等）。厂房建成后，用于出租给县内的中小企业。（3）租金收入扣除税费、公司运行管理费等开支后，按各方出资比例进行分配。（4）公司组建和运行、管理、资产归属等由公司章程规定。（5）其他未尽事宜（如园区物业费收益等），由各方友好协商解决，协商不成的，由有关部门调解或提请县人民法院仲裁解决。

按照工程进度，在 2018 年春夏之交 C1 区块厂房可以交付使用，待消防、绿化等配套设施完成后，可以实行终期验收。项目建成后，预计每年可促进村级集体经济增收 200 多万元。②

① "8 村联建项目"原本就是强村帮弱村的一个帮扶设计。在目前阶段，尽管项目所用土地全由东衡村出具，但东衡村也得到了相应的经济补助，比如，23.3 亩异地调整入市收益，按照"农地入市"政策，80% 的收益金归属东衡村所有；再比如，与阜溪街道项目置换中所获得的较大资金分配额度，以及县和镇共计 40 万元的配套资金。至于 550 万元省级配套资金分配比例，涉及前述关于"8 村联建项目"与阜溪街道"5 村异地调整入市项目"进行置换的内容。

② 说明：1. 经由前期发展，东衡村已经具有不少向上争取多样化资源要素和对应政策支持的优势，例如，积极响应"8 村联建项目"（目前已经上报到省里）。再例如，东衡村新获得"国家农村产业融合发展试点（2017—2020）"（浙江省仅有 2 个名额），德清县也已经成立由县长任组长的试点示范工作领导小组。2. 据农业口反馈，就"8 村联建项目"实施而言，也有一定难度，比如，7 个经济薄弱村中的子思桥村和沿河村存在一定的干群关系问题。另外，也有东衡村村民认为，将自己村的土地让渡给其他村，可能有失公允，利益分配上的矛盾可能还得不到有效解决，毕竟，三级所有、队为基础的土地资源格局难以在短期内快速打破。3. 如果复制东衡经验，还需要注意，东衡村具有大量废弃矿地及丰富的整治经验，在矿基复垦耕地、占补平衡方面优势明显，其他村不一定有类似资源。

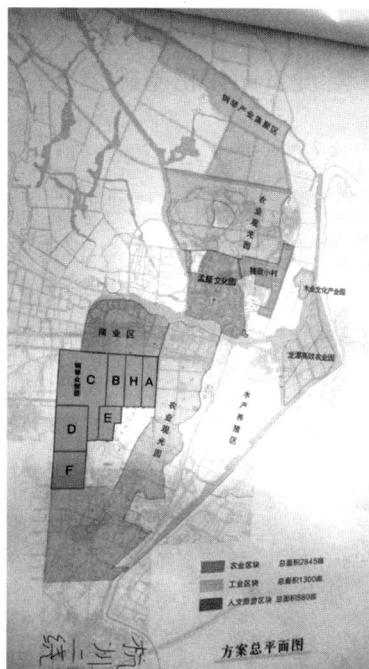

图 3 - 8 东衡村钢琴产业众创园与"8 村联建"项目
（C1 区块位于 C 区块西北角）

第三节 土地要素激活的功能体现：从"新土改" 观察乡村活力的振兴

如果认可"农地"（无论是农用地还是集体建设用地）是一种可以由市场配置的基本生产要素，则其以"流转"或"入市"等方式实现的自由流动将成为国内市场经济进一步发展的题中之意。经由土地要素的盘活，系列"新土改"举措促进了集体经济的发展壮大，也助推乡村治理模式的转型。这是因为，无论是农用地的流转，还是集体建设用地的"入市"，其用意均在于因时因地去探索农村土地要素活力何以激活。这种土地要素激活的相应功能体现不仅存在于经济产业升级层面，也存在于乡村社会治理的发展转型层面。为此，以下三个方面或值得在理论和实践层面予以进一步探求。①

一 从"新土改"看城乡一体化基础之上的乡村振兴

城乡一体化发展的主要理论诉求是协调国家和乡村社会之间的关系，即国家与"三农"的关系。在德清，关于"地方性新土改"基础上城乡一体化改革试点的"政治定位"，高层的态度是"把农村经营起来，把农民组织起来"。② 目前看来，第一条做得较好，第二条正在继续探索，即"农民的产业工人化"与乡村"三治"（法治、德治、自治）路径和渠道的拓展。以德清"新土改"为例，有两个看点，一是确权，二是流转。

"新土改"之新，首先体现于基本保障和丰富了农民权益，其次体现于推进了产业的发展壮大，无论是现代农业，还是其他二、三产业。总结德清"新土改"的经验和做法，有望掀开浙江农村新一轮改革发展的新篇章。

（一）"确权赋能"，激发三农发展新活力

德清"新土改"工作序列中的"确权赋能"主要体现在三个方面。第一，以"精准确权"全面固化财产权利，挖掘农村发展潜力。把确定落实农村土地（林地）承包经营权、宅基地用益物权、集体资产股权作为农村发展和振兴的基础。为此，全面组建了村土地股份合作社，切实抓好农村土地所有权、承包权、经营权的"三权分置"。按照集体资产所有权不变的原则，对全县160个村（居）经济合作社的村级经营性资产进行了股份合作制改革，核实村集体总资产18.32亿元，确定股东30.01万人，量化到人，发证到户9.07万本。第二，以"充分活权"全面激活沉睡的资产，释放农村发展活力。把农村产权制度改革作为释放农村发展活力的关键，借生态优势和产权优势推动美丽乡村建设成果向经营成果转化，促进农村产业发展。通过农村土地的"三权分置"改革实现土地的高效率流转，不仅解决了农田

---

① 实地调研之外，本部分资料来源于德城乡体改办〔2015〕4号文件、县体改办2014年城乡体改总体性评估报告和提交于省直机构的报告，以及德清前县委书记张晓强（全国"百优书记"之一）于2014年11月13日至14日在浙江省"深化千万工程　建设美丽乡村"现场会上的发言。

② 此为德清县委组织部工作人员转述中组部官员在德清调研时给出的意见（2015年7月16日座谈会）。

抛荒问题，更推进了专业合作、供销合作、信用合作"三位一体"的新型农村合作经济的发展，建立了以"淘宝"德清馆为龙头的农村电子商务体系，真正实现了"千斤粮、万元田"。第三，以"有效同权"全面维护农民利益，激发农村发展动力。通过赋予农民更多的财产权利，重点推动农村产权交易、农村金融创新，让农民成为拥有完整产权的市场主体，真正把历史资产变成现实资本，把未来收益变成现实投资。德清县成立了农村综合产权交易中心，制定配套政策19项，实行交易规则、鉴证程序、服务标准等"六统一"的管理模式，农村土地（林地）承包经营权等9类权种全面纳入中心进行流转。稳步推进农村综合产权抵押贷款工作，推出农村集体经济股权质押贷款、承包收益权贷款、农村住房抵押贷款等16类新型支农特色金融产品，实现农民资产增益方面的"死产变活权，活权生活钱"。

（二）"城乡均衡"，构建居民舒心生活

这方面主要围绕农民增收、公共服务和社会治理三大环节来开展工作。

一是农民增收实现多元化。全面实施城乡居民收入倍增计划，推动农村居民收入持续普遍较快增长。大力实施"千万农民素质提升工程"，健全城乡统一的公共就业服务体系，让农民成为产业工人，切实增加其工资性收入。依托现代农业和民宿经济等发展，培育新型农村生产经营主体，让农民成为创业者，不断增加农民经营性收入。通过农村产权制度改革补齐农民财产性收入这块"短板"，增加农民的土地流转分红收益、房屋出租收益、集体经济股权分红收益。目前，德清县土地流转均价为1000元每亩每年，最高达1600元；西部山区农房出租价格达到3.5万元每年每幢，最高7万元，带动农民增收1.83亿元；2013年有7个村集体经济股权实现181万元的分红。

二是公共服务全面并轨。德清县以2013年在全省率先启动户籍管理制度改革为突破口，每年新增财政投入7000多万元，对附着在户籍性质背后的医疗、教育、社会保障、公共保障住房等33项政策中的26项实现城乡并轨（这是2015年数据，截至2018年元月，33项户籍政策福利全部实现并轨），被征地农民基本生活保障制度与企业职工基本养老保险实现有效接续，城乡居民社会养老保险参保率达到95.1%，基本医疗保险制度参保率达到

99%，有效破除了城乡二元体制。

三是社会治理更加有效。全力构建法治、德治、自治"三治一体"的社会治理新模式，切实提升百姓平安指数。德清县立足于"依法治县"，大力推进公正司法和依法行政，加快健全覆盖城乡的"大调解"工作体系，率先实施交通事故赔偿"同命同价"。立足于"以文化人"，充分发挥公民道德建设的引导作用，丰富"民间设奖"道德资源，设立草根奖40个，全面推进"讲道德·更健康"、"讲道德·更和谐"等系列工程建设，有力带动"最美现象"由风景成为风尚。德清县立足于"自我治理"，充分发挥礼序家规、乡规民约的教化作用，创新设立"乡贤参事会"，做到把决策权、蓝图和政策交给群众；健全社区、社会组织和社会工作"三社联动"机制，推动社会治理从"代民做主"向"由民做主"转变。

（三）"三改一均"，撬动城乡二元体制壁垒的杠杆

在一定意义上，基于"地方性新土改"之上的"城乡统筹"改革是德清城乡一体化系列试点工作的一条总纲，正所谓"壹引其纲，万目皆张"。其中，农村产权制度改革是一个关键性环节，与之配套对应的还有"新户改""新金改"与公共服务均等化。"三改"是手段，"一均"是目的，"三改"服务于"一均"。

德清城乡一体化改革试点的最大亮点在于，同时操作有助于打破城乡二元体制的多重配套性举措，即农村要素市场的配套改革，而不是"单打独斗、分兵作战"。例如，户籍统一改革与农村综合产权制度改革的结合，成为德清县城乡一体化试点工作得以顺利推进的两个突破口，再融合"新金改"与公共服务均等化方面的努力，德清城乡二元分化问题得以初步解决。其经验启示在于，谋划顺利推进农村人口的城镇化，必须采取组合措施，有的放矢地克服就业、住房、医保、社保、子女入学教育等关卡。而这背后都不离开有力的产业支撑、财政支持，以及有效的公共治理体系的构建与运转。

德清城乡一体化改革试点的后续看点在于，如何处置执行中可能出现的诸多不可测情形，例如，法律法规不完善造就的缺憾如何弥补，具体流转后土地产出的分配与保障问题，[①] 等等。从一体化试点实践情形去观察，中央和省市级政府如果可以兑现"给地方留有空间"的承诺，则可以成为对县域改革试点与发展强有力的政策性支持。

当然，如果就德清城乡一体化试点整体情形去观察，自有其特殊性。例如，总体而言，德清经济实力较强，在全国县域经济群体中占有一定位置。德清农民谋生渠道宽广，多年来，产业工人化趋势已经较为明显，对土地的需求并不是非常迫切。因此，关于德清改革试点的经验和做法，目前更适合推广于浙北、浙东以及国内其他市场经济较为发达地区。所以，"一刀切"式推广肯定行不通，而多地试点、多样化推进估计是比较可行的方式。

二　城乡统筹发展与农村土地制度的改革和变迁

承上，一言以蔽之，就当下中国经济社会转型发展诉求而言，乡村治理转型和产业升级的目的在于推进城乡统筹发展的实现，而城乡统筹发展的一个宗旨是怎么"化"人，尤其是，怎么"化"农民，但是，"化"农民的前提其实是农民"化"在先，即能否从价值理念到政策工具，真正设身处地为农民利益去思量。因此，成功"化人"才是破除城乡二元结构体制性障碍的关键所在，这一环节是实现城乡一体化的核心。"化人"的一个关键指标为城乡居民之间公共服务均等化。包括住房、教育、医疗、养老等在内的基本公共服务的均等化，实际上是公平正义诉求在城乡居民福利方面的具体体现。这提示我们，关于新一轮城乡统筹，除了作为经济发展的主要引擎去推动，还需要作为社会发展的引擎去推动，也即，除了扩大内需和提供经济增长动力的经济性诉求之外，更需要将公平正义的实现作为新型城镇化和城乡统筹发展的一个主要社会性诉求去推进（孙立平，2013）。

与此同时，实事求是地讲，中国的改革开放事业始于中共十一届三中全会开启的农村改革，确切地说，是农村土地制度改革。土地制度变迁一直与中华人民共和国的诞生和发展有着密切关联。这是因为，在一定意义上，新

---

① 参阅德法〔2014〕28 号文件，以及德清县人民法院课题组《关于城乡一体化改革相关法律问题的调研报告》，2014 年 3 月。

中国成长于革命战争年代的"土改",波动于 1950—1953 年"土改"(运动),尤其是后期的人民公社(运动),对已有的土改成绩有着较大的负面功用,打击了农民的积极性。到 20 世纪 70 年代末 80 年代初,"小岗生产队试水"之后,中国政府开始启动新的土地制度改革,其中的重头戏家庭联产承包责任制随之成为中国农村一项基本经济制度。再之后的 40 年,中国土地制度基本围绕着土地所有权、承包权和使用权如何平衡而得以维系。

于是,城乡统筹发展的实现路径与土地制度的改革和变迁便产生了密切关联,土地制度改革成为实现城乡一体化不可或缺的组成部分。只有解决好土地分配这个问题,方有可能真正解决好城乡一体化的问题。而且,在一定程度上,在多重转型期,中国问题即农民问题,农民问题即土地问题的命题依然存在(杜润生,1998),而且土地制度变迁就是国家和乡村社会(农民)管制关系的变迁,是国家治理制度的变迁,是包括城乡一体化在内的现代化实现路径的变迁的命题也同样成立。

因而,城乡统筹发展实现路径可以经由新土改的"试点实验—总结—试点实验"这种螺旋式的提升方式而实现。这是因为,基于不同地域土地利用方式实践得出的结论,很可能相去甚远。因此,面对土地改革实践,在实践中发现问题和解决问题,如实总结各地试点情形,以便于政策和法律的调适修订,优于喋喋不休地进行可行与否的义理争执。在这个意义上,试点实践本身的意义大于一切书斋式的是非争辩,可行或不可行,需要多地多样化的实践检验及其之上的经验支持,而不只是过度依赖"抽象的理论分析或数据推导"。于是,"坐言"不如"起行","事实"往往胜于"原理"。随之而来的一个问题是,一定程度上,中国历史兴衰走的是"分久必合、合久必分"的路径,那么中国的土地分配是否也依类似逻辑呢?① 或许,短期以内这是一个没有答案的问题,但正如前几次土地改革一样,需要因地因时制宜,尊重农民的选择,尊重农民的创造力。与此同时,中央层面或可考虑赋

---

① 中央对待土地流转的态度一直有所调整,有从防范到默许,再到支持和鼓励的转变,可参阅 1982—1986 年和 2004—2015 年 17 个中央"一号文件"。也可以参阅从 1998 年到 2013 年历届三中全会公报涉农部分阐述。

予地方在土地事务上进一步改革探索的空间，以及对应的自主裁量权（如更多地方性土地法规的制定执行），以便于因地因时制定出合宜的应对之策。至于结果如何，或许只能在历史中、在实践中去逐步检验了。

承上述"城乡统筹发展与农村土地制度的改革和变迁"的阐释，进一步而言，一方面，就全国层面而言，以释放更多土地改革活力为宗旨的"土地流转"探索（如当下正在推进的农用地"三权分置"改革），是否将会使土地收益更多转向农民，尚有待于在长期推进的过程中予以观察。这是因为，土地利用效率固然重要，但可持续发展更为重要。在新一轮土地改革过程中，如何实现土地流转中的公平，而"公平是现有的土地集体所有制赋予农户不可剥夺的权利"（姚洋，2000）。同时，不言而喻，有鉴于特殊国情，在中国，土地问题不只是一个经济问题，也是社会问题、法律问题乃至政治问题。土地问题涉及众多利益主体，多方博弈，关系复杂，比如，中央和地方博弈，地方与地方之间的博弈，以及既得利益集团之间的博弈，等等。

另一方面，按照官方既定日程表，在 2018 年底之前，新一轮土地改革，俗称"三块地"（宅基地制度改革、农村土地征收与集体经营性建设用地入市）将在试点单位审慎地分步骤、按程序、有条件地稳妥推进。如可行，则进行推广；如不可行，则退回原法则。中央层面之所以对此次"三块地"试点谨慎又谨慎，约莫有两种顾虑，甚至是忌惮，其一是担心历史上流民阶层的再次浮现，二是担心出现类似于部分发达或发展中国家在工业化和城镇化过程中衍生出的城市贫民窟现象。二者对中国社会的稳定发展都有着巨大的潜在破坏力。

其实，包括中央所提此番试点的"三条底线"①，主要也是服务于这两点考虑。这是因为，一定意义上，中国农村土地制度困境的本质是土地产权制度的困境。而且，就中国历史与现实国情而言，国家和乡村社会的关系，特别是国家和农民的关系，在很大层面上可具化为国家与农村土地制度的关

---

① 中央对当下土地制度改革有非常明确的三条底线：一要确保土地公有制的性质不改变；二要守住 18 亿亩耕地红线不突破；三要坚守农民利益不受损。参阅《关于农村土地征收、集体经营性建设用地入市、宅基地制度改革试点工作的意见》。

系，即国家与农村土地分权问题。一旦在土地问题上举止失措，极可能影响到国家与农民之间的稳定关系。例如，在现实生活中，存在一个不容回避的事实，即现有土地制度在运行方面依然存在较多矛盾，尤其是征地矛盾对农民利益冲击损伤较大。倘若长期处理不妥，很有可能诱发规模性社会动荡，重演历史悲剧。同时，有鉴于国内农民群体的复杂性，当论及国家和农民关系时，一定要对"农民"加以类型化。比如，是对土地有安身立命需求、以农养家的"传统"农民，还是对土地需求不迫切、谋生渠道多样化的产业工人化的农民，抑或是一心意欲借此投机牟利，早已居住于城镇的"都市里的农民"（俗称"拆暴富""拆二代"等）。当然，还可以依据其他标准对农民的类型进一步细分，例如，可以依据地域经济社会发展和自然条件的差异进行界定。

就如何妥善处置国家与农村土地分权问题而言，农村产权制度改革的解题之道在于，如何执行还富（土地财产）于以土为生的农民，而不是还富于政府的土地财政政策（比如土地级差收益权的归属和配置等）才是问题解决的焦点所在。① 而这直接涉及地方政府在新常态形势之下行动逻辑的可能转变，不论政府在经济发展中的角色扮演是戴慕珍（1997）的"地方法团主义"、沃尔德（1996）的地方政府厂商论、彭玉生（2003）的村镇政府公司论，还是杨善华和苏红（2002）的"谋利性政权经营者"。在某种程度上，对一些继续依赖"土地财政"的地方政府而言，这无疑是一个巨大挑战。因此，只有以制度建设管住政府那只"不守规矩的手"，地方政府在新一轮土改中的角色才不容易错位或越位，才有可能真正落实还富于农民。然而，对于转型中国而言，这条路依然任重而道远。

在新一轮土地改革试点过程中，许多细则性制度安排尚有待完善和落实。例如，需要思量如何既能确保农民利益不受损，又能促使地方政府有一定的做事动力；如何分清中央与地方的事权和支出责任；如何实现政府投融

---

① 中国城乡一体化建设专家委员会副主任宋健坤建议，可以通过金融手段建立"国家土地银行"破解土地改革中的收益分配难题，遏制政府对土地财政的依赖，进而拆解城乡二元体制藩篱。参见宋健坤，《以国家土地银行破题土地改革》，http://www.ftchinese.com/story/001053302？，2013 年 11 月 8 日。

资机制改革和财税体制的配套进行，以及《土地管理法》能否及时有效地修订等。再比如，农地规模流转经营的前提是农地经营准入和退出制度的建立，相关法律和政策能否完善与跟进。这些举措的落实或终将受制于中央"实施乡村振兴战略"治国理政方针的执行效果。

第四节 小结

乡村产业升级与治理发展的一个微观过程是本书的核心板块之一。本章土地议题的整体写作思路是"宽窄宽"，即"县—村—县"。在部分程度上，本章已开始触及基于"地域活化"研究视角之下"地方空间"的三大构成要素，即"土地+土地上的人+土地上的产业"。该章立足于改革开放事业持续推进的现实，主要是基于对德清县土地资源要素盘活的历史考察和现实观察，前者表现为"土地流转"（1999—2015 年），后者为"农村集体经营性建设用地入市"（2015 年至今），并将二者放在"地方性新土改"体系中予以整体性分析。其中，既有全县面上信息的一般性介绍，也有典型村庄案例的点到为止或者具体剖析。具体而言，首先，经由农地利用方式改变的解读，说明无论是村庄自下而上的"试水"，还是上级政府自上而下的试点，无论是农用地，还是建设用地，德清乡村的土地已经不再局限于"土"了，其中，市场的力量和功用发挥很明显。其次，本章对乡村土地要素激活的功能体现，从产业升级到乡村治理转型，均予以了进一步分析阐述，包括从"新土改"看城乡一体化基础之上的乡村振兴、城乡统筹发展与土地制度改革和变迁，等等。最后，本章着重从"农村集体经营性建设用地入市"角度，较为详细地考察了本书主角之一东衡村的异地调整项目（钢琴产业众创园），旨在借此为后面进一步展开"土地、产业、人"分析框架的诠释构建合理性。这一部分涉及一些其他学科的知识，如土地资源管理、城乡规划等，也是本书在理论构建环节提出从事跨学科对话的一个尝试。笔者以为，如果希冀讲清楚农村土地问题，仅仅依靠社科类的经济学、社会学、法学等学科知识难以胜任。为此，需要适当汲取一些更具专业技术性的学科知识予以补充，但论述的重心依然可以从社会学视角出发，比如，着力于农村地权改革演变下的经济社会发展变迁、经济产业的社会影响和社会后果及其相互作用，乡村人口的异质性（分层、结构）以及城乡关系互动等维度分析阐述。一言以蔽之，本章的核心主旨在于说明，新农村建设研究务必需要关注，在（市场）需求推动下土地与人关系属性的变革，以及其中"新三农问题"迹象，即农业经济形态转换、农村治理升级（如村社制度及其结构变化）、农民迁出后的多维融入等。

第四章 村庄治理结构变迁：产业转型升级引发的"较量"

承上，若从村庄治理结构变迁视角去考察德清农地利用方式变更的机制机理，大致有三：其一，土地要素盘活已构成乡村产业升级与转型发展的推动力；其二，在土地利用模式变更作用之下，村庄产业模式的变迁引发了村庄治理结构的变迁；其三，"乡贤参事会"与"联村发展"类组织机制的孵化和运作，促进和规范了农村土地的利用开发，当然，其面临和亟待克服的问题也不少。于是，此类变迁还昭示着国家如何对乡村社会实施有效治理的探讨空间。

进一步而言，乡村与其所在城镇之间的互动发展，对县域统筹发展有着重要的支撑功用。在德清，我们可以看到，存在特色产业村庄引领和带动特色产业小镇发展，进而二者相互促进的建设实践，此类"村镇化"路径（或亦可称之为"村镇一体化""乡城一体化"，详见第五章），在一定程度上，或将有助于拓展县域经济社会协调发展的新前景。

当然，其中值得深入调研和思考的问题还有不少。其一，就浙江城乡统筹发展而言，如果说在城乡二元结构"块状经济"时代，地域发展主要体现为"从乡村生长出城镇"，那么，在城乡融合发展的新时代，在浙江部分地区，是否有可能率先实现"城镇旁有乡村与乡村边有城镇的有机结合"呢？（关于此类城乡复合空间单元，或亦可称之为城乡有机联系体/城乡有机统一体/城乡有机组合体/城乡有机联合体/城乡有机协调体等）。而且，后者的"城与乡"均宜视为发展空间，而非仅仅是物理或形态的空间，城乡两个空间的发展权当为平等关系，这种共处也是对城乡各自特质的互补共赢。其二，"村镇化"作为"一种地域空间系统改造的村镇化"，以及作为城乡一体化发展的特定类型，是否具备深化探讨的可能？笔者以为，"村镇化"不同于既有就地/就近城镇化，不论是村庄的工业化及其之上的城镇化，还是其他类型的主要体现为"以城统乡的城乡统筹"发展模式。再比如，在这个过程中，哪些村庄会"死掉"，为什么会"死掉"；又有哪些村庄会"活起来"，如何可持续地"活下去"，如何才能借力于新一轮农村土地制度改革和"乡村振兴战略"，进一步推进乡村秩序和制度的重建等。其三，有鉴于不同地方乡村经济社会发展阶段的差异、农民的异质化程度、农业功能和形态的差异，城乡互动之下各要素组合变化的形式和类型也将有所不同。比如，相较于"传统块状经济"之下"村村像镇、镇镇像村"的发展路径，新时期莫干山村镇以及"钢琴之乡（村）"的发展路径有无显著差异，如果没有，依据何在？如果有，这种不同又主要体现在哪些方面？与此同时，这两类基于不同产业类型之上的乡村活力得以激发的路径与"实施乡村振兴战略"的对话点又可以体现在哪些方面？莫干山村镇与"钢琴之乡（村）"进一步发展的"痛点"及其可能的化解之道又将展现在何处？

第一节　燎原村产业模式的变迁：从"特色产业村"到"特色产业小镇"[①]

一　"乡村带活小镇"：一幅特色产业村镇齐头并进图式的勾勒

最近10多年，莫干山区燎原村（庾村）获得了长足发展，其作为德清县"和美家园建设"特色产业村的一员，可谓已经名扬海内外了。这首先受益于莫干山区特色民宿产业的崛起。莫干山特色民宿产业以"洋家乐"

---

① 本节主体内容已经发表，参见李敢，2017，《舒适物理论视角下莫干特色小镇建设解析——一个消费社会学视角》，《城市规划》第3期。

集聚化发展而闻名远近。如今，位列"首批国家级特色小镇"名录之中的"莫干民国风情小镇"建设，大体上也围绕燎原村而展开。下文将从当地新农产业发展及其衍生的经济社会效应角度，对燎原村近年来的若干变化予以铺陈阐释。

近年来，在旅游产业大发展中，文化旅游得以快速开拓出自己的利基市场①，这是因为，它可以寻觅到当下受众文化消费诉求与旅游业服务供给之间的"缝隙"。但正如国内其他行业的兴起发展一般，"一哄而起"也几乎成为国内每一个"利好"行业在发展初期的一大特色，而形式各异的"特色小镇"建设潮（如"文化小镇""风情小镇"等），或正是这股文化旅游热的一个典型反映。

问题是，这类"特色小镇"建设如何把握其各自的独特内涵，从而有助于推动这股文化旅游消费可以长期维系和发展，而非局限于满足受众的"短期新奇性获得感"。应避免一哄而起引发的同质化，特定文化格调定位与对应的服务供给相融合才是这类主打文旅牌的"特色小镇"生命力的源头活水所在，而这一切尚有待于在实践中继续摸索。

有鉴于此，本节将以"莫干民国风情小镇"（在地理上与燎原村有重叠关系）建设为例，基于对帕森斯功能分析模式与舒适物理论的优化组合，尝试提出一个关于"特色小镇"发展的社会学分析路径，权且以此作为舒适物理论运用的一个拓展。

二 背景信息："洋家乐"群落化及其经济社会的衍生效应

（一）何谓"洋家乐"

"洋家乐"② 群落位于浙江省湖州市德清县莫干山山麓及其周边村落之

---

① 利基市场，对应英文为"niche market"，源自市场营销学，指细分专门化的需求市场。国内对应的翻译五花八门：缝隙市场、小众市场、细分市场、壁龛市场、针尖市场等，而"利基市场"是目前较为流行的翻译，融合了音译加意译，借鉴于哈佛大学商学院中文版案例分析教材。

② 据德清县文创办李姓工作人员介绍，"洋家乐"这个名词是当年他"奉旨作文"的产物，当时需要写一篇关于洋人开设农家乐的报道，直接启发于"洋人"＋"农家乐"这一组合。"洋家乐"即具有国际化色彩的农家乐，例如国际化服务、管理、餐饮、休闲、运动等。

间。近年来先有来自南非、法国、英国、韩国、日本、比利时、丹麦等国商人的独资运作，后又有沪浙等国内商家出资，沿着莫干山山麓开设的系列"民宿"类休闲度假酒店。到 2015 年第一季度，共计有 64 家。自然，不同的"洋家乐"的大小规模和特色主题也有差异。如今，"隐居莫干""三九坞""裸心谷""莫干书院""莫干山里法国山居""后坞生活""西坞里 73 号 LODGE""香巴拉""西坡 29""韩国骑迹单车俱乐部""路虎德清体验中心"等都已发展成为当地颇有名气的品牌店号了。

从 2007 年由南非商人开设的"裸心乡"（其后更名为"三九坞乡村会所"，德清县第一家"洋家乐"）运作计算起，[①]"洋家乐"至少已经吸引了 50 多个国家的游客。目前，有 1800 多位德清籍居民在"洋家乐"工作。德清县旅游局 2014 年数据显示，德清县"洋家乐"共接待游客 23.4 万人次，实现经济总收入 2.36 亿元，上缴税收超千万元。2015 年底数据显示，德清全县共有以"洋家乐"为代表的风格和主题各异的特色民宿 70 多家，主要集中在县域西部的莫干山镇，床位 3600 多张，占全县农家乐床位的 1/3。2015 年以来引进了翠域木竹坞、山水谈、无界莫干等新建民宿项目 28 个，全部建成营业预计需投入资金 1.85 亿元，平均每个项目投资额达 660 万元。2015 年"洋家乐"民宿共接待游客 28.8 万人次，同比增长 22.4%，其中境外游客 9.3 万人次，同比增长 20.7%，实现直接营业收入 3.5 亿元，同比增长 38.3%。民宿经济已成为乡村旅游收入一个新的增长点。"洋家乐"的影响和业绩，由此可见一斑。

当然，对于奉行"接沪融杭"原则的德清县而言，其"洋家乐"发展有着诸多优势。区位优势——坐落于"杭州后花园"的莫干山麓，北距上海两小时车程、南距杭州一小时车程，正处于长三角旅游网核心。生态

---

① 南非籍上海传媒人士高天成（Grant Horsfield）于 2007 年在德清开设了第一家"洋家乐"，即"三九坞乡村会所"。高天成后于 2009—2011 年在德清筏头乡投资 2 亿元兴建了德清最大规模的"洋家乐"——"裸心谷"（Naked Stables Private Reserve）。"洋家乐"群落兴起之后，在高天成等人的运作之下，莫干山被《纽约时报》评为 2012 年全球最值得去的 45 个地方之一。裸心谷现已在美国绿色建筑委员会进行注册，成为亚洲第一个拥有绿色建筑白金认证的度假村。

图 4-1　德清县莫干山区"洋家乐"地理分布

资料来源：德清县旅游委、县民宿发展协调工作领导小组办公室、德清县县委宣传部文创办。

环境优势——山水宜人，空气质量良好。旅游资源优势——自然资源和历史人文资源均非常丰富。运营理念上的优势——"土洋一体"和"新旧一家"。

（二）"洋家乐"多维特质：休闲之外，县域文化产业与特色小镇建设的引擎

自 2007 年"无意"出现以来，"洋家乐"在 2011 年后进入快速发展时期，现已经构成一个产业群落。"洋家乐"品牌作为一个整体，既追求原生态养生，也追求国际化休闲，集休闲、体验、原生态、国际化、耍酷、情调、随意性、私密性与精致化以及"土气"和"洋气"于一体，已经呈现文化旅游业的一些新特质：山水自然、异域风情、低碳休闲、节能环保、资源节约循环利用、无景点健康休闲、田园风味复古怀旧、就地取材化废为宝、修旧如旧和返璞归真、老房子和老手艺等概念元素，都是"洋家乐"营销卖点所在。如今，"洋家乐"作为德清县一张特色名片，不仅成为当地旅游产业的一个前沿和热点，也是浙江省重点发展的八大文化产业之一的文体休闲娱乐产业的重要组成成分。①

而且，作为一个极佳的文化创意名词与文化创意实践，"洋家乐"之所以能够快速取得令人瞩目的成绩，在于其对"'洋'字当头"运营策略的巧妙运用："洋"在理念、"洋"在管理、"洋"在服务、"洋"在休闲方式、"洋"在装修风格、"洋"在餐饮文化，甚至起初的经营者和客户都是"洋人"，其奉行精致理念基础之上的高端服务化。比如，"洋"字在前，凡事"国际化"等，都是其口头禅。而且，整体上，"洋家乐"经营路线属于高价化和精英化，除了慕名而来的参观旅游型"洋人"之外，主要面向国内外优质高端顾客，即各领域精英人士。加上莫干山独有的"洋气"的历史遗产（指的是山上欧式别墅群和与之相关的各色典故等），以及周边与之构成竞争关系的"土里土气"的低端农家乐的存托，如此等等，不一而足，这一切均有助于"洋家乐"作为一个整体品牌得以在较短时间内脱颖而出。

其实，从社会学视角去审视，关于"洋家乐"群落化社会效应的发掘，除了旅游价值之外（如旅游部门宣扬的"原生态养生、国际化休闲"），可以更多地关注农村地区城镇化过程中诸种社会变化。乡村的城镇化水平、乡村生活方式不仅为城市居民带来了新的旅游空间和升级版的休闲体验场所，也为当地农民致富和乡镇发展开辟了新的渠道（张洁，2008）。此外，乡村旅游社区的可持续发展也构成当地新农村建设的一个典型，这种与所在地可持续发展相裨益的模式及运营机制也在某种程度上促进了当地城乡的和谐和统筹发展（王昆欣等，2008），从而有可能成为中国城镇化"推进模式"（李强等，2012）演化发展过程中的一种参考借鉴。

---

① 包括文化旅游在内的文化产业开始上升为中国国家战略层面的议题始自 2009 年 7 月由国务院发布的《文化产业振兴规划》，这是我国第一部文化产业专项规划，标志着文化产业已经上升为国家的战略性产业。两年之后，《中共中央关于深化文化体制改革、推动社会主义文化大发展大繁荣若干重大问题的决定》在中国共产党第十七届中央委员会第六次全体会议获得通过。及至十八大与中共十八届三中全会召开，推动文化产业成为国民经济支柱性产业成为政府的主要工作任务之一，并明确做出可酌情推动文化产业发展与新型城镇化建设相促进的工作任务布置。浙江省也及时出台了《浙江省文化产业发展规划（2010—2015）》，将文化旅游作为本省文化产业发展的重点之一。

如果仅从休闲旅游产业角度去看待"洋家乐"群落的兴起，尚不够完整确切，这是因为，"洋家乐"还被当地政府视为地方标志性文化产业之一，直接受益于地方政府发展文化产业的政策红利。在"洋家乐"群落兴起过程之中，除了一般性经济产业考量之外，政府借此整合发展县域文化产业以及服务于新型城镇化建设规划的谋划考量，也不可或缺。[①]

在此情此境之下，受益于"洋家乐"既有品牌影响力，在一定程度上，"洋家乐"群落不仅充任了当地县域文化产业格局异业整合的一台引擎，而且在此基础上承担着以特色文化产业打造特色文化乡镇的任务，既是文化建设任务，也是促进城乡一体化的建设任务。例如，德清县以"洋家乐"为引线，结合莫干山生态资源引入潮流赛事以及设计公司，发展"瓷之源"、版画、陶艺等观览体验，打造环莫干山馆藏艺术群落。同时联合德清钢琴产业、清境·莫干山文化创意园、小辉创意工作室、泰普森户外用品休闲产业，共同促进莫干风情小镇建设，进一步提升德清文化内涵：既要努力延续历史文脉，承载文化记忆和乡愁，也要努力推动地方居民就业与增收（例如，当地村民得以直接从事民宿相关服务业，甚至另起炉灶"有样学样"地创业）。"洋家乐"群落所在地有望在浙江省率先建成生产发展、物质富裕、生活美好、生态良好的山区新乡镇。[②] 目前，在莫干山山麓风情小镇建设过程中，这类特质正在逐步得以体现。而且，在这个过程中，市场逻辑与

[①] 参阅德清县有关文件（如县委常委会议纪要，十三届，第57号）：其一，莫干山山麓乡镇应坚持"绿水青山就是金山银山"的理念，做足做好莫干山这篇"大文章"，努力实现"生态富民、绿色崛起"；其二，为引导西部乡镇加强生态保护，从2015年开始，工业和GDP等相关指标不再列入县里对其的考核内容。另外，依据文化部和财政部在2014年联合发布的《关于推动特色文化产业发展的指导意见》，要求各地在实施文化改革过程中，鼓励文化资源丰富的村镇因地制宜发展特色文化产业，建设一批文化特点鲜明和主导产业突出的特色文化产业示范乡镇、特色文化乡村，促进城镇居民、农业转移人口和农民就业增收。这种发展思路和路径正是当地政府的一大愿景与努力方向。

[②] 德清已被纳入浙江首批百座特色小镇发展规划范围。不同于浙江既有以工业条形块状经济为特色的城镇化，这类特色小镇发展规划的特点在于兼具生态、文化、产业与旅游功能。其中有两个关键点，一是围绕产业转型升级，确定可以支持本地区域发展产业的科学谋划和定位；二是围绕政府改革，以政府权力清单制度制定落实为契机，做好公共产品和服务供给方面的社会系统升级工作。参阅《浙江省委关于建设美丽浙江创造美好生活的决定》（浙委发〔2014〕14号）、《浙江省旅游产业发展规划（2014—2017）》。

政府逻辑初步实现了互动与促进。

进而言之，在一定程度上，在莫干山山麓，"洋家乐"群落在发展过程中已开始呈现"在地化城镇化"（就地城镇化）态势，是一种同时具有经济和社会产出的反映。也即，在市场逻辑与政府逻辑的共同推动之下，既带来了经济和社会产出，也推动了地方经济增长和社会系统升级。其一，"洋家乐"的群落化发展推动了当地经济发展，也推动了其经济转型。例如，尽管德清县为全国百强县之一，但相较于德清县总体经济状况而言，"洋家乐"群落所在的莫干山镇却属于相对贫困地区。莫干山镇目前主要发展的支柱产业为注重经济效益、生态效益与社会效益相融合的现代生态农业与关联性观光旅游业，而之前更多的是传统种植业和养殖业。其二，"洋家乐"群落化发展的呈现也可视为地方文化经济发展与新型城镇化之间的互动联合，其间既有相互促进的一面，也存在尚未对应的另一面。进一步而言，如果从城镇化的动力机制角度去观察，尽管基于一般产业发展的工业化推动依然为主导类型，但文化经济的融合发展也可能成为一种类型，例如，以休闲元素为轴心的文创产业集聚式发展就在一定程度上推动了莫干山山麓特色风情小镇的建设发展。这或许可以说明，过去以工业化为主的城镇化机制有望转向多元的产业发展动力机制，其中，普通工业产业、休闲文化创意产业与高端服务业，既可能单独构成城镇化发展的主要推动力，也可以融合发展构成城镇化发展的主要推动力。

不过，值得一提的是，尽管我们认为，"洋家乐"群落化发展及其综合型社会效应所引发的诸种表现已初步呈现"在地化城镇化"的一些特质，但必须关注这种新型城镇化迹象得以发生的其他相关条件。例如，"洋家乐"群落所在地德清县历来秉持"融沪接杭"的发展原则，享有一定的区位优势，而且，在浙江省特色小镇规划与省城乡体制改革试点工作中先行先试，取得了相应优势，这类特质对于这种"在地化城镇化"的发生有着不可忽视的推动作用。进而，在某种程度上，"洋家乐"群落化发展及其衍生的"在地化城镇化"效应，还可归纳为从属于一种"大都市区化"的发展范式。例如，随着"杭州都市圈一小时交通生活圈"建设的推进，"洋家乐"群落所在乡镇有望进一步发展为"杭州都市圈"内一个休闲与文化创意产业集聚地，而且有可能随之演变为该都市圈内一个"标准"的城市化地区（urbanized areas）。

综上，本书认为，基于乡村新产业的兴起和发展，"莫干山生态型在地化城镇化"有可能成长为新型城镇化建设"推进模式"的一个类型，仍将以城镇化为目标，其发展要素在本质上与城镇化并无二异。二者的差异存在于实现方式和路径有别。例如，产业发展及其转型升级是城镇化的一个关键，无论是高新产业类型，还是高端服务业类型，概莫能外。因而，"生态型在地化城镇化"不是不需要产业支撑的城镇化，而是其产业支撑更加多元化。因此，工业城镇化和"生态型在地化城镇化"看似背道而驰，实则殊途同归，共同构成了"双向城镇化"的互补发展关系。因此，新型城镇化的实现过程不仅有基于一般工业产业的"现代化"类型，还可以有基于内需型消费产业、注重新型服务业的"后现代化"类型。"洋家乐"群落化发展在一定程度上就昭示着一种服务于城乡一体化的"在地化城镇化"迹象，有可能成为国内城镇化过程中一个阶段性现象。

基于以上"生态型在地化城镇化"与城镇化推进模式的讨论，进而言之，如果再结合舒适物系统理论去理解国家新型城镇化规划（2014—2020年），则"莫干山型在地化城镇化"有可能成长为一种从属于生态环境与经济社会文化共同可持续发展的城镇化。在城镇化测度领域将具有高地位置，因其强调多维层面舒适物系统的建设与享用，凸显的不只是物理空间的宜居性，还有社会空间的包容性，制度与人际空间的和谐性。人生活在其中，身与心均惬意。如果说新型城镇化的一个宗旨在于确立城乡一体化，则这个一体化可以聚焦于舒适物系统这一层面。当然，在不同情形下，舒适物系统的维度可以有所差异，也可以分门别类地进行指标化操作。例如，不同类型的舒适物可以充任不同的具体指标。这是因为，舒适物原本就应作为一个系统加以看待，而不是单一某个方面。对新型城镇化建设而言，单一舒适物，例如产业增长，只可能导致单一性经济发展；只有系统化的舒适物，才可能导致城镇化综合性协调发展。

一言以蔽之，包括"莫干山生态型在地化城镇化"在内的新型城镇化推进模式及其建设过程中出现的新事物、新特点、新趋势，可以推动利益相关者与时俱进地研究和制定相应的发展策略和政策措施，以更好地认识与把握这些新事物、新特点和新趋势。其中既有实践要求，也有理论创新要求，例如，简政放权方面的政府改革。自然，这里面包含的细化任务很多，其中之一就是位列舒适物系统之内的公共物品与服务供给政策的贯彻落实。这是因为，从舒适物系统配套角度而言，优质有效的公共产品和服务的供给是新型城镇化（城乡一体化）顺利推进的润滑剂。其中，政府如何发挥作用尤为关键，例如，政府角色更多地体现为以服务性管理代替旧式牟利性干预，抑或是继续"与民争利"，将成为截然不同的政府行动选择。

三　理论诠释：基于舒适物系统理论的一个社会学分析

（一）舒适物理论及其消费社会学运用

舒适物（amenities），顾名思义，指的是可以令行动主体开心愉悦的事物。作为学术术语，最早出自经济学文献，涉及区域经济学、环境经济学、城市经济学、经济地理学等分支学科，主要用于探讨舒适物对地方经济增长的推动效应（UIlman，1954；Gottlieb，1994；Blair，1998；Clark，2004；Glaeser，et al，2004）。在社会学领域，与舒适物有关的术语主要有三个，即"社会产权、集体消费品与消费型资本"。[①] 鉴于"社会产权"的集体消费属性，倘若进一步从消费社会学视角去观察，舒适物可被视为一种特定的"消费型资本"，可以在一定程度上实现资本与消费品之间的结合（王宁，2010）。

随着社会生产的发展，消费单位以及消费者的消费层级也在不断扩展，而这意味着消费对象范围也在逐渐扩大，例如，从对具体物品的消费上升到对一个地方舒适物的整体性消费，或可称此种消费模式为"地方消费主义"，而这种地方也因之成为一种集体消费品和消费型资本（王宁，2014a）。

进而言之，作为一种消费型资本，舒适物的集体消费品属性除了创造个体消费价值之外，还创造了额外的经济社会价值；也可以说，消费型资本是一种既可以促进地方经济增长，也能够促进地方社会系统升级的双重产出活

[①]　关于"舒适物与社会产权以及消费型资本"的更多阐释，参阅王宁，2014，《城市舒适物与消费型资本——从消费社会学视角看城市产业升级》，《兰州大学学报》（社科版）第1期。

动（王宁，2014b）。如此一来，一方面，消费不只是基于私人产权的个体消费，也可能是一种基于社会产权的集体消费。“消费活动不但具有满足个体需要的功能，而且也对社会系统具有某种产出功能”，消费和资本具有一定勾连与相互转换的可能性。另一方面，在一定程度上，基于社会产权观可以补充对私人产权观的消费社会学的认识，从舒适物理论与社会产权相关联的特质出发，对个体消费者而言，作为消费型资本的舒适物系统只是消费品，但对消费所在地而言，这种舒适物系统是兼具经济价值和社会价值的资本。一个地方在集体消费上的投入，不仅带来了经济增值，也造就了相应的社会增益。因此，这种舒适物意义之上集体消费的财政支出，就不仅是一种福利支出，同时也成为一种投资活动。

综上，兼具“消费型资本”和“集体消费品”特质的舒适物，可以成长为推动一个地方经济增长和社会发展共同升级的双向引擎。

（二）融合帕森斯功能分析的舒适物系统构建

依据帕森斯对其 AGIL 功能分析模型的阐释，[①] A（Adaptation），“适应”，指的是系统为了存续，必须要同外界环境联系，以获得必要资源。G（Goal attainment），“目标达致”，指的是系统目标导向的确定，其中涉及目标次序与内部能量调动两个环节。I（Integration），“整合”，指的是作为整体的系统的有效行动与功能发挥受制于各个组成部分之间的协调一致。L（Latency pattern maintenance），“潜在模式维持”，指的是为保障系统中断后功能运作的连续性，有必要采取一定措施以维系系统原运行模式。当然，从帕森斯全部理论系统去观察，AGIL 模型的重心在于突出对单位行动组成的行动体系方式的强调，是一种整体论系统功能观的全面展现（贾春增，2010：52－72）。

承前，根据舒适物与 AGIL 功能分析理论，同时结合地方政府通常将特色小镇运营作为文化旅游业的一个分支加以扶植推进的操作实践，本节提出一个基于上述两种理论嫁接组合之上的关于特色小镇可持续性发展的分析路

---

① 有鉴于帕森斯 AGIL 功能分析模式传播的相对普遍性，此处仅做扼要简介，参考〔美〕塔尔科特·帕森斯、尼尔·斯梅尔瑟，1989，《经济与社会》，刘进等译，北京：华夏出版社。

径，如表4-1所示。

表4-1　内嵌于 AGIL 模型中的舒适物系统

所履行的功能	对应舒适物形态	组织及其活动
适应（adaptation）	市场舒适物	（文化）企业/从事（文化）经济生产，创造经济价值
目标达致（goal attainment）	社会舒适物	政府和民间/公共品供给，如 PPP 公私合作模式
整合（integration）	制度舒适物	政府/提供政策和法律保障
潜在模式维持（latent pattern maintenance）	文化舒适物	文化、教育等 NGO 类组织/维持基本价值和行为准则

资料来源：笔者自制。

需要说明的是，将此 AGIL 版本的舒适物分析框架运用于"特色小镇"分析，有两个基本假定：第一，舒适物是一种系统，某个地域不同舒适物之间的配套性，远甚于该地域单个类型舒适物的数量与质量；第二，作为文化旅游业的一个子类别，"特色小镇"为受众文化消费诉求和旅游业在利基市场的一个合成品。"特色小镇"的可持续性发展，直接关联"环境"舒适度和文化舒适度之间的优化组合。无疑，这里的"环境"包括内外两个维度，既包括地质、水文、生态等自然地理因素，也包括社会经济和公共治理等人文社科因素。

（三）案例进一步介绍

就旅游规划而言，位于莫干山脚下庾村集镇的"莫干民国风情小镇"，从属于"莫干山国际休闲旅游度假区"整体规划建设，同时也参依了德清县"一核两翼"旅游布局总体规划。其理想定位为，突出发掘潜在文化资源、提升既有主题特色、整合产业融合要素，执行开发与保护相结合的可持续发展战略，致力于打造浙北旅游新亮点，力争在促进产业发展的同时，能够促进经济、社会、文化、环境效益之间的一致协调性，从而带动德清文化产业和休闲旅游经济的同步发展。

就自然要素和经济动力源而言，"莫干民国风情小镇"建设直接受益于当地"洋家乐"的群落化发展。近年来，"洋家乐"开始成为长三角和浙北乡村休闲旅游中一支异军突起的力量，这与其位于莫干山山麓不无关系，而号称"清凉世界"的莫干山，素来享有国内四大避暑胜地之一的美誉。实际上，"洋家乐"从一开始就是精心设计的产物，主要是看中德清莫干山麓的优质自然景观和生态环境，是乡野情趣和国际化管理的融合产物，属于高端民宿经济。笔者认为，"洋家乐"的最大特质在于"土洋一体"和"新旧一家"。

就文化动力源而言，"莫干民国风情小镇"建设直接受益于当地特有的双重"莫干情结"旅游资源的影响。此处"莫干情结"的双重意义指的是：从历史人文角度而言，莫干山远有凄怆悲切的干将莫邪传说；近有近现代史尤其是民国史与之相关联的诸多历史文化遗产，以及各色社会名流的轶事趣闻。在人们的历史记忆中，与莫干山相关的许多事件都印有清晰的"民国时代"痕迹，无论是民国的人、民国的事、民国的建筑，还是民国的生活风范。此外，除却民国名流及其生活风范的魅力以外，莫干山更是因其星罗棋布的老别墅群（万国别墅）而著称于世。莫干山别墅建造历史可以追溯到清末，距今有120多年历史，当时首先由外国传教士和商人相中莫干山景致而开始兴建别墅。至20世纪二三十年代，已经建成数百套风格各异的欧式别墅。当年别墅建成时的主人来自各行各业，既有政界名流，也有商贾巨富，甚至还有江湖帮会大佬等人物。例如，蒋介石与松月庐、张静江与静逸别墅、黄郛与白云山馆，等等，不一而足。自新中国成立至今，莫干山别墅尚保留有252幢，其中公产房167幢，代管房85幢，总建筑面积超过121560平方米。

因此，这种"莫干情结"不仅指向莫干山野趣横生的自然景致和古老的干将莫邪传说所酿制的那份梦幻奇异，更是指向近代史上缤纷多彩的"民国情怀"。一定程度上，这种情结是对国内当下"民国消费热"在休闲旅游领域的某种回应，或多或少地夹杂着对"民国情怀"所引领时尚生活的向往。尤其是对于莫干小镇最重要的上海客源而言，这一方面印记特别明显。对他们而言，莫干山麓所创制的中西合璧、新旧同在的休闲文化，在某种程度上正是老上海生活风尚在当代长三角快速发展过程中的一种化身和折射（事实上，在民国时代，莫干山更像是上海的后花园，而不是今日杭州的后花园）。无论是莫干山上的万国别墅群，还是与莫干山有关联的民国名流们的点点滴滴，抑或是别墅主人们留下的其他文物，都在一定程度上刺激着游客们对民国时代生活风尚的想象力。

一定程度上，正是后者"莫干情结"夹杂的诸种民国元素，促使起初"莫干风情小镇"的建设目标逐渐向"莫干民国风情小镇"定位的转变。

（四）案例进一步分析

下面将以前述 AGIL 功能论与舒适物系统相融合的分析路径，对"莫干民国风情小镇"的建设及其运营展开进一步剖析。

首先，从 AGIL 适应功能之"市场舒适物"角度而言，"莫干民国风情小镇"建设已经初显成效。在"洋家乐"群落化发展衍生效应推动之下，众多从事文化经济运营的单位已经陆续开始运作，其他类型商业也正处于转型和提升之中。其间，既有"莫干山地"一类骑行潮流，也有"窑烧"（面包坊）一类的乡村文创，还有形式多样的乡村体验。尤其是市场化包装方面，包括"老旧"的石板路面和铁制街灯等，从外观乍看去，整个功能区一派"民国"色调和气息。再例如，具有民国时代烙印的商铺鳞次栉比，无论是店铺的名字，还是店铺的装饰，足以使游客产生一种时光倒流感，宛若置身于民国时代某地旧街景之中。

不过，若论"市场舒适物"在小镇建设中的功能发挥，最值得肯定的是当地各色文创企业初步具备了"异业整合"合作潜质，商业前景较为开阔。在"异业整合与加强产业融合"方面，结合莫干山和德清县既有资源，西部"莫干民国风情小镇"项目可以进一步与东部"钢琴之乡"[①]，以及当地生态农业观光旅游等类别的旅游资源进行联袂开发，而且，这种整合还可以体现为同传媒的合作以及对节庆力量的借势等。以莫干山镇丰富的生态农业旅游资源开发为例，高端绿色农业产业链有助于促进农业、生态和旅游业结合，利用田园景观、农业生产活动、农村生态环境和农业生态经营模式，可以达到集观赏、品尝、学习、参与体验、科学考察、环保教育等于一体的多方位旅游收益。

再譬如，在民国时代，莫干山山麓的蚕桑业非常发达，而由民国外交部

---

① 关于"钢琴之乡"更多介绍，请参阅笔者文章：李敢，2015，《另辟蹊径的城镇化——基于浙江"钢琴之乡"双重产业集群化路径的案例研究》，《北京社会科学》第 9 期。

长黄郛及其夫人沈景英创建运营的莫干农村改良活动更是名扬一时，可与梁漱溟和晏阳初的乡村建设实践并驾齐驱。因此，黄郛也得以与后两位并列为中国近代史上乡村建设三杰。黄郛当年开辟的规模性蚕种场，最近已经被改建为中国首个乡村文创园"清境·庾村1932"，其中包括全国最大的自行车主题餐厅"乡食"、乡村文化艺术展厅、莫干山艺术邮票馆、光合作用创意邮局、茧咖啡、茧舍、"蚕宝宝乐园"、萱草书屋，以及黄郛莫干农村改良展示馆等文创单元，还部分恢复了当年蚕种场的若干劳动场景。这类"以旧立新"的良性开发在当地还有不少（如"庾村文化市集"和陆放版画藏书票馆等），无疑，这类开发对于慕名而来的游客有着很大的吸引力。至于如何进一步丰富充实这些文创单元的内涵并推动它们之间的组合优化，有待于在村镇新业态实践拓展中的进一步探索。

其次，从AGIL目标达致功能之"社会舒适物"角度而言，"莫干民国风情小镇"建设最值得肯定的是，在一些公共产品和公共服务供给方面，政府和民间合作共进，尤其是山区生态补偿机制与对应村庄整治方面，财政投入资金与社会资本投入的结合已经初显成效。例如，为改善生态环境，发挥生态优势，德清地方政府一直积极开展环莫干山农村环境连片整治。仅在2013年，德清县财政即安排了2000多万元的生态补偿资金。实际上，以浙江首批百座特色小镇建设规划为契机，近年来，德清县在舒适物系统层面的集体消费品方面进行了较大投入，其中，社会舒适物投入尤为突出。承前所述，有别于传统型生产资本，这种舒适物系统层面、服务于城乡统筹发展需要的财政支出和投资活动已经转变为一种消费型资本，较好地促进了当地经济收益与社会收益双丰收。例如，在一定程度上，"莫干·山居图"等多样化"洋家乐"的营运，小镇文创产业的异业整合及其集聚式发展，以及整个莫干民国风情小镇的规划发展，均多多少少受益于当地生态补偿投入之类消费型资本的增加。

当然，基础设施类公共品的完善需要很多投入，这方面工作或可以适当借助德清县当下正在进行的美丽城镇、美丽乡村以及"和美家园精品村创建"机遇，以点带面，以面促点，扎实推进，从而有助于吸引更多民间资本和国外资本参与，以更好地发挥市场的配置与竞争作用，拉动和推进当地既有商业业态的提升与转型，共同树立地方化文化消费的良性品牌。这是因为，莫干山的自然资源和人文资源都非常丰富，二者相结合后，更可散发无比魅力。其中，以政府权力清单制度制定落实为契机，围绕政府改革，做好公共产品和公共服务供给方面的社会系统升级工作，对本地文化旅游业的发展必将更加有益。

再次，从 AGIL 整合功能之"制度舒适物"角度而言，在莫干小镇项目建设过程中，地方政府能够积极投入产业规划，及时提供政策和法律保障。举例说明，借助莫干山国家级风景名胜区的辐射和渗透能力，为推进当地旅游业整体与"莫干民国风情小镇"的发展建设，德清县相继通过了系列规划文件或技术规范，例如，《莫干山国际休闲旅游度假区总体规划（2010—2020）》《德清县旅游产业发展"十二五"规划》《中国·德清莫干山国家山地户外运动基地总体规划》，以及其他相关休闲旅游产业发展准则。还设立了专门性协调管理机构，即"德清县西部涉外休闲度假项目服务小组"，其主要职责为在功能区行业运行过程中担负起监管督责等职能。此外，为促进县旅游产业整体协调推进，原先的县旅游局也在 2015 年升级为县旅游委员会，其功能定位为"主管全县旅游工作和统筹协调旅游与休闲产业发展的县政府工作部门"。此番调整使得县旅委增加了不少职责，例如，"统筹旅游业与一二三产业的融合发展，指导、协调城乡特色产业整合转化为旅游产品"，既推进经济增值，也推进社会效益增益。不言而喻，这类法规规划的出台与对应职能机构的建立与调整，都可看作"制度舒适物"层面的自我丰富与完善。

复次，从 AGIL 潜在模式维持功能之"文化舒适物"角度而言，"莫干民国风情小镇"建设关于"民国情怀"或"民国精神"的理解尚有待进一步提升。正如前文所言，尽管在硬件上小镇功能区已经颇具"民国格调"了，但同时也存在较为明显的生硬印记，即整个功能区也非常像某一处民国题材影视拍摄基地，真实度不高。如不改进，不仅难以吸引回头客，甚至还可能导致曾造访过的游客的负面评价。

因此，何谓"民国情怀"，此种"民国情怀"与"莫干情结"之间又有何关系，或最值得探讨。例如，"民国情怀"指的是陈丹青所言的"民国范儿"吗？陈氏"民国范儿"约莫指的是民国人（无论是当权者还是寻常百姓）的精神、气节、面貌、习性、礼仪所透出的得体与雅量。但就"莫干民国风情小镇"建设而言，或可泛指民国时代社会生活的方方面面，尤其是民国时期中西合一、新旧合一的生活风格。"莫干民国风情小镇"休闲旅游应蕴含的价值理念与此处所概括的双合一特质有异曲同工之妙。倘若借用齐美尔关于时尚和消费的研究视角去审视，作为一种消费时尚的"民国热"，其魅力则在于既"新"（如民国时代西方的"洋气"）又"旧"（如民国时代东方的"土气"），以及融"新"于"旧"，而且，此种"新"与"旧"的融合，初步实现了集高端品位与简约生活于一身的消费效果。进而言之，从经济社会学消费与社会文化情境关联性角度去观察，韦伯（1997：56—59）认为，消费和生活方式联系在一起，与此同时，就生活方式在消费中的作用而言，特定生活方式又经由风格化消费得以体现，生活方式也可以被视为对地位群体加以描述的具体体现。我们可以通过风格化生活方式去辨识特定人群的社会地位（高丙中，1998）。因此，在社会文化等因素的影响下，一方面，人们通过消费方式的选择去影响其对待生活的态度（朱国宏、桂勇，2005：63—65）；另一方面，由于生活方式可影响到消费行为的方方面面，通过风格化消费，人们也展示了自己的生活方式（霍金斯等，2003：33—37）。

以上基于"文化舒适物"构建的论点，还可以在布迪厄关于"品味"的论述中找到相应的理论支持（斯威德伯格，2005：62—66）。例如，"品味发挥一种社会导向作用，引导社会空间中特定位置的占有者走向适合其特性的社会地位，走向适合位置占有者的实践或商品"（刘欣，2003），而进入不同品味场域的社会成员能够通过选择不同的生活方式去表明自己的身份地位以及与他者之间的社会距离，这是因为，一种生活方式就是一个品味体系，当很多人消费同样消费品时，一种生活方式就出现了（Bourdieu，1984：92 - 96）。这也是因为，基于消费"浪漫伦理"（romantic ethic）对新奇事物的探寻，消费本身可以化身为一种富有想象力和创造力的活动（Campbell，1987：96 - 98）。而且，从文化消费角度而言，消费不再局限于工具性活动，而且也是一种符号性活动（王宁，2001：71—73），消费涉及生活方式、社会关系等维度的构建，是根植于具体的社会关系和文化背景之中的社会行为

（格兰诺维特，2007：66—69）。就消费行为而言，除了利益驱动之外，还有社会维度的驱动因素在内，例如，社会阶层、社会结构及社会互动等是利益和社会这两种因素共同形塑构造了某一特定类型消费的经济暨社会的意义和功用（斯威德伯格，2007：81—83）。

因此，成功打造一个注重文化内涵的"莫干民国风情小镇"而非一个仅驻留于外形外貌的"莫干民国商业小镇"，就不能局限于简单的建筑（表层）复古，而要从上到下，从下到上，决策者、设计者与村民群体都应参与和评量，究竟何为"民国情怀"，以及如何有效推进"莫干情结"与"民国情怀"之间嫁接融合。

图 4-2　燎原村（庾村）新业态兴起之后的新容颜

图片来源：中共德清县委宣传部、德清县社科联。

在过去，黄郛及其同时代人在所投身的乡村改良事业过程中那份执着和坚韧就是一种民国情怀与民国风情；而在今日，包括莫干小镇居民在内的全部利益相关者的文化修养和职业素养的档次水准，同样也可以代表一种当代版的民国情怀和民国风情。或可以当年莫干山乡村改造运动遗址复建为契机，① 以莫干山计划展、百年庚村影像展、乡学礼展、"发芽的茶屋"、"设计师客栈与设计师格子铺"、乡村公益书屋、城乡互动论坛会场，以及多种多样的青年下乡创意小店等文创单元为主线，有计划有步骤地培植系列新型乡村建设活动、养育与之对应的乡建精神，同样可以更好地展现出一种新时代的民国情怀和民国风情。当然，这项工作需要长时间积淀，而不是急功近利乱作为。一定意义上，此种运作理念正所谓"以无化有"，即以无形的"文化"带动有形的"产业"。

图 4 - 3　庚村文化市集

图片来源："德清发布"微信号，"文化礼堂在德清：用'根'的力量留住乡村文化"，2015 年 4 月 21 日。

---

① 政府和民间目前正在做一些复建工作，但复建不应局限于"黄郛莫干农村改良展示馆"，例如，黄郛墓的重新修葺颇值得重视。比如，还可以包括"莫干农村改进会"、庚村经济合作社、"旱灾救济委员会""农民教育馆""公共阅报处"等组织机构复建或微缩版复建，并以此展开此类机构对当年乡村活力维系与提升功用，以及在今日乡村建设中可能转化提升空间的探讨交流和实践摸索。概言之，旅游体验不应只局限于吃喝玩乐，品味历史也是体验。

因此，在后续建设和维护实践的过程中，如何把握好莫干山"民国气质和民国精神"的文化内涵与消费导向才是"莫干民国风情小镇"建设的最大挑战；而问题的解决也将更加有利于地方政府、商家、村民三方长久获益，既有美名，也有实利，正所谓一箭双雕两不误。

图 4-4 燎原村新街景之一

图 4-5 燎原村新街景之二

图 4 - 6 燎原村新街景之三 民国莫干山车站（庚村交通纪念馆）

图片来源："小镇莫干"微信号，"走进莫干山镇 @燎原村，民国小镇的前世今生"，2015 年 12 月 16 日。

四 结论

基于对燎原村及其对应的莫干小镇新兴文化旅游业的介绍，也即以"洋家乐"为代表的民宿与文创群落化共生，关于特色产业村镇发展建设，本节提出一个分析路径，即将 AGIL 版本舒适物系统作为立论点，观察和分析其间可持续发展必需的过程性要素，并尝试进一步阐释基于这一分析路径所提出的理论思路与分析概念。在一定程度上，"莫干民国风情小镇"建设，或许就是时下如火如荼、形式各异的"特色小镇"建设的一个缩影，尽管其发展路径未必适用于国内其他地域。同时，因篇幅所限，本节未能对个案进行详尽展示，主要目的在于借助个案研究优势，对"特色小镇"建设的研究思路予以拓展，以求在文化旅游业特定分支业态研究方面有一个较为深入的分析。

现对上述分析思路和案例研究加以总结，以更好地阐释"AGIL 功能论之舒适物系统"分析路径所提供视角的理论分析意义。

第一，在旅游市场竞争日趋激烈、旅游消费者逐渐"见多识广"的情形下，旅游业难以继续依赖区位、价格等传统经济要素去维系其生命力，遑论促其增长了，而及时适当增加"文化消费"要素，向文化旅游业转向，或不失为一种较好的选择。此情境之下，舒适物具备能够系统性满足旅游受众多方位需要的功能，自然得以浮现。在研究取向上，有必要进一步发掘如何实现指标化操作等内容。例如，相较于传统旅游业，文化旅游业可谓是一种新经济的体现，而舒适物在新经济领域与经济增长方面的强相关关系已经得到相应证实了。

第二，依据前述关于舒适物及其作为社会性资本体现物"消费型资本"价值功用的阐释，可以认为，前往"特色小镇"旅游的消费者，常常也是某类"地方消费主义"观念的支持者。因此，为了长久且合理地赢利，文化旅游经营地不得不考虑其特定目标受众的舒适物偏好及其对应的"地方消费主义"观念。比如，在"莫干民国风情小镇"的建设过程中，双重"莫干情结"之间如何优化组合，也即，一重是干将莫邪之传统型"莫干情结"，另一重是"民国情怀（民国格调）"之现代型"莫干情结"。

第三，关于舒适物理论及其运用，除却既有文献对经济增长和产业结构升级的推动功用讨论之外，舒适物对于兼具生态、文化、产业与旅游等功能的"特色小镇"建设也有着相应的促进作用，尤其对于文化资源丰富型乡镇，可因地制宜地发展建设成为具有既定特色的文化产业示范乡镇。只不过，在这个过程中，既要确定能够支持本地长远发展的主导产业及其转型升级路径，也要充分开发和培植好可以突出自身乡镇特点的文化消费定位。

第二节　东衡村产业模式的变迁：从"矿业基地"到"三园一体"

若论及东衡村最近一二十年的产业发展和升级换代，传统农业之外，大致经历了从单一产业向多元产业的转换过程，也即，从石料采掘和简单加工起家，继之木皮和钢琴制造业相继兴盛，再到生态农业、乡村休闲旅游、钢琴文化教育培训等新业态的浮现，一个新兴的乡村田园综合体正在建设之中。① 其间，浙江省土地综合整治建设和湖州市废弃矿山治理工程的实施，成为很好的契机所在，至于具体到废弃矿坑的填埋和开发再利用，则是其中一个重要抓手。与此同时，基于前述的"土地流转"和"农地入市"，也可以说，善于盘活和利用土地资源是德清县也是东衡村的一大优势和传统。

以下将以废弃矿坑再利用类土地整治活动为起点，顺沿东衡村经济产业模式变迁，对东衡村从"矿业基地"到"三园一体"建设的变化予以介绍和分析。

一　东衡村的矿坑再开发利用

东衡村从 20 世纪 80 年代开始经营矿山企业，直至 2009 年才全面停产。矿产企业的开采虽然在经济收益上较为丰沛，但也导致了东衡村环境的严重破坏。部分矿区因深度开采形成深坑，造成安全隐患，深处可达五六十米，低处也有二十余米。而且，因开矿生成矿坑多达 3000 亩。为解决这一困境，重新恢复农村的清新空气和美丽环境，村两委班子从 2011 年开始，借力浙江省农村土地综合治理工作开展的契机，发展为浙江省土地综合整治示范点之一。东衡村根据既有发展现状，积极改善环境，整体改善居住条件，不断前进开拓。例如，公开招标，通过中标单位的建筑垃圾回填工程，把原有的矿山开采形成的深坑回填整治。东衡村矿坑填埋基础信息如下。②

---

① 2017 年 2 月 5 日，"田园综合体"作为乡村新型产业发展的亮点措施被写进中央一号文件："支持有条件的乡村建设以农民合作社为主要载体、让农民充分参与和受益，集循环农业、创意农业、农事体验于一体的田园综合体，通过农业综合开发、农村综合改革转移支付等渠道开展试点示范。"据说，从普通名词到专业术语，这个转变的主要贡献者为张诚（2012），其主要是关于特定商业模式的诠释："田园综合体是指综合化发展产业和跨越化利用农村资产，是当前乡村发展代表创新突破的思维模式。"可以认为，田园综合体是在城乡一体化格局下，顺应农村供给侧结构改革、新型产业发展，结合农村产权制度改革，实现中国乡村现代化、新型城镇化、社会经济全面发展的一种可持续模式。例如，可以体现为集现代农业、休闲旅游、田园社区于一体的特色小镇和精致乡村的综合发展等。但至于何为"田园综合体"，目前在发展实践中并无定论。中央文件的意思，好似倾向鼓励先做起来，从实践中去探索具体实现路径。

② 本部分基础信息来自德清县国土资源局，时间截至 2016 年 10 月。

面上概况：洛舍镇东衡村农村土地综合整治项目实施复垦总面积 1951.21 亩，新增耕地 1871.90 亩（宅基地复垦新增 157.34 亩，废弃矿地复垦 1714.56 亩）。其中，东衡村桥北废弃矿地在"三生"空间布局中属于复垦区块。东衡村桥北废弃矿地复垦区块于 2011 年 4 月启动实施，2015 年底全面实施完成，县财政投入资金 7553.09 万元，复垦区总面积 609.12 亩，全部为废弃矿地复垦，实施后建成水田面积 581.21 亩，修建机耕路 3149 米，排灌"U"形渠 4797 米，回填土石方量 986.09 万方，覆盖耕作层表土 33.26 万方，吸灌培肥淤泥 46.52 万方。目前，该区块已统一发包给种粮大户进行粮食种植生产，第一季水稻获得丰收，亩均产量在 800 斤以上。另外，为提升整治后耕地的集中连片程度、增加粮食生产效益，在实施废弃矿地复垦的同时，对复垦区域内实地为废弃矿地，但土地利用现状二次调查为园地等其他类型的废弃农地，采取"单独立项、统筹实施"方式，通过统一布局，整体推进，扩大整治项目实施规模，充分挖掘垦造耕地资源，修复改善废弃矿地区域内生态环境。通过对东衡土地整改项目区周边的废弃农用地实施垦造耕地，新增水田面积 233.67 亩。

主要做法：东衡的矿地造水田采取的是"3＋1"的方式。"3"指的是"削峰填谷"土地平整、表土剥离循环利用、"移土培肥"提升地力三步法垦造优质水田，"1"指的是整治项目实施种粮补助政策加强后期管护。第一步就是要"削峰填谷"平整场地。东衡历史上矿山开采后形成的矿地宕面高低不一，一个矿区闭矿后有些位置还留有一些小山包，成为"峰"，有些位置开采得太深，甚至达到吴淞高程①负几十米，形成"谷"。尤其是"谷"往往会积水成深湖，形成极大的安全隐患。通过工程措施对复垦区块采用"削峰填谷"的方式进行场地平整，把"峰"上的石料或宕渣填到"谷"中、"湖"中，使之形成平整的区块，逐步形成了规模可利用矿地。第二步就是结合建设用地耕作层表土剥离再利用工作，循环利用优质表土。县里对

---

① 采用上海吴淞口验潮站 1871—1900 年实测的最低潮位所确定的海面作为基准面，由此建立的高程系统称为"吴淞高程系统"。高程指的是某点沿铅垂线方向到绝对基面的距离，称绝对高程，简称高程。某点沿铅垂线方向到某假定水准基面的距离，称假定高程。

占用耕地的建设用地，在土地出让时收取 2 万元/亩的专项资金，用于保障耕作层优质表土剥离再利用。矿地复垦项目中，耕作层表土覆盖深度达到0.8 米以上，确保沉降夯实之后实际耕种深度不少于 0.6 米，使复垦耕地具备较强的水土涵养功能。第三步就是"移土培肥"。德清县在推进"五水共治"的过程中，开展了大量的河道清淤工程。河泥是非常肥沃的资源，德清在矿地复垦时覆盖表土作为基层的基础上，专门铺设管道用泵机将河泥吸灌到就近的复垦矿地，覆盖 0.4 米以上厚度的干河泥，使之成为优质水田，并按照"田成方、树成行、路相连、渠相通"的要求进行建设。最后，通过实施耕种保证金制度，加强项目后期管护。提取土地整治项目补助资金的20% 作为耕作保证金，在连续 3 年耕种农作物后再进行拨付。并对整治项目种植粮食面积达 80% 以上的，按项目区粮食种植面积每年 600 元/亩的标准进行补助，积极引导，引进种粮大户进行规模种植。同时，结合村经济合作社股份制改革，在土地流转时采取"定量不定位"的方式明确农户的承包经营权，固定流转收益，保障农民权益。

图 4 - 7 东衡村矿坑整治前照片

图片来源："德清国土"微信号，矿地造水田——东衡村耕地复垦区块，2017 年 4 月26 日。

图 4 – 8　东衡村矿坑整治中照片

图片来源："德清国土"微信号，矿地造水田——东衡村耕地复垦区块，2017 年 4 月 26 日。

图 4 – 9　东衡村方山区块淤泥填埋复耕工程一期

图片来源："浙江水利"微信号，大数据还能清淤？德清告诉你怎么用高科技把臭污泥变成"香饽饽"！2016 年 10 月 8 日。

二 东衡村土地综合整治建设带来的经济社会影响

20 世纪八九十年代以来，东衡村民多以开采建筑石料矿作为谋生主业，在取得巨大财富同时，也对当地生态造成严重破坏。受制于政府政策等各种因素的影响，从 2009 年开始，全村 18 家石料厂相继关闭。这样一来，不仅村民财路被堵住，而且整个村集体经济收入也锐减，从最高峰时年收入 400 多万元，直线下降到 2010 年几近于零的状态。

不过，最近七八年，东衡村借力于浙江省政府开展农村土地整治工作的契机，几经摸索，不论是产业经济，还是村庄总体发展，都已经出现了较大变化，主要体现于生态复绿和景观再造、耕地复垦、垦造水田和矿地村庄建设等方面。

其一，通过两年多的削峰填谷工程，东衡村部分矿坑已经回填平整。2013 年，2800 多亩上贾坞点矿坑填埋项目获得正式立项。为了更好地规划平整出的土地，在上级政府部门的指导下，东衡村首先在平整好的土地上覆盖一层黄泥，在黄泥的上面再覆盖一层杭州建筑工程的泥土，再把镇工业园内的表土剥离覆盖一层，最后结合五水共治工作，把河道内清理出的淤泥覆在表面，整治出可利用的农田 460 亩。2015 年 8 月，在村委的倡导下，上贾坞组的村民在农田播种了玉米，单季产量达到 800 多斤。基于村民的前期实验，到 2016 年初，以充分利用土地为目标，村委以第一年每亩 200 元的低廉价格，然后第二年第三年逐年增加租金的形式引进种粮大户，在利用土地的同时也增加了集体经济收入。随后，成功引进了种粮大户，进行水稻种植。2016 当年亩产量达 900 多斤，按照每一百斤 175 元计算，亩收益大概 1600 元。2017 年，上贾坞区块 1947 亩水田全部种上水稻，余下 1000 亩左右矿地也在复垦中。简而言之，基于江南水乡冬季河底河道多淤泥的情况，将淤泥就近填充于废弃矿坑，借此实施复耕，是东衡村一种创新性的"废物"再利用。在经环保部门检测合格后，村民在一期复耕土地上种了水稻、玉米、小麦、油菜等农作物，亩产收益远高出村民的预想（顾春，2016）。

其二，2011 年，在"东衡村土地综合整治推进委员会"（由退休村干部、村代表、党员等组成）的推动支持下，东衡村着手废弃矿坑填埋整治工作。之前，零散有其他地方企业将废弃渣土填埋于东衡村废弃矿坑，时价每立方米 0.5 元。2011 年 3 月起，在杭州市城管委渣土办的倡议下，经过商业化招标运作，废弃矿坑填埋价格上升为 5 元多一立方米。据此，3000 亩左右矿坑可以筹款约 1.08 亿元。而且东衡村填坑后还成功"造地"1600 多亩，其中 600 多亩复垦为良田。填坑造地生就的资金与土地两大成效有力地推进了东衡"和美家园"建设。① 截至 2016 年 10 月的数据显示，在东衡村，已有 265.29 亩废弃矿地得到复耕，未来还会有 920 亩左右的废弃矿地用于填埋复耕，借此能够承纳的淤泥估计可以达到数百万立方米。矿坑填埋迈出了农村土地综合整治的关键一步。

实际上，矿坑填埋平整后的土地为村里带来了不错的收益。按照东衡村村委会的介绍，用于填埋矿坑的渣土大都是从地底挖出的泥土和淤泥，这样的泥土具有一定的养分，不存在其他危险隐患。由于这类淤泥的肥力还不错，矿坑被填埋成平地后进一步培植可作为种植粮食和蔬菜的农用地，流转后还能够为村集体带来相应的租金收入。而且，淤泥填埋还将普通矿坑复耕培育周期缩短了 3 ~ 5 年。而按照德清水利局的介绍，（东衡村）淤泥回填矿坑可谓一举多得，既有助于解决之前矿坑回填成本高的难题，也有助于淤泥堆放难题的处置，还能增加达标水田。

其三，东衡的中心村即建设于矿坑填埋土地之上，占地约 70 亩。2012 年开始施工，2013 年年底首批安置房建好，分作小高层公寓（最高 11 层）与独栋别墅（排屋）两类，卖给村民的价格为每平方米 1000 元左右，每套房面积为 200—300 平方米，售价 20 万—30 万元。② 村低保户入住有特殊照顾。例如，作为东衡村一名低保户，沈晓林在村慈善帮扶基金的帮助下，只出了 65000 元就住进了中心村 240 平方米的大房子，其他八个低保户也相继住进了新房。2013 年第一批入住中心村的村民约 200 户。

---

① 县政府另外提供每亩 10 万元的平整费用。

② 按照东衡村干部介绍，具体而言，如果整个村民小组集体搬迁到新村排屋，共分作两类，即每平方米 1400 元和每平方米 1000 元，具体依据朝向、面积等有所区别。如果是整组搬迁到小高层住宅楼，则为每平方米 600 元，零散搬迁为每平方米 1000 元。详情请参阅文末附录：《东衡村农村土地整治项目中心村集聚办法》（2015 年最新修改版）。

图 4 – 10 等待杭州建筑渣土填埋的东衡村废弃矿区

图片来源: "浙江在线"微信号, 一年 850 万吨! 杭州造地铁、建高楼挖出的渣土去哪了? 2015 年 12 月 23 日。

图 4 – 11 杭州建筑渣土经由水路运往东衡村废弃矿区予以填埋

图片来源: "浙江在线"微信号, 一年 850 万吨! 杭州造地铁、建高楼挖出的渣土去哪了? 2015 年 12 月 23 日。

图 4 - 12　东衡村利用废弃矿地种植出水田稻谷

图片来源："德清美丽农业"微信公众号，废弃矿地变身良田！洛舍东衡村"人造"水稻田丰收在望，2016 年 11 月 2 日。

图 4 - 13　建设中的东衡新村（矿坑填埋后）

图片来源：德清县委宣传部、德清县社科联提供，吴文贤摄。

图 4 – 14 （基于矿坑填埋再利用的）东衡新村

图片来源：德清县委宣传部、德清县社科联提供，吴文贤摄。

其四，在村民就业渠道变更方面。放弃了原有的矿石开采之后，更多村民投身于东衡村所在的洛舍镇的优势传统产业，即木皮与钢琴制造，相应的村工业园区规划与标准厂房出租规划也正在制订之中。另外，由于东衡村新农村建设取得了不错的成绩，比如，农民藏书楼、和美乡风馆、文化礼堂综合体等，休闲旅游也开始成为村内新兴经济增长点之一。

三 从"矿业基地"到"三园一体"：一个准"田园综合体"的建设实践

在东衡村，在既有矿业产业基础之上，随着农业产业升级和农村经济的发展，围绕土地综合治理展开的多元乡村产业体系建设日渐丰富。例如，截至目前，钢琴产业、木皮业、特色水产业成为东衡村民致富的新道路，而休闲农业与美丽乡村建设也得以适当结合。其中，钢琴产业最具特色,[①] 村内共有 9 家钢琴生产及配件企业,全村 20% 的劳动力从事与钢琴有关的工作。如今,钢琴制造和木皮加工两大产业及其之上产业链的延伸品,如钢琴文化体验和木皮书法创制,共生共荣,已经成为东衡村乡村旅游产业发展的重要推动力,乡村文化建设和产业发展得以融合共进。

与此同时,从 2016 年开始,在"六个一"基础之上(具体内容参阅文末东衡村简介),东衡村开始为期三年的"三园一体"规划建设,推进村内既有文化资源、农业资源、工业资源的整合。"村里的发展急需用地,能不能把矿坑填埋好了利用起来,比如建设中心村等。……东衡要坚持走生态发展路线,以规划为引领,以文化为核心……东衡要走远,除了用好老底子,还要敢创新、有突破"(东衡村支书 ZSL,2017 年 4 月 19 日)。

在东衡村规划序列中,"三个园"指的是:工业创业园、农业观光园、文化园。其一,工业创业园。通过土地综合整治和村集体经营性建设用地入市(包括"异地入市"等类型),从屯山小组废弃矿山平整出可利用土地 500 亩,基于德清县工业信息平台,建设工业创业园。创建中小企业创业平台,推进村域内"三改一拆""五水共治"工作走出深水区。结合"三改一拆"政策,将实施全面对外开放,成为中小企业的孵化基地。初步投资 2.5亿元,建设 20 万平方米的标准厂房及生活、绿化配套工程。第一期规划 200亩,全部为钢琴企业,争创浙江省"钢琴小镇"。其二,农业观光园。借力浙江省农村土地综合整治项目,对上贾坞点、桥南点、桥北点、北赤点的废矿展开造水田立项整治,并将在复垦造水田的基础上进一步规划成农业园。具体而言,通过对俞塘废弃矿山回填平整,结合 2015 年实施的全村土地统

---

① 本书一个重要概念"小镇大村"的提炼,部分即启发自东衡村及其所属洛舍镇的"双重产业集群化"现象,以及对此产业现象社会影响和社会后果的探讨(详见第五章)。先概要介绍如下:钢琴产业不单为东衡村所有,也是全洛舍镇的一个标志性产业。作为洛舍镇的特色产业,经过 30 多年发展,洛舍镇因其发达的木业,已经成为德清钢琴产业最集中的乡镇,拥有钢琴制造及配件企业 60 多家,钢琴产业总资产突破 2.5 亿元,从业人员 2000 多人,其中专业技术人员 200 多人,年产钢琴超过 4 万架,占全国总产量的 1/8,是长江三角洲最大的钢琴制造中心,涌现出乐韵、华谱、杰士德等知名大型钢琴生产企业。依托钢琴产业,德清"中国钢琴音乐谷"文化产业园区被列入浙江省文化产业发展"122"工程 20 个重点文化产业园区之一。

一流转入股到村委的方案，规划打造 2000 多亩的农业观光园，实施"宜林则林，宜农则农"，大力倡导绿色环保、美化环境的同时，促进经济发展。一期位于中心村北，占地 1000 亩，目前已完成平整 600 亩，以花卉苗木及养殖为主。二期以桥南废弃矿山为主，也有 1000 亩，以养殖为主。其三，文化园，即赵孟頫文创园。以"孟頫故里、书画圣地、文化东衡"为开发理念，建设赵孟頫·管道升纪念馆，创建东衡文化一条街，结合原东衡蚕种场厂房创建文创园，修复"阳林堂""千秋桥""尚书楼""衡溪书院"等一批历史古迹。与此同时，拟定用 40 亩土地建设 4 幢塔式住宅及 3000 平方米的文化广场。文创园二期计划以原蚕种场、赵孟頫墓地为中心，规划用地 100 亩。弘扬东衡特有文化，以钢琴文化为引领。

东衡村"三园一体"规划中的"一体"指的是：在"三个园"建设基础之上，规划设计村庄整体，完善格局，不断美化居住环境。以申报创建国家级"美丽宜居村庄"项目为契机去申报"3A 级"旅游景区，促进第一、二、三产业联动发展，带动村内产业的升级换代和转型发展。

图 4 - 15　东衡中心村规划

图片来源：德清县国土局。

图 4 - 16　东衡中心村村首

图片来源："德清发布"微信号，德清文化礼堂——洛舍镇东衡村打造"浙北第一村"，2015 年 5 月 9 号。

图 4 - 17　东衡中心村俯视图

图片来源："德清关注"微信公众号，未来 3 年，德清这些村（社区）有大动作！看看你家变什么样？2017 年 4 月 10 日。

图 4 – 18　东衡中心村全貌

图片来源："德清国土"微信号，东衡中心村，2017 年 4 月 26 日。

第三节　燎原村治理结构的变迁：从"旧莫干乡村改进"到"新莫干乡建实践"

在快速工业化和城镇化过程中，"社区总体营造"理论和实践曾助力我国台湾地区克服了其乡村社区一度下行发展的困境。或许是一种巧合，在今日浙江莫干山脚下的燎原村，一个曾经有过"民国莫干乡村改进"历史的地方，也正在开展一种类似于台湾社区总体营造的乡村建设实践。截至目前，民间资本是这场乡村社区营造实践的主要力量之一，其间的利弊得失对于今日大陆如何维系和提升乡村活力或有着多维启示。例如，政府、市场、社会等力量如何相互交织发挥作用，以及在此期间自下而上和自上而下的力量又将呈现怎样的利益博弈，又如何定位乡村活力激发的主体及其利益属性，等等。[1]

---

[1] 本部分主体内容已经发表：李敢，2017，《社区总体营造视野下乡村活力的维系与提升——基于新旧"莫干乡村改进实践"的案例比较》，《城市规划》第 12 期。

一 引言

乡村活力如何维系与提升既涉及乡村社区整体性治理，也涉及乡村产业综合性发展。若论具体实现路径，不同地区自然有相应的差别。而始自我国台湾，以"社区总体营造"（简称"社区营造"或者"社造"）为标志的乡村建设实践，或正是解答这类问题的某种回应。如今，在台湾近8000个村庄中，大约有一半的村庄已经投身于社区营造了，社区营造事业正在继续为台湾乡村的经济社会发展暨转型做出贡献（易靖茗著，2014）。

基于多地乡村建设案例的比较，笔者以为，莫干山燎原村（庾村）建设值得一提，无论是其历史，还是其现实，均具有一些值得借鉴之处。具体而言，本节写作素材主要取自莫干山庾村建设的两个历史片段。一个片段是民国时期的"莫干乡村改进实践"，另一片段是20世纪90年代以来的乡村建设实践，尤其是2008年以来，以"洋家乐"群落化发展为引擎，以乡村文创产业集聚化发展为特质的乡村社区总体营造类乡建实践。

概而言之，本节主旨在于，对比本地化乡村建设历史经验，经由典型性案例剖析，集中探讨在美丽乡村建设过程中，作为一种乡村建设路径的现实运作可能性，以及在此期间技术理性与价值理性、技术与"乡愁"、兴建与维护、外来元素和本土元素等诸多范畴间，如何实现有机结合与有效平衡（史永高，2015）。进而言之，我国台湾等地较为成功的社区总体营造等乡村再造经验，如何有效融于今日大陆的乡村建设实践，尚需要进一步探索，以求找到一条适合本土地域性发展阶段与发展特性的乡村活力维系和提升之路。

二 莫干乡村建设和营造的历史与现实

为了陈述清楚，有必要对近代以来莫干乡村建设的脉络再次予以简要交代（详见第一章第三节）。这涉及民国时期"莫干乡村改进实践"以及社会主义新农村建设开展以来"新版莫干乡村改进实践"（官方多称之为"和美家园特色村建设"），即以"洋家乐"群落化发展为引擎，以文创产业集聚化融合"大农业"发展观的乡村产业升级，以及与之对应的总体营造实践尝试。如今，在莫干山庾村一带，农民人均可支配收入已经由 2012 年的 2 万元左右，增加到 2013 年的 2.2 万元左右，2014 年的 2.5 万元左右，2015 年则为 2.8 万元左右。[①]

（一）历史："莫干乡村改进实践"

在中国近代乡村建设运动史上，"莫干乡村改进实践"（1928—1950）只是其中一个片段。该乡村改进实践由国民党前外交部部长黄郛及其夫人主持，地点即为现今莫干山庾村及其周边地区。

大概受阻于政治抱负不能实现，同时受益于个人秉持的"受诸社会，报诸社会"的人生理念（沈云龙，1976），从 1928 年开始，黄郛后半生潜心于乡村建设事业。"莫干村改进实践"的中心在于，经由乡村在地人才的培养去改变乡村的贫困，并以此致力于村庄整体治理能力的提升。贯穿其中的主要有两大亮点。一是对教育的重视。鉴于当时村民识字者甚少的现实，黄郛及其同人悉心经营莫干小学及战时的莫干中学。"以农村教育促农村改进"是当年黄郛办学的一个重要出发点。例如，1932 年 6 月 1 日，莫干小学举行开学典礼时，黄郛致辞说："我夫妇二人将来即以学校为家，愿乡村父老予以合作，使莫干小学成为我们农村改进的先声、莫干小学的学生各个能成为地方上有用的人才。"（黄沈亦云，1967b）另一个亮点是，成立莫干农村改进会和莫干农事试验场等机构，以各类协会组织为载体，从事具体的乡村改进工作，主张建设"自治自卫自教养，相友相助相扶持"类型的农村。例如，莫干乡村改进之"自治"包括订立山林公约、调解纠纷等；"自教"包括儿童教育、农民夜校、农民教育馆、健身场等；"自养"包括推广改良蚕种、推广改良麦种、提倡造林和水利交通建设、提倡副业等；"自卫"包括壮丁训练、建立消防队、设置医诊室等（沈亦云，1980）。

经由以上对"莫干乡村改进实践"历史的粗线条描绘，不难发现，其宗旨在于，提升村民素质和参与乡村建设的行动能力，从而"使得农村自有其乐趣所在"。这与我国台湾地区在 20 世纪 80 年代开始的乡村社区总体营造具有一定的吻合度，比如，推动村民成为行动主体，以及发挥各类乡村组

[①] 燎原村委，2016 年 8 月 21 日。

织协会作为乡村建设的中坚力量等。

（二）现实：新莫干乡村建设和营造

1. 1990—2008 年

相较于从中华人民共和国成立之初到改革开放初期的相对静止性发展，自 20 世纪 90 年代以来，莫干山镇下辖的乡村开始有了较大变化。例如，在家庭联产承包责任制基础之上，开始出现土地流转与集体企业转制等变化。一方面，村办集体茶场逐渐从原初"五包"专业队责任制过渡为"四定奖赔"承包制，还出现了规模性种植区开发等。另一方面，莫干山国家级生态园林区开始有序建设，山区整体环境治理相继取得了一定成效，地方特色休闲旅游业开始显山露水（蔡泉宝，2006）。

不过，在 2008 年之前，也即"洋家乐"落地与兴起之前，包括燎原村在内的莫干山村民收入来源主要依赖于传统的小农种植业（竹子、茶叶、果树等），充其量自给自足。而作为省管单位，莫干山景区的收益与村民并无丝毫关联。兼及服务于整个湖州市水源保护的需要，在莫干山周边，原则上不允许从事污染性行业，莫干山村的相对穷困在经济百强县德清也是闻名远近。于是，伴随整个莫干乡村的衰败凋敝，开始出现青壮年劳动力外流等社会问题。没有合宜业态，自然难以留住人，难以有社区生活质量的保障。

不过，值得一提的是，为响应中央建设"社会主义新农村"的号召，也为了改善生态环境，发挥生态优势，从 2005 年开始，德清县政府开始连年投入巨额生态补偿资金，主要用于环莫干山农村社区环境的连片整治。

2. 2008 年至今

2008 年以来，以"洋家乐"为标志的新型民宿及其关联性文创产业集聚化发展，逐渐成为新时期莫干乡村建设的最大亮点之一。继"洋家乐"之后，2013 年，一支上海乡村文旅开发团队入驻庾村（燎原村），开展地方化乡村社区营造实验，称为"新莫干乡村改进实践"，既追求山村原有历史文化资源的"活化"，也追求都市农业休闲潮流的引领。莫干山脚下村落的产业形态日渐多样化。在此期间，兴盛的不只是既有的"洋家乐"及其群落化发展，诸如室内设计、版画、陶艺、影像展、音乐节、潮流赛事以及自行车主题餐厅等多样化的文化创意类行业也随之生长发展开来。随着市场力量在当地乡村发挥的作用增加，地方政府也开始增进基础设施配套的供给和更新，市场和政府力量开始出现联合态势，概况如下。

①打造民国风情一条街。为配合镇政府的精致小镇建设，从2014年开始，庾村就立足民国海派风格，以老集镇基础建设为先导，充分挖掘"民国文化""农耕文化"等特色地域文化，对老集镇十余幢民房进行外立面改造，对120米长的街道景观进行整体改造提升。通过系列改造，最终形成了一条具有民国海派建筑风格的历史街区。

②旅游项目双向开展。牢抓中高端休闲旅游主攻方向，着力引进优质高效项目，丰富旅游业态。先后引进香溢生态园、阳光生态园和文创园、莫干山旅游集散中心等近十个项目，特别是2013年成功引进省级重点项目"郡安里度假区"，以及之后的"Discovery极限探索基地"项目，都为庾村旅游产业和农家乐产业发展，积攒了极高的人气。同时也带动了周边观光产业发展及农副产品的销售，预计每年可为村民带来600万~1000万元收益。

③土地流转。通过转包、租赁、互换等土地流转经营的形式，经多方协调，村两委牵线搭桥，最终由村民自主决定是否实施流转。近年来，成功实现了直达畈绿化苗木种植、黄金畈杨桐枱木种植等1000多亩土地的集中流转，不仅带动了周边农户增收致富，也使农村劳动力从世代耕作的土地上解放出来，更好地从事第二、三产业，真正增加了农民的收入。

④村庄洁化和绿化。根据省市县"五水共治"工作要求，村里先是关停了村内全部生猪养殖场（9家），从源头上切断了一大污染源。再是完成了集镇生活污水纳管处理，共铺设主管网1.9公里，支管0.8公里，增建115立方米的污水收集池一座，覆盖农户、企业、商铺共计223户。同时继续实施村庄环境卫生长效管理机制，根据村庄区域特点，将全村分成4片保洁区域，通过各区域新增流动垃圾箱、配备保洁员和保洁设备等措施，将各区域垃圾集中收集至沿线垃圾收集点，由镇统一清运，做到日产日清。随之，受益于当地美丽乡村建设，庾村已有较好的绿化基础。2015年，该村又在前期的基础上加大了对村庄绿化的投入，对道路两边、公园内及房前屋后的绿化进行了修剪和补种，共种植桂花树、杨梅树、枫树、红叶石楠等绿化苗木800棵，新增绿化面积2000平方米。截至目前，全村宜绿化地段已

经实现全面绿化。

⑤三改一拆。根据省市"无违建县"创建工作推进大会的要求，2013年以来，庾村以"无违建村"为目标，投入25万元，首先拆除了公路沿线600多平方米的简易棚，清理了路边堆放物，围编了450多米竹篱笆。其后，以"一户多宅"为整治重点，拆除了56户8000平方米的违建农房，初步完成了"三改一拆"的工作任务。

综上，新时期莫干乡村的建设和营造主要由产业发展跨界与社区建设跨界推动。具体而言，一是实体产业与文创产业相促进；二是社区组织建设和生态建设、地理环境和人居环境建设相融合，以及集聚生产（消费）与乡镇区公共设施和公共服务建设相互推动。当然，产业发展跨界与社区建设跨界，也在整体层面进一步提升了当地乡村的治理水平与质量。例如，从既有实践去观察，其初步实现了由"文创生态乡村"和"民国休闲小镇"的并行营建到不同产业跨界整合之间的衔接。比如，现代生态农业、农产品加工贸易业、观光暨体验休闲产业和上述文创产业之间的贯通发展。与此同时，黄郛乡建事迹纪念陈列馆、民国庾村车站等"公共空间建筑"也得以恢复重建，并免费向游客开放，此外，"莫干乡村音乐戏剧谷"项目也正处于论证阶段。

三 "新莫干乡建实践"的镜鉴与进路

上述系列乡村营建和改造活动的确在一定程度上拉动了莫干当地乡村生产方法和生活方式的渐进改变，在关注生意模式拓展新空间的同时，也尝试去寻觅生活品质的提升。进一步而言，在保留乡村在地文化的前提下，以新业态产业化方式对乡村建设进行干预，在一定程度上有助于推进当地农村里外面貌的变化，提升乡村居民的生活质量，同时也有助于塑造乡村在地生活具有与城市不一样平台的可能性。

不过，尽管莫干庾村及其周边正在尝试类似于"社区总体营造"的再造，但毕竟刚起步，个中利弊得失及其可能进路或可借鉴参比我国台湾的有关经验。

（一）他山之石：来自台湾的实例

从 20 世纪 80 年代开始，在乡村建设方面，转型期的台湾也曾面临着与今日大陆类似的"三农"困境。经由社区在组织能力空间、产业、文化、价值观等层面的总体营造，台湾乡村社区开始逐渐克服衰退，走向新生。下文暂且以一个典型村庄的嬗变为例。

桃米社区，原名"桃米里"，位于台湾中部南投县埔里镇。在开展社区营造前，某种意义上，桃米里只是通往日月潭和阿里山景地途中的一片低洼地，是镇里最贫穷的村落。即有的麻竹笋产业因利润微薄，不能为村庄发展提供多少动力，又因埔里镇垃圾填埋场位于此地，村民自谑称"垃圾里"。如同工业化和市场化在大陆衍生出乡村凋敝与衰落等社会后果一般，桃米也一度因为此类冲击而陷入衰退之中，传统农业没落、乡村环境脏乱差、人口结构老化、劳动力严重外流等社会问题层出不穷。1999 年 9 月 21 日，南投县发生 7.6 级地震，更是进一步恶化了桃米里的整体生存和发展环境。

但也正所谓福祸相依，这场地震同时也使得桃米迅速进入公众视野，成为全台湾关注的一个焦点，并引致众多外界社会资源进驻村落投身于灾后重建。其中，多面能人 LJZ 及其"新故乡文教基金会"正是个中一支生力军。十六年来，该团队开创的文创乡建之路已经步上正轨，并渐入佳境，成为乡村社区营造的一个样板。无论是经济产业发展，还是社区生活与生态环境类的社会建设，桃米里均可圈可点。比如，村落公共环境的营造治理，以及作为社区居民参与、文创活动和观光产业节点的"纸教堂"的兴建运营等。当然，桃米的社区营造工作并未"完成"，依然处在建设过程之中。

进一步而言，其着力点在于，围绕如何更好地提升乡村产品的用户体验，着力于新式生产方式和消费方式的引介推广，通过对桃米独有的青蛙元素的开发利用，走生态经济之路，促进生态保护和经济发展的合作共赢。现今，桃米已经从过去以贫穷出名的"青蛙村"升级为收入颇丰的特色民宿区、生态保育暨生态旅游休闲度假区，以及生态教育培训基地。例如，在 2012 年，桃米村年收入达到 1.3 亿新台币左右（约合人民币 2553 万元）（廖嘉展，2015）。

实际上，在桃米经由社区营造获得新生的过程中，除了"新故乡文教基金会"这类 NGO 组织之外，还有作为主体的社区居民以及学界、政府等力量的介入与互动。例如，以面向村民的"青蛙讲解员"（生态知识讲解员）培训为串联的本地就业培训链，台湾"农委会"从事特有生物研究保育中心的专家学者、音乐陪伴教师志愿者，引进新故乡基金会的地方政府，以及桃米自组织自治理机构"青蛙观光协会"等，最终形成了以"感恩"与"爱和互助"为标示的社区意识。

值得一提的是，桃米居民在见到村落营造所衍生出的实际经济效应后，陆续加入其中，并凝聚为一股"重新认识故乡"的自发力量，以切实行动去建设自己的家乡。这种故乡认同感还进一步吸引了一些早先外出谋生的桃米居民返乡就业和创业，从事特色民宿和餐饮以及生态工艺品制作和音乐艺术演出等。继之，为防止恶性竞争和"公地悲剧"发生，村庄相应的治理机制也得以逐渐建立，即基于"共生价值"的分享协作机制。例如，设立青蛙讲解员资格证门槛，约定经营民宿者不能同时经营餐馆，反之亦然。此外，还订立了一种"社区公积金"规制，即约定青蛙讲解员收益的 20%、民宿收益的 15%、餐馆收益的 10%，需要转让给社区自组织"青蛙观光协会"。协会再将此部分费用进一步投入社区弱势家庭救助以及地方生态系统维系和改良开拓等公共事务。协会在此类工作中所涉一切开支均公开透明化。与此同时，外来能人 LJZ 也果断移权于"青蛙观光协会"，顺利完成由"强人治理"到"组织治理"的转变，自组织和自治理日渐成为桃米社区发展转型的重大特色。

如今，桃米的社区营造经验正在扩散，正在从自身的"青蛙王国"向其所在的埔里镇"蝴蝶王国"循序推进。桃米里的社区营造路径在某种程度上昭示了，文创有助于激发乡村活力且可以构成乡村可持续发展内生动力的有机成分。

桃米里社区营造典型案例的学理意义在于，其回答了在一个传统农村产业日渐没落的山村，如何有效践行其乡村产业转型与治理转型的可能路径，也即如何经由乡村社区营造，由点及面、逐步塑造社区内发力量，为地方经济和社会文化发展创制新动力。其中，尤其重要的是如何激发作为主体的村民积极主动认识自己的故乡和认同自己的故乡，以及以怎样的方式将他们心目中的村庄发展愿景落实为现实。而当社区行动主体愿意为自己的理想去打拼的时候，相应的社区治理变革也随之催生和发展了。桃米案例要旨在于说明，在打造社区与居民利益共同体的主题下，乡村社区营造的不同阶段或不同层面如何产生了形式与实质、利益与价值、群体结构与群体塑型等一系列内在关联的问题。

（二）"新莫干乡建实践"的得失镜鉴

综上，尽管以特色生态民宿与文创集聚为引擎的新兴业态对促进莫干乡村重新恢复生机与活力起到了很大功用，不过，依然存在不少问题。

其一，社区主体性有待扶植和培育。在桃米里和土沟村等台湾乡村社区营造案例中，其居民往往具有多维主动参与和自主性特质；而在新莫干乡建实施过程中，居民的参与目前更多体现为一维，即经济利益方面的行动，且业态规范未尽如人意。与此同时，政府和民宿经营群体也过于关注新型休闲产业的经济收益，缺失对经济利益之外的"公共行动"和"公共价值"的关注与践行。概而言之，"造业"大于"造人"，也即，对"产业营造"的关注大于对"主体人的营造"。

实际上，即便是一维的经济效益方面的行动，新莫干乡建实践在不少地方也亟待完善，例如，产业业态的综合性和丰富性。有鉴于此，从乡村产业升级角度而言，受益于"推一、接二、连三"的现代农业发展启示（赵源恩，2014），不妨致力于打造"三产叠加"的新农业。其中，可有以"社区支持型农业"（Community Supported Agriculture，简称CSA）为标志的一产，以农产品加工贸易为标志的二产，以及以特色民宿、婚庆等乡村休闲产业为标志的三产。进而，推进农业发展方式的现代化转变，或构建多业融合的乡村生活产业组，以促进农村产业业态的综合化发展，进一步发掘和开发其潜在功能。这类规划调适不仅有助于在"乡村–市场"多业态转换过程中有序推进农业商贸化、农民市民化、农村景地化，而且有助于促成产业、人和环境的协调发展，这是乡建改造的最重要目标。

其二，参照台湾经验，关于新莫干乡建实践，目前尚欠缺长远设计。比如，尽管以"原生态"为号召的民宿群落在莫干乡村建设中得到了长足发展，但就在地理上与庾村存在重叠关系的莫干镇区的活力提升而言，在整体上依然有待于发掘提升。此外，为配合莫干乡村生态旅游产业链的打造，作为政府积极推动的项目，尽管"莫干民国风情小镇"的硬件已经初具规模，但在何为"民国风情"的定位方面，依然没有清晰思路。

其三，从乡村整体治理角度而言，相较于莫干乡村既有的社区建设实践，基于村规民约之上的治理机制尚未建立。也缺乏基于村民动员之上，循依"教育学习—观念改变—行动实践"线索相对清晰的远期策略。在治理规制引导和制定方面，政府需要循循善诱，以推进新莫干乡建利益共同体的合力行动。

（三）可能进路：从"三生有幸"到"五生共福"的发展之路

承上，关于新莫干乡村改进实践社会功能的概括，大致有以下三个方面。

第一，综合目前观察，在多样化的民宿及关联性的文创活动的开发带动之下，既有系列乡村社区改造活动的确在一定程度上促进了莫干乡民重新认识了自己家乡的美和魅，也即认识到家乡诸种人文与自然资源及其开发潜力。随之而来的是村民们"有样学样"地自发投入乡村内外环境的改造与创造事项中。比如，现今村民们的卫生习惯都有所提升了。再比如，在聘请设计师装修农房之后，部分村民或出租，或干脆自己开设莫干本地版民宿，而本地手工艺、土特产及其加工也因此具有了附加值，重新焕发了生命力。

当然，就经济产业结构与社会文化结构的相互作用而言，一个群体安身立命的价值观会随着经济结构的改变而改变。于是，莫干经济形态的改变也在一定程度上影响改变着当地居民的谋生择业观与村庄建设观。而且，在这个过程中，我们还可以看到特定乡村文化的"活化与再现"，而不只是"遗迹和保存"。例如，众多"洋家乐"和"清境·原舍"类民宿，在兴建中所用的砖石木料基本都为当地取材，甚至很多具体设计和建筑工作都延请当地工匠，依据当地传统建筑特色，予以适当修正改造。于是，即便是硬件层面的营造，也不再是高高在上的专业精英们的权力，而是全体参与建设者的权益。由此观之，乡村社区营造的一大功用在于，能够帮助村民发现自己村庄的特质与潜力，并在此基础上培塑村民对所居村庄的理解与认同，而认同可以生发机会、变革和创新。继而，此类社会效应可进一步推动乡村社区新业态与外界的交流，比如莫干特色民宿及其集合体之间，以及它们与外部资源之间的互通有无。

第二，兼顾未来发展规划设计，同时参考台湾乡村社区营造经验，以及台湾大学城乡所夏铸九教授在宁波慈城的再造实践，未来，莫干乡村文创与社区营造进一步融合后，无论是文化产业发展角度，还是乡村建设角度，整个西部莫干山区乡村需要营建的不只是一个生态休闲文创产业带，还需要一个生态社区示范带。为此，或可以聚焦于四大功能：一是舞台演绎功能，二是教育培训功能，三是橱窗展示功能，四是理论和实践参照功能。从社区总体营造角度而言，我们以为，即便同为生态村打造，也可以保有不同形态与特质。以莫干乡村建设既有实践与规划愿景为例，下一步或可以以生态化为舞台、以差异化为布景、以市场化为道具、以品牌化为制作人、以莫干乡村居民与其他利益相关者为演员，共同打造一出"文创激发乡村社区营造、跨界让乡村生活更惬意"的"莫干新乡建剧本"。其间，"人、地、文、产、景"五种力量协调经营，[1] 城乡统筹一体化得以相互促进和协调发展。

第三，参照台湾乡村社区营造经验，关于莫干乡村再造质量如何进一步提升，其中一种路径或可采取：以某一地方的共同发展愿景为导引（比如桃米村关于打造一个特色生态村的认同和实践，即共同推进桃米从传统型乡村转变为融合生态保育和教育基地建设、休闲文创产业、有机农业等板块在内的综合发展的新农村），逐渐实现从既有"三生有幸"到"五生共福"的转变，也即，渐进完成由"生态、生产、生活"融合"生利"（"义以生利，利以丰民"）的乡村社区共生体系构建，也即"生态＋生产＋生活"＋"生利"＋"共生"。这将有助于在乡村社区再造过程中，各方利益相关者利益诉求的糅合转化，以及社区新价值共识的生成，进而推动五位一体的乡村社区营造的建立建设。

在此乡村社区发展建设过程中，不仅有以经济获利为标志、面向一产的

---

① 依据笔者有限的阅读和考证，社区营造五字诀"人、地、文、产、景"为日本千叶大学教授宫崎清提出，在 20 世纪 90 年代初，"台湾工艺研究所"（原名"台湾手工业研究所"）将这些理念引入台湾。后来，曾在千叶大学求学的台湾省留学生黄世辉、翁徐得等人返台后对此进行了广泛宣讲和推广。

传统农业生产，以及在一产基础之上，面向二、三产融合的利益财富，更有以生态和生活融合为标示、全体乡村建设参与者生命价值实践的展示和体现，比如，基于"原生态养生"之上共生观的共同重视和维系等，有望推进莫干本地乡村社区的"生长"及"永续"的经营和发展。

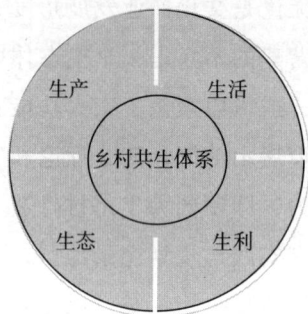

图 4 - 19　乡村共生体系演示

四　现代乡村活力的维系与提升

"乡村的衰败是世界各国工业化、城市化进程中的普遍现象"（陈振华、闫琳，2014）。例如，在我国台湾地区，从 20 世纪 80 年代开始，如何克服农村成为"没有希望"之地、农民成为"没有出息"之人、农业成为"衰竭之业"的发展瓶颈，也着实令各方困扰。对于中国大陆而言，横亘历史与现实，"乡村活力如何维系与提升"也一直是关系政经大局稳定发展的一个聚焦点。

对比我国台湾地区和日本等先行者经验，笔者以为，以"社区总体营造""造町运动"等为代表，致力于地方更生的"地域活化"实践，或许正是处理类似乡村社会转型发展困境的可能之道。一定意义上，每个村庄都有自己的亮点，关键是如何定位与诠释其中的魅力和潜力，"地域活化"正是这样一种促进村庄自我发现的助推器，也将裨益于社会治理创新以及转型时期社会发展模式的创新（罗家德，2015）。

从中国乡村治理实践的角度而言，乡村社区活化（更生）适宜设计为一种整体性乡村改造，其根底在于，致力于实现乡村经济组织和文化系统及其之上的社会组织的重新构造，其要回答的是，在新农村建设的时代背景下，乡村社会的现代建构向何处去，以及在何种层面上可以实现"现代意义"之上的乡村再建。按照本书提出的乡建分析路径，对这一问题的解答不妨从以下两个方面着手。

其一，乡村社区活化是为了建设新农村，而建设新农村的第一步是产业兴村，创新农业业态，以产业升级为主轴，联动生活质量的保障和提升。比如，倡导跨界融合的综合性"大农业"产业观（李敢，2015）。这是因为，乡村社区一般都有"历史感"，但受制于市场化与工业化的冲击，往往处于衰退败落之中，其积淀的各类资源有待于发现、活化和振兴。比如，如何以"想起来、找回来、去创造"的方式推动村庄转型。而为了存续发展，乡村传统农业产业必须实现有效转型。但产业转型的实现却又与乡村整体软硬环境建设密切相关。于是，改造和提升农村环境质量，推进以一二三产融合为基础的"大农业"发展，增进就业吸引力，进而促进农村经济状况和社会文化等维度的生活质量的提升，也随之成为乡村产业升级的重中之重。

进而言之，对乡村社区活化而言，产业重建中的社区转型与社区转型中的产业重建，二者为一体两面的关系。当然，乡村社区活化重在对地域各类特色资源的重新认识与发掘，而不单是经济产业的复兴。在此过程中，离不开政府、市场、学界与民间等力量的通力合作。

其二，乡村社区活化中的"社区"不只是物理空间的社区，也是"社会联系"意义上的社区，也即社区内人群在一些具体事项上可以增进信任，互通有无，相互支持，合作共进。此处不妨做个比喻，不单人有体质，社区也有自己的"体质"。如果说人坚持体质训练有助于健康长寿，而社区保有体质训练则有助于社区的可持续发展。因此，在一定意义上，社区成员的认识和整体行动能力的改变，也即社区体质的改变。

进而言之，乡村社区活化不只是空间技术（美学）展示，也是社会组织结构及其作为的培植，并可侧重于对应社会功能的发挥；① 也即，乡村社

---

① 如何培育乡村社区共同体以提升乡村社区自组织能力，是一个值得深入探讨的话题，而莫干当地初具雏形的"乡贤参事会"机制，值得在实践中进一步关注其如何运作与完善。

区活化既是建筑，也是建造，建筑的是物理空间，建造的是社会空间及其之上共同体的意识和行动，"从建筑设计到社会行动"均宜有涉及（李翔宁，2009），包含容纳自然与社群，共同构筑社会基础性结构。如此，方有望在乡村社区活化和再建过程中，有效推进村庄转型和产业升级两大目标并行不悖地运行。

综上，可以认为，无论是台湾乡村社区营造关于"三生有幸"的本意，还是本文阐释的乡村活化再建的"五生共福"新内涵，基于产业、生态、人文、景观等协调发展，以社区居民及其自组织行动能力提升为宗旨的"社会参与"和"乡村产业创新"能够构成乡村社区活力提升的两条主线。而

图 4-20 燎原村新业态兴起前后对比

图片来源：庚村 1932 项目投资人朱胜萱；"把乡村归还给乡村"，"伴城伴乡"微信公众号。

这两大主线又有助于在特定乡村社区内培植"聚培力、识故土和爱家乡"的社区意识。同时，经由物理与社会两类公共空间的营建行动，渐进地"实践在地行动的公共价值"（何贞青、廖嘉展等，2005），并借此逐一表现乡村生活和生产的意义，凝聚群体认同，铸就在地归属感，助推乡村社区的可持续发展。

第四节 东衡村治理结构的变迁：[①] 从"农村土地综治委员会"到"乡贤参事会"

一定意义上，如同城市有拥堵、高房价等病症，现在的乡村也有自己的病症，例如，乡村的空心化及其之上的各类准失序状态。而在不同地区，这类乡村病在不同程度上均有所体现，夹杂在其中的还有村落社会文化的碎裂与村庄治理的低效失效。简而言之，乡村对乡村人的吸引力日趋衰退，尤其是乡村青壮年劳动力和不同领域的乡村精英。在德清县，发轫于东衡村的"乡贤参事会"的产生和运作，正是在城乡大变迁时代适应地方乡村治理结构和制度转换及更新的一个产物。

近几年，在村庄治理结构变迁方面，若论东衡村的最大变化，莫过于"乡贤参事会"的出现，这是一种新型乡村社会组织。一定意义上，"乡贤参事会"在德清的出现是城乡体制改革的产物，同时也是其应对乡村不同程度空心化的策略，这是因为，即便是在这个经济较为发达的百强县，乡村青壮年劳动力和乡村精英的流失也日趋显性化。

可以认为，从积极角度看，"乡贤参事会"的出现和功能发挥是推进自下而上的村民自治与自上而下的政府治理良性互动的有益尝试，是对转型期乡土社会和城市社会各自需求予以满足和互惠的连通或衔接，也是推进国家

[①] 因篇幅所限，以及本书两个村庄发展侧重点的差异性，本章节"乡贤参事会"环节论述主要聚焦于东衡村。当然，在德清，"乡贤参事会"发挥功用较好的地方不只东衡村，燎原村的乡贤们也开始显山露水：他们出资出力，联系9家企业开展"帮扶共建"，引进合作项目22个，推动落实资金970多万元，吸收87名村民进企业就业，结对困难农户12户。2016年，燎原村集体经济收入同比增长47%。

治理体系和治理能力与时俱进的一种地方实践的具体体现。①

于是，在深入推进城乡体制改革的大环境下，在一定程度上，"乡贤参事会"的及时出现有助于公共服务的普及、基层协商民主建设的提升以及乡土文化的延续和公序良俗形成之间的有机结合，有助于乡村治理现代化的顺利推进。当然，"乡贤参事会"也面临着诸多挑战，如运行机制和可持续性等。

一 何谓"乡贤"：一个历史回眸

"乡贤"，② 源自东汉时期，泛指品才兼具可以为地方发展做出重要贡献的社会各界贤达人士。一般而言，"乡贤"群体普遍接受儒家伦理价值观洗礼，在基层政权治理中，常以"有实无名"的方式担负起地方自治的角色，包括排难解纷、传播"礼治"教化、规范乡里秩序、兴办公共福利、维护乡村社会稳定和促进发展等功用。宋之后，尤其是明中期以后，"乡贤"与"乡绅"阶层具有一定重叠。及至晚清，随着科举制的衰落，作为在"皇权不下（县）乡"时代通常能够兼顾政府和地方利益的官民中介代表，"乡贤"或"乡绅"阶层的力量大为削弱。不过，总体而言，辛亥革命以前，一定意义上，"乡贤"是中国乡村基层社会治理的一支主导性力量，堪称费孝通先生（2013）所言的自上而下与自下而上可以有机结合的"双轨政治理论"的体现者，也是另类版本"一个村庄里的中国"（熊培云，2011）的生动写照。

在民国时期，随着城乡之间各类资源配置和占有的差距日益加深，"乡贤"力量虽大为削弱，但尚能发挥一定功用。1949 年以后，受制于特定历史因素，执政党力量深入村一级组织，作为乡村传统自治力量重要构成的乡绅阶层及其对应的"乡约制度"（杨开道，2015）不再存续，并逐渐为村两

---

① 2015 年中央一号文件提出，创新乡贤文化，以乡情乡愁为纽带吸引和凝聚各方人士支持家乡建设，传承乡村文明。比如，可以"激发农村社会组织活力，重点培育和优先发展农村专业协会类、公益慈善类、社区服务类等社会组织"。

② 如今，"乡贤"事业在国内很火，且地理上已突破"乡"的范畴，更多以籍贯为依据去招选各行业贤能之士为故乡发展做贡献，例如，江苏省在 2017 年 5 月 20 日由省委书记召集汇聚 1200 多名海内外江苏籍乡贤，共商江苏发展转型，共植"江苏乡贤林"。

委组织及其规章制度所取代（村中国共产党支部委员会和村民自治委员会），行政附庸化倾向日趋明显。改革开放以来，乡村力量得到释放，但在发展的同时也衍生出不少问题。比如，各路乡村精英纷纷迁往城市，而且随着工业化和城市化的推进以及系列颇具争议性的教育改革（如乡村中小学撤并和高校扩招等），乡村的衰退与城市的扩张几乎同步发生。

二　东衡村乡贤发展轨迹：从"农村土地综治推进委员会"到"乡贤参事会"①

随着德清县城乡体制改革的深入推进，当地农村经济社会实现快速发展，农村居民生活水平也获得了稳步提升，但在整体上，依然面临着产业发展、环境改善、就业增收以及努力实现"以文化人"和"以共识凝聚人心"等发展问题。如何更好地提升农村治理能力、推动农村经济社会可持续发展是值得反复思考和探索的问题。

依据多方调研反馈，东衡村"乡贤参事会"的形成实际上经历了一个实践性演变过程，即从早先"农村土地综治推进委员会"发展为"新农村建设建设推进委员会"，再发展为"乡贤参事会"，几经易名的背后，共同包含的是地方性"实践逻辑"何以运作的实际探索，而不是坐而论道、象牙塔式的"理论推演或构建"。

（一）东衡村农村土地综合整治推进委员会

2011 年，东衡村开始实施省级农村土地综合整治试点项目，项目总面积 1600 亩，当年底需要完成 578 亩并接受验收。这一试点工作，在当时可谓时间紧、任务重。为此，东衡村专门成立了"农村土地综合整治项目推进委员会"，对土地整治项目予以指导和监督。事实证明，无论是报名参与人数，还是村民拥护程度，都得到很好的收益。

（二）东衡村新农村建设推进委员会

2011 年村级组织换届选举后，村务日渐芜杂且村领导班子力量分散。及至 2013 年全村石矿全部被关停，东衡村既有财源被切断，整个村集体经

---

① 本部分素材取自东衡村实地访谈和相关文本资料以及德清县民政局提供的有关信息。

济几乎陷入无收入来源的状态。当时上级政府部署的新农村建设工作时间紧、任务重、要求高,但新一届村两委班子成员只有 6 人,不过,全村有 116 名党员、70 多名村民代表。但有时候,一件事却很难统一意见和及时实施,为改变此被动状况、推动村庄发展,在广泛征求村民和小组长意见建议的基础上,经党员大会通过,成立了由村两委会成员、老干部、党员、组长代表等 19 名代表组成的新农村建设推进委员会,成员主要来自"农村土地综合整治项目推进委员会",义务为村里出谋划策、沟通民情、监督村务、推进发展。该推进委员会改变工作方式,注重聆听和汲取自下而上的声音,赢得了村民的有力支持。例如,2012 年,东衡村开展"和美家园"建设,委员会结合东衡村自身特色,提出了打造"孟頫故里·书画圣地·文化东衡"的工作思路,并在后续中心村征地、三改一拆、五水共治等工作中示范带头,有力推动了新农村建设中心村集聚、农村土地综合治理等重大项目工作的落实。东衡村新农村建设推进委员会的"补位"和"辅助",有效克服了村两委会成员少、任务重和村民代表人数多、意见难统一等问题,变"少数人商议"为"众人决策",变"千斤重担几人担"为"大家挑",使村两委在开展建设项目和决策过程中更加民主开放,既集思广益,又赢得了群众支持,也为后来进一步升级为"乡贤参事会"奠定了坚实的基础。

例如,2013 年 9 月,东衡村在推进新农村建设过程中,拟游说村内北赤村民小组全组搬迁入住中心村。但北赤组村民十分不理解也不配合,因为他们认为他们组距离中心村十分近,而且部分村民的房屋仍完好无损,根本不需要入住中心村。为此,村两委班子成员一遍又一遍地上门为村民宣讲东衡村整体规划、入住中心新村的好处以及上级政府和村委将给予的补贴等政策优势,其后,小部分村民选择搬迁入住中心村,但仍有大部分村民不为所动。于是,新农村建设推进委员会的成员轮流上门进行政策宣讲,与村民沟通,实时实地了解该小组村民的想法。小组村民也把自己的想法与不能对村两委成员说的难处,讲述给推进委员会成员听。之后,推进委员会成员及时把村民意见信息反馈给村两委,并与村两委成员商讨出解决办法。经过一个多月的上门开展工作,截至 2013 年 10 月底,东衡村顺利完成了北赤整组搬迁入住中心村工作。新农村推进委员会的群策群议,成功架起了村民与村两委之间的桥梁，转变了领导方式、推动了村民自治，倡导鼓励村民参与东衡村各项建设事业。

（三）东衡村乡贤参事会

2014年，针对当时东衡村事务多杂而人手少，乡村精英人数少且流动性大，以及村自治呼声又不低等发展现象，受益于党的群众路线教育实践活动开展实施的契机，部分"返乡走亲"干部开始为村里出谋划策，解决了不少实际问题。经过几番集体商讨，在东衡村原有的"农村土地综合整治项目推进委员会"和"新农村建设推进委员会"的基础上，东衡村接着成立了"乡贤参事会"。东衡村"乡贤参事会"成员具有列席村两委会和村民代表会议的资格，协助村两委共同管理村务，有效提升了农村基层治理水平。2015年，东衡村乡贤基金也得以成立，多位乡贤带头捐款，总计捐款116万元，为"乡贤参事会"的长期有效运营提供了扎实保障。再例如，仅在2016年，东衡村"乡贤参事会"共参与完成东衡中心村天然气站建设、废弃矿坑填埋等重大事项决策23项，并全程介入对相关项目工作实施的监督（中共湖州市委宣传部，2017）。

如今，在东衡村，作为乡村新型社会组织的"乡贤参事会"已经成为基层协商民主实践的重要平台，与既有的"村两委"（村支部和村委会）和村民代表大会共同成为当地乡村治理的"三驾马车"，在村务治理方面各有侧重又相互支撑，各得其所。经由带动群众参与、传承乡风文明、拥护社会秩序、引入外来资源等渠道，东衡村"乡贤参事会"在促进当地农村经济发展和推进农村基层治理优化的过程中发挥"缓冲带""安全阀""催化剂""连心桥"等作用，有力推动了乡村经济和社会治理的双向发展和进步。

三 "乡贤参事会"与乡村自治组织的活化

承前，在东衡村，"乡贤参事会"是以积极参与村经济社会建设，提供决策咨询、民情反馈和监督评议，并以开展帮扶互助服务为宗旨的公益性、服务性、联合性、地域性、非营利性的基层社会组织。作为村基层组织体系的重要组成部分，东衡村"乡贤参事会"基本可以做到不断集聚体制外智力、人力、物力、财力等资源，并围绕"协商"和"参议"两大主题开展社区协商。

若论乡贤文化回归以及"新乡贤"的传承与建构的当代意义，可谓价值颇多。比如，在文化层面，乡贤文化承担着凝聚村内外、县内外、省内外，乃至海内外故乡情的纽带；在经济层面，有助于村外出经济能人返乡投资或（拉）带来项目。以德清为例，其中一个例子就是促进"德商回归"；在社会治理层面，则是对既有乡村基层治理制度的有益补充。不难发现，城乡统筹发展与乡村治理现代化的实现需要从现代公共治理和传统人文精神中找到双重支点，而"乡贤参事会"正是其中一个符合乡村治理结构转换需求的切入点。在一定意义上，这也是村民自治传统资源的再度活化。

从德清县东衡村案例去观察，由"新乡贤"组建的"乡贤参事会"是对地方乡村自治组织活力激发的实景演练，有力推动了当地乡村治理结构的优化。从村庄治理结构自我更新的角度去观察，作为乡村新型社会组织的乡贤参事会，在推动乡村自治组织活化方面，最值得刻绘与讨论论证。东衡村乡贤参事会对当地乡村自组织和自治理功能实现的推动，主要体现于以下几个方面。

其一，从组建规则角度而言。"乡贤参事会"由村两委和乡贤代表发起，采取个人荐、群众推、组织选等方式，结合各村实际，丰富了乡贤的内涵和外延。成员从德高望重的本土精英、功成名就的外出精英、投资创业的外来精英三类人员中推选产生，并经村党组织审核确认，会员自愿参与，不享受任何补助。会员大会选举产生会长、副会长、秘书长，任期三年，改选与村民委员会换届同步进行，秘书长原则上由村支书或村主任兼任。会员30名以上的可成立理事会，由会员大会选举产生理事成员，理事成员会议选举产生会长、副会长、秘书长。建立农村社区精英人才数据库，动员鼓励本村老党员、老干部、复退军人、道德模范、企业法人、"返乡走亲"机关干部、社会工作者、经济文化能人、教育科研人员以及在农村投资创业的外来生产经营管理人才等积极参与，实行动态管理。充分利用乡贤的亲缘、人缘、地缘优势以及经验、学识、财富和文化道德修养，发挥乡贤参事会的补位和辅助作用，凝聚各方共识，激发自治活力，形成自治合力，提高基层社会治理的科学性和民主性。

其二，从工作职能和议事规则角度而言。在东衡村实际工作中，乡贤参事会重点承担了推进乡风文明、带领帮扶致富、助推农村发展、提供决策咨询、维护公序良俗、了解村情民意六方面的职能，并根据村规划和村民需求，各有侧重。在议事规则上，东衡村乡贤参事会推行"六环节"参事议事制度，即按照民意调查"提"事、征询意见"谋"事、公开透明"亮"事、回访调查"审"事、村民表决"定"事、全程监督"评"事，全程参与商议相关村级事务的流程，如村庄发展项目的规划和实施等。并借助微信和 QQ 乡贤论坛加强乡贤之间的交流，通过秘书长联席会议加强参事会成员之间的交流，有效提高了村务透明度和工作效率。进一步而言，通过搭建乡贤参事会平台，进一步优化了社会资源配置，凝聚人心人力，发挥群众主体作用；提高了农村组织化水平，促进了社会和谐，增强了基层自治能力；并进一步重构了乡村传统文化，创新了社会治理，推进了多元协同共治。东衡村还成立了公益创投基金、整合农村项目资金，支持乡贤参议村民代表会议决定的项目建设。

其三，从成效和社会影响角度去观察而言。第一，多元主体参与，创新治理方式。东衡村乡贤参事会以"农村智囊团"的形式出现，兼顾了个体和群体的能力特长，有效整合现有资源，吸收社会力量，实现资源发挥利用的最大化，在某种程度上是对政府服务的有益延伸。作为村级组织的补充力量，乡贤参事会已成为基层协商民主的重要平台，既加强了村党组织的领导核心作用，又实现了村党组织领导方式从"为民做主"向"由民做主"的重大转变，形成了由村两委、村民二元主体转变为村两委、基层社会组织、村民多元主体参与的乡村治理新格局，为推进美丽乡村建设、促进农村经济社会发展探索出了一条现代农村治理的创新之路。发展乡贤参事会能够丰富基层社会治理的组织资源，将乡贤组织起来形成一种合力，既可以借助乡贤的经验学识、专长技艺、财富参与新农村的建设和治理，也可以通过文化道德力量的引领教化村民、凝聚人心、促进和谐，同时对推进乡村权力、责任法治化都大有裨益，实现了法治、德治、自治"三治"融合的乡村治理新模式。第二，壮大乡贤队伍，丰富乡村服务。因地制宜，不断吸纳各类精英加入乡贤参事会，并根据乡贤各自的优势特长、身份行业和兴趣爱好，分组分类开展特色服务，有效推动基层公共服务多元化。乡贤参事会有利于优化村民自治的组织架构和决策基础，大大丰富了村民自治的形式。在以自然村为基础的自生自发的村民自治基础上，发展为以建制村为基础的规范规制的村民自治，把民主和自治联系在一起，确立了村民自治的方向。乡贤参事会作为建制村以下内生外动的特定形式，是村民自治的一种有效实现形式。第三，依靠群策群力，助力中心工作。乡贤参事会结合当前农村工作重点，在村庄规划、"五水共治""三改一拆""两美"建设等中心工作中积极出谋划策，示范带头，发挥了不可替代的作用。乡贤参事会进一步拓展了农村基层协商民主的实践渠道，是适应农村社会发展需要的新型社会治理机制，完善了党委、政府、社会组织、农民群众共同参与的制度性治理网络，既保证了党委、政府的核心主体地位，又及时有效地吸纳社会组织、农民群众的利益诉求，激发了社会活力，促进了社会和谐稳定。第四，凝聚智慧力量，助推经济发展。乡贤参事会利用自身的特殊影响力，广泛吸纳社会资源，协同参与公共事务管理，全力助推家乡建设。东衡村乡贤参事会通过广泛征求意见，组织学习考察，提出了《东衡村农户土地统一流转入股实施方案》《三年发展规划》等对东衡村发展具有决定意义的思路，将全村村民的土地经营权入股统一流转到村股份经济合作社，对荒芜、废弃土地进行全面整治，积极形成"地成方，路成行，树成林"的格局，为增加农民土地收入和壮大村集体经济探索出一条新路子。第五，弘扬传统文化，推进乡风文明。发挥乡贤的示范引领作用，以其嘉言懿行垂范乡里，涵育文明乡风，让社会主义核心价值观在乡村深深扎根。同时，以乡情乡愁为纽带，吸引和凝聚各方面的成功人士，用其学识专长、创业经验反哺桑梓，建设美丽乡村，有效地推进了乡风文明，弘扬了社会正能量。乡贤参事会通过价值共识、事务共治、利益共享、文化共建，培养公众的公共精神与公民意识，从而实现了"党委领导、政府负责、社会协同、公众参与"的社会治理新格局。第六，参与社会治理，促进社会和谐。乡贤参事会充分发挥了乡贤在凝心聚力方面的独特作用，在政府和村民之间架起了桥梁纽带。各村在乡贤参事会的有效引导下，相继建立了法制村干部、百姓留声室、社会工作室等工作机制，及时了解村情民意，反馈群众意见建议，参事会"聚人心、促和谐"的作用进一步显现。

综上，概而言之，作为一种新兴新型的农村社区社会组织，"乡贤参事会"在东衡村社会治理实践中扮演了极为重要的角色，发挥了积极有效的作用。关于"乡贤参事会"的运作特质，或可概括为以"共谋共建、共享共治"为出发点，明确性质定位；以"泽被乡邻、反哺乡里"为着力点，拓展治理主体；以"主动作为、主动引领"为关键点，划定职能目标；以"村事民议、村事民治"为落脚点，提升参事实效。通过培育发展乡贤参事会，进一步加快乡土社会与现代社会的有效衔接，形成政府治理与村民自治的良性互动，有效推动了农村经济社会的健康发展。

第五节　小结

显然，就"乡村活力何以维系和提升"这一论题而言，产业发展模式的转变和村庄治理结构转型是其中两个关键维度。作为本书的核心环节之一，本章主要探讨了村庄治理结构变迁之所以发生，实际上为乡村产业转型升级牵引作用下，催生诸种"较量"的衍生品，进而，二者相互影响和作用。这一部分也是对本子课题调研所关涉的燎原和东衡这两个村庄产业发展与治理结构变迁的较全面的铺叙和论证。具体而言，燎原村产业模式的变迁主要体现为从"特色产业村"到"特色产业小镇"的转变；其治理结构的变迁主要体现为从"旧莫干乡村改进"到"新莫干乡建实践"的转变。东衡村产业模式的变迁主要体现为从"矿业基地"到"三园一体"的转变；其治理结构的变迁主要体现为从"农村土地综治委员会"到"乡贤参事会"机制孵化及其运作的转变。在此过程中，作为最重要的生产要素，乡村土地资源的活化利用依然是一个基础性出发点。

当然，关于燎原村和东衡村产业发展和治理结构的变迁，上述概括未必全面或者切中肯綮，但确为笔者经年田野调研，并辅之以相应理论性思考后的一得之愚。笔者的基本判断是，产业升级转型是乡村活力得以维系与提升的基本动力。离开产业发展，根本无法讨论村庄在治理结构更变方面的任何前景。也可以说，乡村产业要素能否集聚以及集聚程度如何，首先，直接关联到村民的去留，不只是数量，更涉及质量。这是因为，产业直接联系着就业，如果没有有效的就业保障，没有与特定村庄特定人群人力资本相匹配的就业岗位，在有效就业这类基本诉求都得不到满足的情况下，讨论村庄建设的其他维度，无疑是空谈。其次，需要强调的是，本书之所以非常强调"与人口特性相匹配的就业岗位"，依然是来自田野调研，即便是在德清这类"美丽乡村"建设堪称模范的县域，也必须面对今日乡村人口的分层性和异质性。进而言之，随着"50后"和"60后"农村劳动力日渐退出劳动力市场，"70后""80后""90后"乃至"00后"乡村劳动力的需求构成正在发生变化，安身立命之类的基础生存性诉求，已经无法满足这类乡村劳动力。他们期望可以如城市居民一般，享受到大致均等的公共设施和公共服务。在这些公共设施和服务中，有三个重中之重，即教育资源、医疗资源和休闲娱乐。如果这类诉求长期得不到有效满足，乡村就不太可能留住青壮年劳动力，遑论有知识的青年劳动力。再次，正是因为产业集聚和人口集聚密切挂钩，且这两类要素又直接关联着乡村发展的未来，但项目投资和产业集聚以及公共设施和公共服务的均等化又不可能遍地开花于每一个村落。于是，部分村落的"消亡"也将成为一种态势，无论是自然村，还是行政村。未来，在市场经济较发达的地区，"村庄变大"或者连片发展，继而出现"村的镇化"，或将成为一种可能甚至是常见现象。相较于之前人为由城市到乡村扩张式的城镇化，这种由乡村到城镇（城市）自我蜕变的"村镇化"现象，是一种符合经济发展规律的客观产物，是"自然而然的城镇化"，可以纳入城乡统筹和融合发展具体实现路径予以讨论。实际上，本书第五章和第六章后续的一些分析概念的提炼和应用，例如"小镇大村""城乡社会""城乡农民"等，多少启发自第四章的这类观察和思考。

第五章 "小镇大村"：乡村活力维系
与提升的可能路径选择

结合之前所述，"地域活化"理论视角侧重于强调在既定空间中，地方生态建设、经济建设与社会建设为不可分离关系，且认为地方经济的重建内嵌于地方社会的重构，这种嵌入性或可视为经济社会行动"制度性嵌入"（Nee & Ingram，1998）的一个扩大版。结合国内的乡村建设实际，在某种程度上，从"美丽乡村"建设时期提出的"生产发展、生活宽裕、乡风文明、村容整洁、管理民主"的诉求，到"实施乡村振兴战略"新时代提出的"产业兴旺、生态宜居、乡风文明、治理有效、生活富裕"的诉求，既体现出承继发展关系，也体现出城乡统筹融合发展新态势。与此同时，这些诉求本身的发展转变，不仅彰显于"生态、经济、文化、社会、政治"五位一体的齐步发展，也彰显在致力于"乡村产业振兴、乡村人才振兴、乡村文化振兴、乡村生态振兴和乡村组织振兴"这"五个不可少"的谋篇布局。这类实践探索本身已多多少少折射出"地域活化"的建设和发展思路，尽管它们之间的内涵并非完全一致。

再而言之，之前，浙江既有的"块状经济"基本都是工业制造业，并在此基础上发展出若干工商业小城镇。如今，在"绿水青山就是金山银山"发展观的导引下，在浙江部分地区，或将发展出以生态经济、绿色经济等为标识的新产业新形态块状经济带。承接第四章的总结，在实际建设中，不难发现，不论是莫干山区的燎原村（庾村），还是"钢琴之乡"（洛舍镇）的东衡村（"钢琴之村"），在地域性特色产业发展形态上，均已渐具浙江"新型块状经济"的发展特色。关于"乡村活力维系与提升的可能路径选择"，以下将以燎原村和东衡村及其所在镇区为例，参依地方性城乡融合发展的实际，分别从"空间重塑"和"双重产业集群合力化"角度，进一步阐释"小镇大村"模式之下的经济发展和社会治理变迁。

顾名思义，"小镇大村"这一分析概念从属于当下的城乡一体化建设实践。首先，在自然空间上，"小镇大村"综合了村和镇两个地域；其次，在产业空间上，"小镇大村"突出了特定类型产业的位置分布，比如，由"一村一品"和"一业多村"构建的特色产业村与特色产业镇；再次，从社会空间上，"小镇大村"强调了基于特定地域各类资源要素盘活的多方位活化。

进一步而言，关于"小镇大村"的具体发展形态，可以体现为特色产业村的多维度要素聚合形态，也可以体现为基于特定特色产业聚合的"专业镇"或"特色小镇"的发展形态，而且，"小镇大村"之村、镇的自然空间、产业空间和社会空间可以为叠生共建关系，这也是因为，经济行为的社会基础与社会行为的经济基础，二者实际为互补共生关系。

比如，在"小镇大村"发展建设过程中，我们以为，"一村一品"与"一业多村"并不矛盾。就乡村地域特色产业及其竞争优势打造而言，一方面，村的层面可以主攻特定产业链中的某一产品，镇（乡）的层面则可以面向整个产业链，二者进而构建为交错融合关系；另一方面，从产业扩张角度而言，此处的"品"和"业"可以发展为共生关系，而非孤立静止的某类型产品或产业，比如，在实际发展中也可以体现为"多村一品"、"一村多品"和"一村一业"等发展模式。

实际上，"小镇大村"这一分析概念并非笔者故意标新立异，而是来自对湖州、宁波、杭州等地乡村发展的经年观察和适度参与。结合浙北浙东经验去观察，在这类市场经济较为发达地区，其未来乡村建设或可尝试不再局限于现有以行政村为单元的单一发展，逐渐过渡到以"联村集体"或"小镇"为单元的整体发展。这也是因为，其一，通常而言，单一乡村的整体综合性实力往往较为薄弱，局限性明显。而在同一镇（乡）辖区内，如果对拥有类似相对优势产业的村落予以类别化扶持，更容易集中发力，便于齐心协力构建地方化品牌化特色产业。比如，莫干山镇和莫干山乡村文化旅游产业以及与此相结合的休闲农业、体验农业、生态农业等产业形态，均具有类型化发展的潜力。其二，在当下国内，"特色小镇"建设如火如荼，便于借助国家"特色小镇"建设的政策东风。例如，"钢琴之村"（东衡村）、"钢琴之乡"（洛舍镇）与正在实施的"钢琴音乐小镇"（其范围不局限于东衡村）建设，[①] 三者之间实际上为相互交织关系。其实，"特色小镇"建设与县域经济社会转型发展存在着密切关联。从国家经济社会发展整体转型角度而言，都市之外在于县域，而县域的活力在很大程度上又取决于不同类型（以特色产业为基础的）"小镇"的活力。[②] 当然，关于"小镇大村"模式发展的推拉之力，[③] 我们依然强调以市场和社会的力量为主，政府主要从产业和社会发展政策角度，担负起相应公共服务和基础设施的供给配套。

第一节　空间重塑与村庄转型互动机制构建：
再论莫干山村

本节将秉持跨学科空间性转向立场，以城乡规划空间理论认知嬗变为线索，融合社会学"地域活化"知识，提供一份关于莫干山村空间资源配置变迁近十年的图式。本节构建了一个"三向空间逻辑"分析图式，并着力于从"地域权型空间"与"造人"相结合的视角，解释期间农村人口持

---

① "钢琴之乡"（洛舍镇）与"钢琴之村"（东衡村），无论是产业结构，还是在地理上，呈现相互嵌入的关系。

② "特色小镇"更多当依托于既有资源禀赋和发展基础，而不是动辄盲目人为地去"制造"，例如，网络曝光的河北省宁晋县投资 12 亿元的"换马店古镇"项目就属于"特色小镇"建设乱作为的典型。

③ 从区域经济学角度讲，也可以说，"大村小镇"、"联村成片"组团出击、经社协同发展的构思，尽管主要来自调研与反思，但多少也启发于"城市带"（城市群）的理念和实践。比如，莫干山镇的一些村落如欲长期且有效地"脱贫致富"，则有必要"打破只顾自家一亩三分地的思维和运作模式"。这方面的尝试需要政府和民间（国家和社会）共同去探索。

续性迁出以及农业和农村形态转变之类问题。同时，本节分析了"空间重塑与村庄转型"互动机制的生成条件，关注其可能的"危"或"机"。① 未来研究或可继续尝试以多重空间视角对莫干山村这类存有新兴产业业态村庄的转型和发展予以进一步实证分析。

一 引言

最近十来年，随着"美丽乡村"建设和乡村旅游模式的演进，源自台湾的"民宿"营运热潮在内地持续发酵，莫干山村②更因天时地利人和等要素的集聚，在此番"民宿热"中名声大振，频频为中央级媒体报道。③ 莫干民宿闻名远近还因为其多数为中高端消费的"洋家乐"，房间起价动辄每晚千元，甚至七八千元，乃至过万元，易言之，以所谓优质客户为目标群体。

由于杭州至德清的地理之便，以及前期关联产业调研的开展，笔者所在团队四年来一直在德清县和莫干山镇从事类似项目跟踪研究。梳理资料之后发现，莫干山村的民宿业态其实发源较早，并非一时赶时髦的产物。例如，根据当地居民的信息反馈，至少可溯及 2005 年或 2004 年，前后至今已有 10 多年的发展过程。

提及莫干民宿，现在动辄就说，莫干民宿起自南非商人高天成于 2005—2008 年在三九坞村兴建的"裸心乡"（真正开始建设为 2007 年，2005—2006 为旅游考察）。其实，莫干山民宿的最早开端应该是英国人马克·基

---

① 本部分主体内容已拟定刊发：李敢. 空间重塑与村庄转型互动机制何以构建——基于莫干山村民宿群落化的案例分析，《城市规划》，2018 年。

② 莫干山区域面积 185.77 平方公里，位于德清县，距县城中心 25～85 分钟车程（依具体山路路段而论）。莫干山管理权属分为两部分，山上景区为浙江省莫干山管理局管辖（由省办公厅，省机关事务局代管）。山下村落为德清县莫干山镇管辖，有户籍人口 3.1 万人，常住人口 3.1 万人，共计 18 个行政村，3 个居民区，其中两个在村镇交界处，另一个在山上的景区。此处莫干山村为泛指，即莫干山脚下的村落，即因乡村旅游（民宿产业）而"红火"起来的村落。据 2016 年 8 月莫干山镇旅办介绍，18 个行政村基本村村有民宿业。目前，莫干乡村民宿旅游业已被纳入德清县整体规划，参阅《莫干山国际休闲旅游度假区总体规划（2010—2020）》、德清县《民宿创办手册（2015）》、《德清县旅游产业发展"十二五"规划》、《德清县旅游产业发展"十三五"规划》。

③ 比如，2016 年 7 月 10 日，央视财经频道《经济半小时》播放的《莫干山的民宿奇迹》。按照德清县委宣传部 2017 年统计，最近一年，莫干民宿每个季度有 6～10 次登上中央级媒体，一年有 30～40 次。

多。当初（2004 年），马克开了辆越野车，在莫干山阴山街顶租了房子开了间咖啡馆，那是近年来真正意义上外国人在莫干山开的店铺，因为马克的朋友比较多，所以外国人越来越多了。高天成自己都说过，他 2005 年来莫干山游玩时，多少受马克的影响（ZP，20160618），一位早年曾在莫干山当过"土著向导"的乡镇政府职员如是告诉我们。号称莫干民宿第一家的"颐园"（92 号）[①] 在 2005 年被租下，2006 年正式对外营业。尽管"颐园"位于莫干山上而非今日"民宿群落化发展的莫干山脚下"[②]，但对今日莫干山村民宿经济发展的拉动作用自不待言。

然而，若论民宿经产活动对乡村产生的经济社会影响方面的理论分析，倘若浏览中国知网近十年数据，可以发现关联文献并不多，无论是社会科学引文索引（CSSCI）或者北大核心，抑或是科学引文数据（CSCD）。概而言之，既有文献依然多着力于乡村旅游开发层面的阐释（周琼，2011；潘颖颖，2013；蒋佳倩、李艳，2014；李德梅等，2015），或者建筑规划、美工设计层面的阐释（郑捷、戴向东，2014；李平、刘晴，2015；李甫，2016）。在中国知网之外，尽管也有一些篇章倡导乡村旅游与乡村建设综合一体化发展，不过这类阐释多见于新媒体平台，[③] 而非通常而言的"学术论文"。

与此同时，有鉴于笔者近年调研中对"地域活化"理念和实践的秉持，我们着力于探索工学层面城乡规划学与社科层面社会学之间的融合，尤其是空间资源配置视野下分析路径的构建。于是，本节研究问题为，基于空间是社会的产物一类跨学科空间性转向的基本假定（索亚，2006：09—17），既关注物理性资源空间的配置，也关注制度性资源空间的配置，突出乡村建设与空间资源匹配优化的重要性，并重点围绕"空间重塑与村庄转型"主题展开地域化实证性辩证考量。

[①] "颐园"始建于 1930 年，据悉，最初为潘汉年之兄潘梓彝的。

[②] 如今，莫干山民宿群落以"洋家乐"著称，也是当地的主打招牌，笔者将其特色概括为"土洋一体，新旧一家"（中西合璧、新旧同在），但实际上并不局限于一般意义上的民宿，农家乐、洋家乐都有，且更多融合了精品度假酒店和度假村元素。

[③] 主要是一些微信公众号，例如"乡愁经济（学堂）""新农村与现代农业""莫干・膴白村落"等，强调乡村社区建设的总体营造、城乡统筹的人本路径，以及交错式综合化"大农业"等乡建思路，并部分付诸实践。

本章节研究目的在于探索莫干村落在近十来年的民宿产业发展过程中，城乡互动机制何以构建，以及为何比其他同样发展民宿产业的村落产生了更多的内容，又是哪些原因造成此种产出效应，其在理论诠释层面又具有什么样的启示意义等。

二 "三向空间逻辑"：分析视角的提出

20 世纪末以来，"空间转向"成为多学科领域最重要的研究议题之一（陆扬，2005）。仅以规划暨地理学界而言，爱德华·索亚[①]的空间观正是其中西方空间批判理论发展的一个代表（黄其洪，2014）。索亚的代表性见解有，"空间在其本身而言也许是原始赐予的，但空间的组织和意义却是社会变化、社会转型和社会经验的产物"（索亚，2006：47—61），以及"人是空间的存在"，对以公正空间权利为枢纽的空间正义的追寻，是规划的题中之意（苏贾，2016：33）。于是，物理属性之外，空间"也指向社会关系的重组与社会秩序的建构过程，成为浓缩和表征当代社会重大问题的符码"（李晓乐、王英，2016）。又如，大卫·哈维（1996：29—31）认为，地理空间研究需要融合科学哲学、数理计量等多学科知识，以推进空间组织研究新地理学方法论的提升。哈维（2016：59—71）还提出，在资本无所不在的侵蚀下，需要关注包括特定空间在内必需品使用价值弱化与交换价值的拔高，使得空间已经衍生出过度私有化与商品化等症结难题。再如，类似于索亚的"社会—空间"辩证观，曼纽尔·卡斯特（2006）主张，空间即社会，其并非只是社会结构或结构变化的折射反映，以及"流动空间"与"地方空间"的融合不仅存在于传播领域，也可存在于规划和社会建设领域。

当然，换一个角度考量，以上有关"空间转向"规划地理界代表性人物的观点，同时也颇具社会关怀与社会理论构建的倾向，这类观点本身也适用于社会学等领域。也正是基于此类空间论述的跨学科融合特色，以及对城乡规划空间理论演变学术史的参考（顾朝林等，2000），本书提出一个"三

---

① 因版本不同，Edward W. Soja 在不同中文版译作里面的译名有索亚、索杰、苏贾等。

向空间逻辑"分析路径。此分析路径是对莫干山村近十年空间变迁与重塑过程的一个概括，是否确当有待于进一步检验。具体而言，此模型中的三个向度分别指的是，容器型空间、要素资本型空间与"地域权型空间"。下文将依据此分析路径所容纳的空间类型，分别予以阐释。

其一，容器型空间。这一空间形态约莫为人类社会对空间的最初期认识。顾名思义，它指的是空间作为一种外在客观性物理容器而存在，空间的意义价值仅存在于对其规模、体量、形态等方面的考量。近现代以来，这种空间观念逐渐改变，相继出现了对空间容器性功能加以否定的声音。其中，最早的可能为福柯在其博士论文中提出，空间更多体现为权力意志支配下空间关系的呈现。其后，列斐伏尔在"空间的生产"中进一步加以阐释，突出了空间的社会关系属性和特质（刘怀玉，2014）。再之后，索亚也提出，在自然空间（制造地理）生产过程中，行动主体的人及其活动本身就是一种独特的空间，空间并非只是社会关系演变的容器。

其二，要素资本型空间。顾名思义，要素资本型空间指的是在特定地理空间范畴内，资本、信息、技术、经营管理人才等生产要素的融汇集聚以及相应功能的发挥。其中，资本是一个核心要素，而对价值增值的追逐是其本质属性的反映。自然，这并非否定资本对一个地域经济社会发展和进步的重要推动功用。而且，在现当代项目投资和运营过程中，资本对空间形态和功能的改变往往有着巨大功用。

而利用空间去控制人与人之间的交易，维护领域所有权，保证其资源占有，是人类的一大技艺（林奇，2001：145）。与此同时，"空间是资本最好的投资场所"，这种空间扩张不仅体现于地理层面的空间，也体现于社会层面的空间。并且，这类空间的生产过程，不仅使空间由生活的场所变成牟利的商品，也使自然空间成为资本增值的载体与介质。继而，空间资本化的过程也是特定生产关系再生产的过程（苏贾，2016：12—26）。进而言之，资本逻辑在空间生产中的功能品质存在于正负两个向度，也即空间的正义与非正义，这两个议题具有不相上下的价值（刘顺娜，2013）。

其三，"地域权型空间"。"地域权型空间"概念的界定直接启发于索亚等人关于"地域权"①的阐释，并融合有"地域活化"关于地方性知识和资源活化使用的强调。"地域权型空间"认可容器型空间和要素资本型空间的论述，同时包含"在地空间组合"的成分在内，注重对在地人和资源的挖掘及激发，主张对在地社会经验之上社会关系与社会结构的考量，侧重于区域在地利益的凝合与维护，突出特定地域人的培育和塑造。概而言之，在"地域权型空间"构建过程中，有两个关键环节：一是"在地空间的公共性"；二是"造人"。

具体而言，第一，关于"地域权型空间"的"在地空间的公共性"，其聚焦于公共空间营造，其中既包括物理性空间，也包括社会性空间。比如，如循沿卡斯特等提及空间即社会的思路，从空间社会性角度而言，任何一个地点只要超过两个人，这两个人之间必然有矛盾，就有彼此的公共性要协商。进而言之，"地域权型空间"无法脱离人与人在真实互动中的深入交流，竭力创造有利于特定地域（如社区）内人与人之间交流互动、共同参与对应空间的营造。在一个开放社区的公共空间中，是可以允可其成员自在对话和交流互动，而不是相互间觉得隔离和不自在，否则，纵使这种空间在形式上如诗如画，社区成员也难以长久驻留于其中。简而言之，"地域权型空间"公共性的要义就是探索，如何在一个致力于公共生活的共享空间内形塑合群与协作性（吉姆松，2003：29）。在某种意义上，合群与合作这两大特性是人之社会性最本质的反应（李程骅，2003）。

第二，"地域权型空间"的"造人"特质，聚焦于空间内"主体人"的构成，主要探讨人在这个空间边界中关系的重建问题。这是因为，人，不能以一个单个体而存在，必须进入一个社会关系网络群。而截至目前，教育培训机构和工作地等途径，因其资本属性和局限性，决定着其只能满足很小一部分人对社会性的需求。所以，人，必须回归社区，在社区空间内与居住在同一社区空间的其他人，发生全面的、深刻的、感性的互动和连接，才能充

---

① 在索亚（2004）看来，"地域权是一个更具普遍性的术语，包含着诸如主权、财产权、行为准则、监督和权限等列举的概念的各种暗示。它是指各种空间范围的生产和再生产"。参阅：〔美〕爱德华·索亚，2004，《后现代地理学——重申批判社会理论中的空间》，北京：商务印书馆。

分满足一个人的社会属性的需求。也即，在一个特定地域空间场所内（如社区），人，只有在与他人相遇的过程中，在充分的交流中，才能澄清其自身的行为或"情怀"。

例如，有关居民构成，其外在界定一般包括户籍、职业、文化程度等，而核心的内在关系实际上是居民与社会的互动关系。继而，一个城市人和一个农村人，二者之间的区别不单单是一个户口问题，一个学历问题，或者一个身份问题，而是其社会的基础属性问题，即"他"与周围人之间关系的构建，这种构建又基于何种纽带，其间劳动和生产关系是怎样生成的。当然，劳动和生产关系只是这个人与社区和社会关系中的一部分，不能作为主体去讨论，但如仅仅因其劳动和生产关系而讨论，或许就是马克思所言的异化。[①] 因此，永远不要离开人以及人与周围人的连接去审视社会空间的形塑，是"地域权型空间"最重要的观察点。

以下将经由对莫干民宿近十年发展的素描，阐释"三向空间逻辑"分析路径的可能适用性。研究工作主要包括两个部分，一是对莫干民宿发展过程中对应空间变迁的简要说明，二是理论性分析和讨论。

在研究方法上，需要说明的是，除了关联文本资料、基础性数据和正式座谈之外，本书更多融入了这几年陆陆续续的实地观察，援引了一些非正式访谈信息（如微信讨论等）。所涉人员既有莫干山村镇职员和干部、莫干民国图书馆工作人员与馆长、莫干山管理局工作人员、（不同家庭经济状况和社会位置的）村民、（不同资本属地的）民宿经营商户、"莫干民宿联盟"成员及其"领导者"，还有"研读德清"学习小组（自称"德清土专家"团队）的部分成员。

不过，概而言之，无论是访谈样本数量和质量、数据采集（目前主要来

---

① 在从"新农村人"到"新城镇人"转换过程中，如果农村人进城后仅仅通过资本雇佣关系而建立单薄且高度局限的人际关系，随着这个关系的快速异化，将直接导致人的快速异化，随之而来，可能就是一系列严重而可怕的社会事件。在这里，社会（不是外在的范畴定论的社会，而是指人与人之间的关系形成的社会）结构的缺陷和异化，通过人来直接反映。因此，如果没有经过这个长期充分的人与人的互动关系实践，那将是很可怕的一件事。而具备公共性特质的社区是一个极佳空间场所，有助于"单体的人"在广泛且深入地与他人的互动关系中探索和实践，有助于成长为一个越来越丰富完整的"现代社会的人"。

自官方口径）、田野的时空幅度，还是适用理论框架，都还有不少值得提升的余地。继而，理论的争辩也不能代表实践的全部可能性，观点和讨论结论均只是关于莫干山村民宿群落化发展的一种可能性解读，或许存在片面乃至错误的判识。当然，批评并不意味着否定，而是为了更好地良性沟通。并且，在现实中，整体而言莫干民宿还在进一步发展，更多内容仍有待于进一步观察与了解，[①] 对应的理论反思以及理论反思下的实践也将继续。

三 案例研究：莫干山村民宿群落化的多重空间呈现

（一）莫干山村民宿群落的容器型空间分布

如前注释，就地理空间而言，莫干山村为对莫干山脚下全部乡村的一个统称。当然，如果需要溯本追源，也可以将其视为民国时代黄郛主持的"莫干乡村改良实践"之下"莫干乡村"在今日社会主义新农村建设的一个持续。实际上，在此轮民宿热潮兴起之前，囿于水源保护等多重因素的限制，莫干山村多年来一直是德清县最贫穷之处，在当地人心目中，几乎就是落后"西部山区"的一个代名词（因莫干山在县城西部，当地人常如此称谓）。

而如今，与集镇共生的莫干山村则成为以民宿群落化闻名远近的"镇中村"聚落的一个典型。除了在媒体报道中的光鲜之外，这个"镇中村"聚落在规划设计与改造营建中尚面临着诸多问题，比如公共空间不足、乡村集体记忆退化等（王行、严嘉伟，2015）。此外，随着越来越多、五花八门"民宿"的开立和运营，过度商业化的倾向已开始浮现。

关于莫干山村生态资源究竟可以承载多少家民宿、什么类型的民宿适宜留存、民宿管理标准如何设置才能体现公平，以及莫干山区原有生态资源保育何以维系与增持等问题，在地方关联管理部门那里，依然处于商讨和摸索之中。截至 2016 年，莫干山共有注册登记民宿 426 家（未注册数字有待统计）。

---

① 关于莫干民宿发展，可能需要进一步考虑，受益主体是谁？又是从哪些角度考虑此种受益？短期抑或是长期？这是因为，无论是新型城镇化（城乡一体化）还是新农村（美丽乡村），中央一再强调"以人为本"，那么，谁是这其中的"人"，又以什么为"本"呢？这类问题或许更值得在实践中去探求。

（二）莫干山村民宿群落的要素资本型空间演变

承上，自 2005 年民宿业开始在莫干山村萌芽成长以来，莫干山村空间结构的更变不仅体现于物理空间，更多体现于要素资本型空间层面。同时，也不能不承认，各色资本的运作对于莫干当地村落容器型空间的转变有着巨大影响。随着资本而来的创新理念、先进技术、专业人才等生产要素相继进驻莫干山区这个一直相对静谧的村落聚合体，其中，资本数量及其盈利能力是一个重要参考值。对此，不妨先以一组莫干民宿数据加以简要说明，数据涉及村镇整体与典型民宿商户两个层次，见表 5 - 1、表 5 - 2。

表 5 - 1　莫干民宿整体发展数据（2007—2015）

年份	户数（家）	接待游客人次（万）	同比增长幅度（%）	营业收入	同比增长幅度（%）
2007	85	61.0		3259.9 万元	
2008	85	88.7	43.9	4807.2 万元	47.4
2009	92	121.8	37.3	6453.2 万元	34.2
2010	115	150.8	23.8	9216.4 万元	42.81
2011	150 多	174.1	22.5	1.09 亿元	25.6
2012	170 多	216.0	24.1	1.55 亿元	51.0
2013	200 多	270.2	25.1	2.07 亿元	33.2
2014	350	379.8	40.5	5.37 亿元	159.0
2015	390	461.5	21.5	7.05 亿元	31.3

表 5 - 2　莫干民宿"洋家乐"典型企业 NR 2012 年以来相关数据

单位：万元

年份	营业额	纳税额	税收指标（铺均税收）
2012	6500	400 多	3.3
2013	9600	500 多	4.2
2014	11000	近 770	6.4
2015	1200 余	约 790	10.0
2016 年 1—3 月	2238 余	200	10.12

资料来源：笔者依据德清县旅游委、县民宿发展协调工作领导小组办公室提供的数据整理。

实际上，在一定程度上，各类"民宿"在莫干山村群落化发展起来后，的确为当地村庄带来了多样化的变化。而且，各类"乡村创客"和"情怀类乡建精英"相继入驻后，也带动了山区的生机和活力。在盈利层面，除了资本与政府获利外，也或多或少为当地村民带来了相应收益。姑且以莫干某民宿名村数据为例，见表5-3。

表5-3 民宿经济发展对莫干农村居民增收的促进功用
（以 LL 村为例，数据截至 2015 年 12 月）

拉动就业	直接吸纳从业人员 450 多人（不局限本村，也包括莫干山镇和德清县）
工资性收入	本村农民人均收入由 2007 年的 8090 元提高到 2015 年的 23000 元
经营性收入	2015 年农产品销售收入高达 800 万元
财产性收入	农房出租 30 多幢，总计年收入 300 多万元，每户每栋 3 万多元
	流转的 1500 亩土地多是荒山林地，累计费用 90 多万元，每户 2 万多元

资料来源：笔者依据德清县旅游委、县民宿发展协调工作领导小组办公室提供的数据整理。

关于资本等要素为莫干山村带来的上述变化，一些访谈信息或有助于进一步说明。一名来自民宿名村 LL 的 40 多岁的快车司机告诉我们：

我就是 LL 村的，不过我已经离开村里有 10 多年了。"洋家乐"对村里肯定有好处了，村里那些老年人现在不少都有事做了：有的为"洋家乐"帮忙做饭种菜，有的出售自己种养的瓜果蔬菜或鸡鸭笋干。不过，现在村里"洋家乐"对这些东西需求量越来越大，向客人提供的餐饮，是不是一直都是那些老板们宣称的土鸡什么的，那就不好说了……我们家从中也得了点好处，父母在家，他们不愿意进城，我也不愿意回去，已经在县城买房了。之前，我换过好几个工作了，开车之外，还做点别的（生意），村里像我这年纪上下的，很多宁可到城里拿两三千元（月薪），也不愿意回村里谋活路了（20151128）。

民宿名村 XT 一位"返乡创客"告诉我们：

我原来在宁波工作，2013 年底回村了。村里现在大概已经有百十来家民宿了吧（全村 553 户），很多都是外地的。个人觉得，经营很好的估计也就 10 多家，这里面，本村的也就 2 到 3 家。我自己的还行，（20）14 年和亲戚合伙投资了 400 多万元，对自家原来"农家乐"进行了大规模改造。现在请了 4 个本村阿姨，共计 5 个房间，7 张床。现在房间均价 1800 元（每晚），最贵的 3200 元（每晚），最近所有房间都预订满了，主要是上海和江苏客人。预计 3 年左右可以收回成本。

而同样以民宿闻名的 MQ 村一名杭资经营者（乡建精英）告诉我们：

我原来是做出版的，多年前来莫干休假时，对这里印象很深。2012 年，我与村里正式接触，村干部很支持。"莫干·山居图"租期 30 年，是从村里原会堂改建而来的，共计投资 1000 多万（元），全部是我个人出资，2015 年 8 月正式对外营业。说到回收预期，我自己真的还没有细算过。我起初就是打算建一间自己喜爱的乡村居所。"莫干·山居图"的设计全部是我自己亲力亲为，拆拆建建，也走了不少弯路，现有的藏书特色还不是很明显，打算再进一步完善；说到与村民关系，来往不是很多，年轻人基本都不在家。不过，我们对村里影响还是较为明显的，例如，刚开始，村里基本都是晚上七点多就关灯休息了，现在他们不少人对一些新事物新现象都能接受了……其实，我真是有些情怀的，也真心希望乡村和国家可以发展得更好（20160812）。

不过，值得深度关注的是，除了这些中小型民宿之外，随着已建成、正在建以及拟定建设的巨无霸型"洋家乐"，比如"某心系列"与南美风情休闲山庄等所谓"大好高"项目的落地，不能不思量大规模外来资本入驻莫干山区后，对当地自然地理生态以及社会人文生态将造成何种影响，如果外来人员及其资本一旦离开了，这些项目的生命力将如何延续，仍有待于观察。

关于这类问题及莫干民宿群落化的经济社会效用分析，基于上述容器型空间和要素资本型空间演变的介绍，下文将主要从"地域权型空间"角度予以阐释。

四 理论诠释：产业、空间与主体人

前文有言，"地域权型空间"侧重于从一个具备公共性的空间中去审视"何以造人"。以下将依不同需求分三个维度对此予以进一步诠释。

（一）谁之空间，绿色开放空间与私有公共空间

如前所述，在民宿业兴起之前，莫干山除了山上有限的景区外，周遭均是村庄（对应3个居委会形成的时间并不长，且其土地依然属于集体性质），也就是说，在当时，莫干山基本是一块开放的公共空间。而在民宿业兴起之后，莫干山空间形态渐次出现了不小的变更，从公共空间到"私有公共空间"的可能转变已开始浮现。关于莫干山空间开发利用何去何从也出现了不同声音。

首先，莫干民宿之所以兴旺，除却经济转型带来的市场需求变更外，大致还有两大类因素，一是时尚先进的管理运作理念，二是莫干山的好山好水好风景。就后者而言，涉及空间基础属性定位问题，即莫干山区漫山遍野的风景地究竟为"公共地"还是"私有地"？从我们既有的观察来看，对此的理解尚颇有争议。例如，莫干山（省管景区之外）空间的资本运营私有化，有可能使得莫干山自然风光成为少数富裕阶层的专利，而原先以免费公共空间方式参与的普通居民，以后将有可能与其失之交臂。

> 说到关于莫干民宿产业的担忧，我们德清当地人中有一句经典台词：以后，莫干山还有免费的去处么？（MN，20160730）
>
> 资本家们都在圈地，莫干山好一些的景致被一圈一圈地圈走了，都变成非富即贵的私人重地了。既然莫干山都"私人订制"了，我们这些普通德清人以后岂不是"闲人莫入"了（SY，20160601）。

的确，借着当下民宿市场的热潮以及"两山"（即"绿水青山就是金山银山"）政策优势，越来越多的民宿在莫干山脚下次第出现，尤其是大型"民宿"（即当地政府所谓"大好高"项目），往往更为政府重视。继而，各

路资本尤其是规模性外来资本陆续入驻莫干山村，随之存在一个争议，即如何应对莫干开发中浮现出的"缙绅化"倾向（Gentrification，也译作"贵族化"或者"士绅化"）（Neil，1987；何深静等，2012）。进而言之，莫干山村是否存在沦为"私有公共空间"（Privately owned public space，简称POPS）一个试验场的可能（曾冠生，2015；于洋，2016），甚至面临着一种"私人庄园化"风险。

这并非杞人忧天，落实到生活实例，受制于国内各类复杂因素的影响，在一定程度上，以高端消费著称的莫干民宿，实际上也是近年来受到压制的特定人群高消费趋向（如"会所制消费"）在乡村分散化的特定呈现。在这里，它是富有阶层另一种方式的自我表演的前台（戈夫曼，2008），消费者消费的不只是钱，更是一种"地位标识"（Status Symbols）。只不过，莫干山因其区位、历史人文和自然资源禀赋等便利条件在长三角地区顺利对接到此项市场需求罢了。

其次，从空间营造角度而言，绿色空间的营造和维系是莫干山村建设和发展的有机一环。当然，进一步而言，从"地域权型空间"去观察，需要营造的不只是青山绿水的生态绿色空间，更是人群之间相互信任且共守既定社会规范的绿色开放空间（祝侃等，2009）。莫干山区绿色开放空间将从属于"村庄公共空间适应性重构策略"（陆俊才，2009）。这类空间与人心和人性息息相关，即和当地民众的生产生活紧密相连，而共享是其中的一个关键（刘坤，2012）。于是，这种绿色开放空间的营造，并非只是驻留于景观规划层面的修复，同时也有助于引导一个地域的有机生长和社会和谐，以及对应物理或制度性资源配置的相对均等化（韩蕊，2013）。

（二）产业、主体人及其需求

从现有情况来观察，能够影响甚至操控莫干山村空间建设的主要力量无外乎资本和权力两大类。具体而言，一个为空间资本化，致力于民宿市场的扩张；另一个为空间权力化，致力于"两山"理论和实践的兑现及其对应政府绩效的彰显。[①] 至于基于"地域权型空间"之"主体人"的声音则相对

---

① 在德清县莫干山镇官网以及县十三五规划中，可以见到类似表述。

弱小，尚不被重视，关于此观点支撑，陈述如下。

第一，从莫干项目参与主体而言，莫干山存量空间资源在此番民宿开发热潮中，涉及多元化利益主体，例如资本、政府、村民、乡村创客（文艺青年）以及外来乡村精英等多重力量的相互交织，而资本首当其冲。进而言之，在资本与市场需求的推动下，莫干山村容器性与要素资本型空间结构的变动意味着在地"地域权"之下社会结构的变化。对此，有莫干民宿现象观察和研究者曾评论道：

　　莫干山项目的最大弊病就是忽视人，无视人的存在，用资本的范畴来替代人的人性需求……从我过去看到的一些文艺青年进山筑屋而居，到现在资本的大规模进驻，其实，一直缺少一件事，就是与人交流……莫干山项目从初创到延续和快速增长，说明他们肯定是有意义和存在价值的。就如我们看到的，早年伯格理先生，他不单作为一个完整的人进入（贵州石门坎），同时也带去了他的技术、他的思想、他的知识。而莫干山项目，现在能够看到的包括文化、技术和资本，那接下来是否可以开始学习和探索：经营者怎样做到把自己作为一个完整的人，投入到与当地人的关系中，而且，在这种与当地人的关系中，不单单是与政府官员、地方管理人员，还包括与贩夫走卒、村野乡民等三教九流的人员，相互之间可以彼此倾听、互相关注、平等交流（LYT，20160801）。

　　现在的外来民宿老板，我想说，他们确实也带着一份情怀、一份理想、一些技术、一些资本。只是这一切如何在本地扎根，如何与本地的人建立深度的连接，是值得进一步探索的。如果没有在这片土地上深深扎根，如果不能和这片土地上的人深深连接，那些满怀个人理想的建筑，很快就会灰飞烟灭，成为一堆瓦砾。那么这些情怀和心血，也会随风飘去。再进一步说，这些本地的人离开了，这些外来人很快也会陷入孤寂中。那可是很折磨人的（TY，20160801）。

　　对于未来，如果回到人的层面，莫干民宿群，现在的主体人是谁？是那些投资者吗，而投资者现在有意扎根吗？心慌慌！因为土地归属问题无法解决，自然无心扎根！而莫干山村的原有人群在哪里？进城了，并且进城后正在快速脱离与这片土地的关系。土地现在没有了人！而土地一旦没有了人，土地的属性现在也不明了。除非政府能够允许外来的人带着资本进入，拿到土地的产权，从而令投入的资本得到法律保障，这样投资者才能扎根，人才能重新和土地建立关系，然后才可能再讨论后面的事情。而原有土地上的农民一旦脱离土地，脱离了原有生产关系和社会关系进了城，让他们再回到土地，也不再有可能，他们正在快速地丧失原有的耕作技能，但这是一个历史发展的必然，也不可逆转（ZX，20160801）。

如实而言，在莫干民宿投资热潮中，这类研究者相对冷静的观点也存在于部分上海籍在莫干山投资民宿人士中，他们讲：

> 我完全不认为莫干民宿和新农村建设有任何关系，那只不过是一次20年期的资本投资罢了。而且，我们对未来预期完全不抱幻想，这是因为所租用土地属性不明。我们也注意到一个现象，就是随着莫干民宿的持续升温，当地农民大量迁入德清县城，仅留少量老年人口看守土地和收取租金。所以，我的理解，莫干民宿地区已经不是新农村的主体了，因为没有基础人口了，而外来的投资者只是进行资本运作而已，和当地（新农村建设）无关（YL，20160802）。

> 关于莫干民宿，对于投资方而言，我的理解是，莫干投资也就是个短期投资。这是因为投资需要有恒产，而后才能有恒心。而在莫干山村，目前只能从农民手中租借土地，通常租借20年。但感受很不好，毕竟，在法律上，对于这样的租借是如何界定的，是否有切实的法律保护，并不清楚。如果农民单方面撕毁合同，估计很难得到法律保护。这些年，在国内已经发生过数次类似的法律纠纷，并且多数以租地者败诉或者妥协而告终（XXT，20160803）。

据此，或可以认为，民宿产业聚集的莫干村落在一定意义上已经不再是新农村建设的主体性代表了，因为那里逐渐没有了基础人口，而外来的投资者，除了极少数自称怀有"乡建情怀者"（包括所谓"返乡创客"和"乡建精英"，即便如此，尚难以预判这些人"初心"的后续发展究竟如何），大多数投资人基本上都只是进行一场资本运作而已，其所思所虑主要是自身资本增值，和新农村建设关联甚微。

第二，就地方政府的角色而言，经由民宿产业发展推进本地生态旅游，这一产业定位本身没有什么问题，但是，关于这一产业发展的配套策略，尚欠完善。这是因为，生态并不局限于自然层面的生态，生态旅游的一个本质为"良好的生活态度"，而"良好的生活态度的培育"已经属于"造人"的范畴了。不过，在地方政府看来，现阶段当地民众对莫干乡村建设的参与主要为物质层面的诉求，而对于当地民众日常生活方式以及民俗民风等如何保育和活化等方面的深度参与，尚欠缺有效且有深度的认识。在莫干山村初步已经有了一些非经济文化类活动设置，多数也为单向度、自上而下的层级治理的产物，地方民众参与尤其是主动参与极其有限。

第三，有关新农村建设，不能离开人去讨论，一定要回到主体人这个立足点。

承前，关于莫干山村民宿群落化现象，需要充分观察的是：发展到目前，谁是那里的人口主体，是外来的所谓几日行旅游人口，还是有很多新迁入的本地农村人口？如果仅仅是发展成一个旅游度假区，只有少量的本地雇佣服务人员或者各地前来开店卖旅游产品（或所谓文创产品）的商业人士，这里实际上已经演变为一桩商业地块（尽管在土地性质和权属方面尚且模糊），其繁荣发展与否同新农村建设已经没有多大关系了。

既然如此，如何解释官方数据中农民增收类获益问题呢？有两个方面的地方改革举措可以参考：其一，需要结合德清县户籍改革去讨论。经公安部和浙江省授权，早在2013年，德清县已经率先在浙江全省建立起城乡统一户口登记制度，全县全部户籍人口统一登记为"浙江居民户口"。截至2016年底，与户籍相关的33项福利政策已全部实现城乡并轨。比如，原先仅面向"非农业户口"的公租房、廉租房、经济适用房等保障性住房，如今农民也可以申请了，而"城镇居民医保"和"新农合"并轨，同样增进了当地农民进城落户的意愿和能力;[①] 其二,源自 2011 年、正式启动于 2014 年、以农村土地"三确权"为标识之一的城乡一体化改革[②],使得农民固有权益得以保障的同时,还保留了原先一些属于农民的"特权",比如计生和征兵标准等。

按照官方数据,莫干山镇共有 3.1 万户籍人口,但实际上常住村内的村民数字非常有限,尤其是青壮年劳动力。对此判识,尽管尚没有确切的统计数据去证明,但通过我们近几年在莫干村落持续性的田野观察和访谈(从德清县技校毕业生到省内外高校毕业生)不难发现,自 2004/2005 年萌芽以来,莫干民宿产业尽管持续火爆,但依然阻挡不了村落内青壮年劳动力的陆续外流。青壮年村民不愿意留在村内生活的口径几乎一致,即就业和发展机会太少。一位来自以民宿闻名的 T 村村民告诉我们:

> 我今年 27 岁,(20)09 年就离村到县城工作了。现在自己买了辆车,与别人合伙跑运营,主要是为一些单位与旅行社提供租车业务……村里民宿是很火啊,但我们家地点太小。再说了,民宿也不是谁家都有人和钱去经营……村里没有什么机会,村里像我这样的年纪,可以说,能走的基本都出来了,留在村里做农活的基本都是 50 岁以上了。再说了,我们从小没有做过什么农活,也做不了,以后也不打算回山里了(20160512)。

另一名来自以民宿闻名的 H 村村民告诉我们:

> 我在杭州读的大学,(20)15 年本科毕业后就回到武康了(德清县

---

① 在初稿写作完成后,一则《光明日报》的报道或许也有参考价值:2016 年 8 月 20 日,第 3 版,《德清户籍制度改革 实现农村居民"带权进城"》。

② 该项改革是以"确权赋能"为核心,以确权颁证为基础,以交易流转为关键,以增收增效为目标,致力于探索"三权到人(户)、权随人(户)走"的农村综合产权制度改革。其中,"三个确权"指的是,实施农村土地(山林)承包经营权、宅基地用益物权以及集体资产股权三方面确权。"三个确权"农村产权制度改革遵循"明晰所有权、放活经营权、落实处置权、保障收益权"原则,尝试"把历史的资产变成现实的资本、把未来的收益变成现实的投资,以及将死产变活权、将活权生活钱"。

政府驻地）。村里的民宿好是好，但基本都是外地人在投资，他们有能力有资本，我们哪有那么多本钱。再说了，我大学所学专业和这类服务业也没什么关系，总不可能大学毕业后还回到村里给他们当服务员吧（民宿行业流行用语为"管家"，而不是一般常见称谓"服务员"）。在村里民宿从事这类行当的，我们当地人并不多，好像不少都是外地的高职毕业生吧（20160527）。

于是，在莫干村落，以农民身份获得民宿发展红利与当地青壮年劳动力持续迁到城市居住和工作，二者并不矛盾。一方面，农民增收是事实。这是因为，不论是原有房屋出租，还是地方土特产销售，或在地帮工等渠道，的确在某种程度上拉动了当地农民增收。但是，增收并不意味着莫干当地人口主体构成没有变化。另一方面，借助当地民宿发展而增收的农民，尤其是青壮年群体，迁居县城的越来越多。受益于德清地方诸项改革红利，这类青壮年劳动力基本已经不再是传统意义上依赖种地的"农民"了。

（三）如何"造人"，关于莫干"地域权型空间"构建的思量

总体而言，莫干山的空间结构呈现增长态势，这种增长既是市场作用下自我发展的结果，也是政府层面有意识控制约束的一种产物，一定程度上，还是地域性社会经济影响力下复合叠加作用的生产与产出，尽管最后一种力量尚微弱。

承前，所有的讨论首先要回到人的因素。10多年来，在莫干民宿兴起和发展过程中，人口发生了规模性的迁移。原有农业人口尤其是主要生产力人口已经大量离开，相继进入了德清城镇。莫干山村原主要劳动力人口与土地的关系也随之转化为他们与德清商品房和德清城市发展的关系。而莫干山区的土地逐渐更多地和资本发生了联系。随之而来，土地从原来农民最重要的生产资料变成资本的一部分。因此，在莫干山区谈论新农村建设，必须关注这两个主体的属性和关系，以及其中发生的转变，否则，仅从民宿繁荣的表象去讨论当地的新农村建设，无异于隔靴搔痒。

自改革开放以来，国内农村人口的社会结构已经由"浓缩固化"走向"弹性分延"。单就浙江而言，在浙北浙东这些经济发达地区，这类趋向更加明显。实际上，人口流动与经济机会二者相互影响，而非单一因果关系。在此之上，也将逐渐形成新的社会结构，例如，"城乡混合体型社区"开始生成。实际上，随着国内城镇化和工业化的持续推进，农村人口迁移进入城镇已经成为必然趋势，这在市场经济较为发达地区早已非常明显。而且，随着土地集约化和资本化的快速深入，实际服务于农业的人口已经快速减少并将继续减少，尤其是主要劳动力人口，而现有农村遗留的老年人口估计只是历史的最后遗留，而不能再形成任何新农村建设所需要的人际关系体系。在此过程中，如果能有效推进传统社会属性的农村人成长为新城镇人，在某种程度上，就是再造人。进而言之，农村人口进城成为"新农村人"只是"造人"的一个方面。另一方面，也是"造人"的核心，即在从熟人社会向陌生人社会转变的过程中，当原农村人迁移后，作为一个"新人"，其与城市社会的关系，与城市中其他人的关系，与城市社区其他人的关系，这一系列人与人的关系问题亟待重新建构。当然，其中，系列法律重建和社会保障体系的建立将成为外在的基础，可以为人提供安全感，可以构成足以为社会提供稳定基础的一个保证，也可以为此处"造人"核心的构建提供一个安全保障和一个可以切实落地的地方。概而言之，相较于"三农问题"解决路径的探索，莫干山区产业转型的一个理论意义为，其可能发展成为"主体人关系"的重新探索和构建的一个动力或者基础（例如，从"新农村人"到"新城镇人"）。

据此，顺延周其仁（2013、2014）"城乡中国"的概念，莫干山村镇这种由乡村人口迁移引发的"非传统农民工版本"的"乡土双重分离"现象，或可视为一种"城乡社会"的构建。其对应的经济社会结构，已不再是"乡土社会"就可以概括了。也可以说，依据莫干民宿产业现有的发展态势，莫干山区基本社会单位将来可能不再是以传统农村形式体现出来的村落，而是一种新型的城乡混合体型社区。[①] 比如，莫干山村落聚合体很可能发展为一种"半城半乡"的社区形态。就此，如借用刘守英（2016）的观点去概括，莫干山民宿群落化将促成此地村镇在整体上发展为一种"城乡驿

---

① 我们认为，这种城乡混合体型社区与一般意义上的"城中村"并非同一范畴。

站",而不再是传统乡村。进而言之,历史上,早期的村落之所以形成,除了耕作能限和安全防卫等需求外,基于(继承)土地细分的合作合群性也是一个重要需求。只是,在传统农业社会中,这种合作合群性更多体现为"差序格局",而在"半城半乡"型社区以及从"新农村人"向"新城镇人"过渡的过程中,合作合群性依赖于何种特质,尚有待于深入观察。

五 讨论与结论:莫干民宿现象对中国农村村镇经济社会重构的启示

所有以往的发展和生成皆可以构成现在的背景,如没有这些历史和发展背景,今天的反思和探讨就没有意义,也就不存在我们对未来的探索、发现和展望。经由对莫干山村民宿近十来年发展脉络的勾勒,可以见到,其多少折射出新时期城乡关系的相互影响与变动。关于莫干民宿现象对中国农村村镇经济社会重构的启示,本部分将从三个维度予以总结性阐释。

其一,人口迁移、农业转型与乡村形态演变。

在莫干山村民宿业十来年的发展过程中,在规模性资本相继介入的情形下,如果没有发生规模性人口迁移,那么,可以说资本在推动本地农村整体经济提升方面有着重要贡献。在这种情形下,资本与新农村建设有着更多关联。但截至目前的观察,这种证据并不充分。当然,在这期间,莫干基础人口的迁出并不见得与"洋家乐"类民宿产业发展有着多么大的直接关联,但二者至少在同一空间下同时发生了十来年。

在当代中国,中国农业和农村历史性的发展转型均起始于改革开放。其后,农民逐渐可以外出务工,不再被束缚于既有的土地之上。承此变迁,一般而言,国内农村的衰弱是工业化和城市化进程中的必然产物,其中包括以血缘和宗族为纽带的人际圈的渐次崩溃,以及村落人口持续外流导致基础人口的快速减少。因而,现有农村人口大量迁移到就近城镇乃至城市,将构成中国现代化过程中又一轮大规模的人口迁移。这需要非常严肃且专业的讨论,其既牵涉经济发展模式的变迁,同时牵涉最基础的问题,也即,人,这些农村人口如何成为城市社会的人,这一问题才更为关键。例如,何为"新农村人",他们刚刚离开土地,依然带有原来的历史性,而成为一个城市人时,一般是建立在他们自己原有的历史基础之上。因此,这些新迁出农村的人口已不再是原来的农村人，但也不是城市人，因为他们依然带着他们的历史，直到他们的第二代甚至第三代彻底脱离与原有村庄以及土地的联系时，并且建立起新的城市社区关系，那时才能成为具有城市社会属性的城市人。要推动"新农村人"在城市社区中重构人际关系，当然不是一朝一夕可以完成的事情。

就莫干民宿十来年发展过程中农村人口持续性迁出状况而言，原有农村人口迁入城镇后如何进一步实现经济、社会、文化、心理等方面的融入，而不只是户籍上的城镇化或住宅上的城镇化，这种挑战更具有探索价值。这是因为，传统意义上，中国农村人口基础的人际纽带以血缘和族群为核心基础。随着城镇化带来的人口规模性迁移，一个农村人迅速脱离了原有的社会体系和人际纽带。这一方面造成了农村居民原有的以血缘和族群为核心的人际纽带和社会关系的瓦解，成为单个的人。另一方面，人如果只是单个人，终将会迅速导致人的退化乃至异化等系列社会恶劣现象。据此，如果套用杜润生（2005）前些年的判识"中国最大的问题是农民问题"，那么可以说，在东部等市场经济较发达地区，一定意义上，无论哪个维度的城乡隔离，都已经很难继续行得通了。如今，中国经济社会发展的最大问题更可能是"农民如何融入城市"，即从农民到市民的全方位转换问题。

再者，在某种程度上，莫干民宿现象属于"前后冲击"之下的产出物。"前"指的是市场经济较发达的德清县早发的工业化与城镇化，"后"指的是因缘际会，德清莫干民宿迎合了转型经济特定的市场需求。参依莫干山村民宿产业现象，关于何谓农业及其转型发展，可能有了新的诠释。笔者的一个理解为，农业即"农村中的产业"。实际上，受当年陶孟和先生（2011）力倡的"新农业"乡村产业发展思路的影响，这几年，我们一直在倡导，跨界融合的综合性"乡村大农业产业观"才是新时期国内部分乡村地区"农业"的发展之道（李敢，2015）。

与此同时，莫干民宿群落化的例子也促使我们看到，在市场需求推动之下，在基本公共福利可以保障的条件下，只要不是被迫进城，应尊重和相信农民自己有理性选择。当特定乡村或村落集合体发展到不再成为传统乡村时，政策制定者没有必要一定为了"乡愁"类诉求，而硬性保留其传统乡村特质（如"乡土"和"以农为本"等）。

概而言之，从"地域权空间"构建之"造人"以及对应的农村人口迁出视角看待莫干山村民宿群落化对于当地乡村的影响，值得思量之处有很多，比如，农民与土地的关系，相应乡村产业的变化，以及这些迁移的人如何成为真正城市人。在一定意义上，莫干民宿群落化发展可能还昭示了"新三农问题"，也即，农业转型、农民迁出后的多维融入以及农村形态的发展变化。

其二，谁之乡愁，风水轮流转。

经由调研得知，在德清县，随着工业化和城镇化的发展，农民对土地依赖呈现越来越少的趋势。大约在 1999 年，德清在国内较早实施"土地流转"，当时主要集中于工商业相对发达的县城中东部，而西部莫干山地区相对滞后。多年后，土地流转在莫干山地区也逐渐开始流行，当地农民更多选择在附近城镇务工作为家庭收入的重要渠道而非留在村里务农。

关于莫干民宿的起源，从多方信息反馈看去，起初部分早期进驻者的确带有"乡愁"类情怀，说白了，其实就是城市人口对自然乡村的某种向往。不过，随着资本的不断介入，尤其是外来大规模资本的强势介入，原先以农业为主的莫干山村开始变成休闲产业资本的游戏场，而同期发生的农村人口的快速规模性迁移，则直接促使莫干民宿产生了性质上的重大转换。当然，这种乡村产业转型也许仅为局限于德清县一地的特定现象。

继而，在这样一种当地农村人口迁移与外来资本介入同期并发的情形下，在推动本地农村整体经济提升方面，讨论莫干民宿现象对新农村建设的启示，或许不如落实到讨论在这场双重变迁过程中，城乡之间信息和资源的转换，也即，与其说莫干民宿现象代表了新乡村建设的一种成功，不如说它更多体现了在德清这类经济较发达县域，其城镇化的深入发展与实现路径的多样性。不过，这一次不是经由老套的城市向农村圈地开始，而是倒转方向，在市场需求推动下，在莫干乡村旅游度假休闲区形成过程中，从乡村到城市的一次"逆向"而来的人口就地城镇化。如果一定要说莫干民宿群落化现象及其可能结果对于"三农问题"的解决具有怎样的借鉴意义，那么，它更多体现于某种城乡边界的"自发重新组合"。只不过，其中可能存在两个指向：就外来旅游消费者而言，它是"城市包围农村"；就莫干山村村民而言，则是"农村包围城市"。

因此，就莫干山村民宿业持续升温现象而言，一定程度上，其已经不再是"原汁原味"式新农村建设的主战场了，更多体现为一种特定的城乡融合模式。

当然，不同于一些地方的被动城镇化，比如，"农民被上楼"现象，在德清，更多体现了主动性。这是因为，原本对土地依赖已经渐渐降低的莫干山村农民借力此次民宿热潮获得了相应的补偿资金，再加上德清县在此之前已经完成的以农村综合产权制度改革为指向的"新土改"，以及公共服务与户籍脱钩改革的便利，此番莫干农民进城潮只不过是当地多年前已开始工业化的深入推进罢了。随着基础性人口的持续迁移，莫干山村原有土地的功能已发生某种重大转变，即从一产农业到三产高端服务业的转变。为此，就德清当地城乡融合与城镇化而言，莫干山村这一轮人口迁移与资本介入的交互作用在一定程度上，可能有助于英格尔斯所言的"人的现代化"在德清的升级，有助于"从传统人到现代人"的转变（英格尔斯，1985，1992）。

其三，乡村工业化之外的新型城镇化"推进模式"。

20世纪八九十年代以来（包括昙花一现的乡镇集体企业时期），在浙江一度兴起以"块状经济"为标识的乡村工业化带动城镇化路径，其在取得巨大成绩的同时，相应的弊端也比较明显，例如"村村像乡镇、镇镇像村庄"（辜胜阻、李永周，2000），而莫干民宿群落化现象则可能提供了另外一种版本的城镇化。

如前，在方兴未艾的民宿潮中，各类外来资本对莫干山村全部空间及其生活生产的侵蚀乃至操控把持，势将难以避免。进而言之，相较于上一轮浙江等地农村工业化衍生的"城不城、村不村"的经济社会问题，如今在莫干山村落，商业化的"民宿潮"可能蜕化为新时期新版本的"非城非乡"，一种未必悲观的新型社区。可以说，接下来，如果一切运转顺利，莫干山村落在整体上有可能演变为一个以长三角中产阶层及以上人群及其家庭为主要消费对象的休闲度假园区，也即，有可能实现"山区非农化"，打破传统上将山区与农业相联系的固化认识。当然，这种现象需要辩证看待，而非简单地否定或肯定。

因此，一方面，应当看到，在外来力量推拉之下，一定程度上，莫干山村民宿群落化是一个有本地农民共同参与、共同创建的三产项目。另一方面，也应看到，截至目前，它是一个由外来人员主导设计，本地农民逐利跟随的项目。就前者而言，农民的参与主要停留于经济层面的诉求，例如租房、土特产出售、在地务工以及有样学样模仿开店等。就后者而言，它意味着今日乡村建设过程中某种主体性缺失或者变迁。总体而言，这个项目对中国农村村镇重构的意义在于，可能开启了工业化路径之外的城镇化道路，也即，以休闲旅游产业片区式开发方式丰富了"城镇化推进模式"（李强等，2012）。易言之，莫干民宿群落化开启了一种由第三产业拉动的城镇化。当然，这并非意味莫干山村人口这类相对主动式的城镇化就没有问题，尽管城镇化的核心是人的城镇化，但人的城镇化的内涵非常丰富，户籍融入之外，其他配套制度融入与（作为城市居民）人的主体性融入更为重要。

至于莫干民宿业的最终发展情况，尚有待于顶层设计与决策方能最终落地，才可能知道其最终结果，其中直接牵涉民宿产业土地属性及其关联开发利用权属的配置，而这一难题不可能在当下马上给出答案。

第二节　村镇建设"双重产业集群化何以成为可能"：再论"钢琴之乡"[①]

承本章总论部分阐释，本节将以"钢琴之乡"30 年（1984—2014 年）的演变历程为线索，以"软硬双重产业集群合力化"为分析路径，[②] 尝试给出一个基于个案的理论性解释。实际上，"钢琴之乡"的发展演变与"钢琴之村"（东衡村）和"钢琴音乐小镇"（其范围不局限于东衡村）的建设发展，难以截然分开。此案例对于本书"小镇大村"分析概念的提出具有重要的启示意义。

---

① 本节主体内容已经发表，参阅：李敢，2015，《另辟蹊径的城镇化——基于浙江"钢琴之乡"双重产业集群化路径的案例研究》，《北京社会科学》第 9 期。

② 就"钢琴之乡"的基本经济结构而言，如果说钢琴（文化）产业是一种"软文化产业"，那么木业产业则是一种"硬经济产业"。

一 双重产业集群合力化: 一个分析概念

党的十八大以来, 新型城镇化议题逐渐成为各级政府政策研究者、制定者、决策者以及社会科学研究工作者所关注的一个热点话题。不过, 究竟何为"新型城镇化"及其对应的机制原理与功能运作特征迄今为止并无定论, 不论是理论层面还是实务层面, 都尚处于研究讨论过程之中。当然, 不同学科研究者可以从不同角度对这一复杂的经济社会现象加以阐述诠释。

至于这一议题在本研究中的具体取向, 笔者基于在"钢琴之乡"长时期的田野调查 (深入访谈实地观察以及统计数据和图表档案等资料素材的整理分析), 同时借助于文化产业集群研究以及产业集群之浙江本土化类型——"条形块状经济"相关研究成果的一些理论思路和分析概念, 尝试从"软硬双重产业集群化合力化"路径的角度去构建一个综合性的解释框架。进而言之, 从"钢琴之乡"30 年城镇化实践去观察, 可以见到, 其城镇化是一个内生性过程, 其中既有自发性, 也有市场性。而且, "钢琴之乡"的文化产业集群与其"条形块状经济"的发生发展具有一定的相关性。在文化产业集群与"条形块状经济"相互作用和相互支持下, 形成了"钢琴之乡"的产业支撑和人口支撑, 推进了其自身产业体系的发展和丰富, 进而促进了地方城乡之间人口和生产要素的流动和重组, 为其城镇化提供了产业支持, 并在很大程度上影响了该地区城乡一体化的发展轨迹。

当然, 关于城镇化与产业发展关联, 其间涉及诸多机制, 例如, 在城镇化发展过程中, 集群的存在是城镇化发展的重要内动力 (仇保兴, 2004), "小城镇围绕主导产业发展产业链, 培育和促进各具特色的产业集群发展, 打造'一镇一品'、'一镇一业'格局, 增强了县域经济的活力" (仇保兴, 2012)。再如, "发展小城镇的推动力是产业行为, 城镇化建设应当与产业发展相结合" (白建国、梁红岩, 2005)。产业集群有利于城镇化过程中产业竞争力的提升 (邵念荣、欧晓明, 2009)。同样, 城镇化对于产业集群竞争力的提升也有贡献 (苑卫卫, 2014)。另外, 冯健等人 (2007) 从地理科学角度提出多层次城镇化分析概念, 主要从不同空间层次构建视角去解释转型期城镇化的特质和发展动力。蔡翼飞等人 (2014) 从劳动经济学角度, 以量化研究的方式发现，农民工市民化补偿成本的大小是影响城镇化最关键的约束性因素。倪鹏飞（2013）从城市经济学角度指出，除了物理扩张之外，城镇化还包括产业结构的转变、人口职业的转变、空间形态的变化，以及人类社会的组织方式、生产方式和生活方式的变化，等等，不一而足。因而，"软硬双重产业集群合力化"这一分析概念的提出，只是其中一种可能性的解释。笔者以为，这一经济社会学分析视角的引入，将有助于从双重产业集群发展和城镇化动态演变过程如何相关联的角度去认识这一机制的作用和影响。

进而言之，源自行文分析概念与对应理论思路诠释的清晰化，关于文化产业集群与条形块状经济相互作用合力化这一分析路径的具体阐释，首先，本节将对两类产业集群定义及其在城镇化过程中的社会效应展开简要的文献梳理；其次，结合"钢琴之乡"30 年城镇化发展历程，探讨"在地化"（Localization）情形下两类集群的融合共生及其在这一特定合力作用下所呈现的"新型城镇化"的可能实现路径。本节行文的可能贡献在于，集中探讨了貌似处于两个天地的"软硬产业集群"在城镇化过程中如何发生、融合、形成合力，以及这种合力作用在新型城镇化建设过程中所生成的社会影响和社会结果。

（一）文化产业集群及其在城镇化过程中所造就的社会效应

在英文文献中，文化产业集群①这一术语，多表述为创意产业集群（Creative Industry Clusters or Creative Industries Cluster）。例如，在一篇名为"是创

---

① 因研究取向的差异性，国内关于文化产业集群定义和功能的论述也很多，例如，刘蔚（2007）认为"文化产业集群是以国际大都市为集聚点，以柔性的生产组织网络为生产模式，并嵌入到突破公司界线的个人关系网络中的集群网络"。周国梁（2010）从外部经济效应、创新效应以及交易成本降低效应三方面对文化产业集群的定义进行了界定，认为文化产业集群研究包括文化产业集群研究、文化产业区位研究、文化产业园区研究以及文化城市研究。张钰（2013）认为，文化产业集群是融合协调竞争机制、学习创新机制、支撑保障机制的动力系统。齐骥（2013）认为，"文化产业集群作为文化产业的空间组织形态和产业集聚的战略形态，是基于产业空间组织的研究命题"。李敢和刘米娜（2014）认为，作为一种基于嵌入性网络互动的"经济的社会建构"，文化产业集群是集群的特例，具有集群的一般特征，但也具有一般工业产业集群欠缺的可以同时面向经济发展、文化参与和社会融合相协调共生的特质（例如观念价值和社会意义的创制），等等，不一而足。

意产业集群吗？——绘制西班牙和意大利的创意区域生产体系"的论文中，Lazzeretti 等（2008）即将"文化产业集群"基本等同于"创意产业集群"。只不过，前者多属于传统型集群，例如出版、音乐、艺术表演等；后者多与技术创新有关联，例如研发、信息通信技术服务和广告等。若论在地方经济发展中的功用，任何一种集群都嵌入于当地特定的经济社会结构，并就意大利和西班牙两国情形进行了比较分析。其中，"在地化模式"（Localization Patterns）的差异性值得重视。不过，一定程度上，在国际学界较早也较有影响地论述"创意产业及其集群化"现象的代表人物，一般公认为是哈佛大学政治经济学教授 Caves。Caves 关于"创意产业契约论"以及创意经济是文化经济的演化的观点，已经被广为引用。Caves（2000）还认为，尽管文化产业和创意产业在内涵和外延上并不完全一致，但在很多时候还是被视为同义词。

当然，论述创意产业集群及其与城市发展之间关系的文献也有很多。例如，伦敦发展署（LDA，2005）认为，在促进城市发展方面，创意产业集群具有文化和商业目标的二重性。在实地调研基础之上，Bagwell（2008）发现，伦敦郊区六处创意产业集群对于促进伦敦经济发展和社会融入（Social inclusion）起到了积极功用。Scott（2006）认为，创意产业及其集聚化发展多与城市化现象（Urban phenomenon）相伴随，是影响城市发展和成长的一项重要因素。关于创意产业及其集聚化与城市化（Urbanization）之间的关联性，Trullen 和 Boix（2008）持有与 Scott 类似的观点。

从中国语境去论述，截至目前，国内学术界关于文化产业集群与城镇化关系的探讨已经有了一些，但总体而言仍较少。例如，罗瑜斌（2010）认为，在城镇化过程中，就历史文化村镇保护而言，采取以文养文的文化产业集群策略有助于平衡当地社会经济发展与历史文化遗产保护之间的张力。冯奎（2012）认为，文化产业集群在城镇化过程中的发展有利于就业吸纳能力的增强。张贺等人（2014）认为，文化产业集群与城镇化发展也呈现双向关系，一方面，城镇化为文化产业的发展提供了契机，开启了文化产业的新机遇；另一方面，文化产业在推动城镇化建设上，也发挥了促进就业和产业结构调整以及提升产业地整体形象和软实力等功用。

163

尽管对文化产业集群概念的界定及其社会功能的发挥尚未有定论，但在文化经济大发展的新形势下，如何有效培育文化产业集群，已成为区域和地方层面公共政策的重要组成部分。[①] 而且，在城市发展成长过程中，文化产业集群具有促进经济发展、增进城市综合竞争力等重要功用，也渐渐成为一种公共政策共识。

（二）"条形块状经济"及其在城镇化过程中所造就的社会效应

"条形块状经济"也被称为"块状经济"，其社会化分工和市场化程度通常都较高，属于区域产业组织形态的一个特定类别，是区域性特色经济的一种特殊表现，既具有集群的集中性和专业化等特征，也具有明显的地方特色，一般处于产业集群发展的初级阶段。

如同产业集群在广东经济本土化发展过程中多体现为"专业镇"的形式，产业集群于浙江经济本土化发展过程中则多体现为"条形块状经济"形式。首先，从产业构成角度而言，"条形块状经济"在浙江的具体表现形式可谓多种多样。例如，湖州市织里的童装、温州市平阳县萧江的塑编、杭州市桐庐县分水的制笔、宁波市慈溪周巷的副食品、绍兴市诸暨山下湖的珍珠、绍兴市诸暨大唐的制袜业、嘉兴市桐乡濮院的羊毛衫、温州市乐清柳市的低压电器、温州市乐清虹桥的电子元件、温州市瑞安塘下的汽摩配，温州市苍南县钱库的箱包业、丽水市缙云县壶镇的带锯机床，等等，不一而足。其中，部分产业的地理集中度和区域分工水平及市场竞争力在全国都处于遥遥领先位置。再例如，在"就地就近城镇化"探索方面（潘海生、曹小锋，2010），浙江已经确立了43个"小城市培育试点镇"规划名单，很多试点地区都是依赖各镇既有"条形块状经济"的发展而奠定基础并展开细化实施。[②] 例如，五金工具螺丝刀全球最大生产地——杭州建德乾谭镇、"中国伞城"——绍兴上虞区崧厦镇、"中国蚕茧之乡"——湖州南浔区练市镇、全国最大指甲钳和锁具生产基地——嘉兴海宁长安镇、全国最大的手电筒生

---

① 在浙江，若论以县域文化产业集群推动区域经济发展的典型地区，当首推金华市下辖的东阳市（县级市）。东阳市下辖的横店镇以影视文化产业集群远近闻名。此外，东阳市还拥有国内规模最大的木雕红木家具产业集群。

② 《浙江省政府办公厅关于公布小城市培育试点扩围名单的通知》，浙政办发〔2014〕43号。

产基地和牡蛎之乡——宁波宁海县西店镇,等等,不一而足。这些"小城市试点镇"一般既有产业支撑,也有人口和基础公共服务的支撑。在浙江城镇化建设发展规划中,这些镇级"小城市"将依据各自条件,分别致力于工贸特色城市、宜居品质新城等特色各异的小城镇的营建,进一步发挥它们在浙江经济社会发展方面的带动辐射功能。

其次,从浙江经济发展实践去观察,"条形块状经济"是浙江优势产业和县域经济的主要支撑力,分布于浙江95%以上的县市区,其中,约有1/3县市区的块状经济产值可以达到其全部工业总产值的50%~60%,且总体呈现增长趋势,区块规模逐年扩大。"目前,浙江省已形成年销售收入10亿元以上的区块经济312个,年销售收入100亿元以上区块经济72个。"具有较强地方特色的"条形块状经济"已经成长为浙江产业经济的重要组织形态,也是改革开放以来浙江得以长时期在全国保持经济较快发展的一件"利器",称其为浙江经济发展立下了"汗马功劳"并不为过。

最后,对浙江整体发展而言,"条形块状经济"的影响当然不局限于经济层面,它们也极大地促进了当地社会的发展变化。例如,在城镇化的推动方面,在一定程度上可以说,"条形块状经济"是浙江城镇化过程中的特有景象;反过来,浙江城镇化也是"条形块状经济"作用力之下的城镇化,正在形成一种基于特色块状经济的城镇化格局。例如,上述提及的各个特色产业镇与"小城市培育试点镇"。这方面调查和研究的成果都已较多,例如,邵峰(1999)的实地调研表明,在浙江,具有比较优势的区域块状经济推进了农村的城镇化进程。陈光金(2003)的研究表明,块状经济奠定了浙江城镇化的产业基础,承担起了推动经济发展和社会发展的双重使命。唐根年等人(2003)的研究表明,"区域块状经济的形成和发展,为面广量大的中小企业构筑了一种有效的地域空间模式,对于促进浙江市场的繁荣、农村工业化、城镇化发展具有十分重要的作用"。徐维祥和唐根年(2004)的实证研究与量化分析表明,块状经济已经成为浙江农村工业化和城镇化发展的有效驱动力。浙江省经信委副主任吴家曦(2011)认为,浙江块状经济对推进城镇化的作用主要表现在:一是为农村人口转移提供了有效载体;二是促进了地方二、三产业发展,为城镇化发展提供了有力的经济支撑;三是促进地方基础设施的共建共享，产业集群的成长推动了城镇化发展。全国人大财经委员会委员吕薇经过实地调研认为，"在浙江，一个镇甚至一个乡都有一个产业集群，比如纽扣镇、拉链镇等，这种以块状经济为特色的产业集群较好地推动了浙江的城镇化发展"（转引自王萍，2013）。

综上，在一定程度上，浙江"条形块状经济"的兴起及其在经济社会发展方面所取得的成就，对当地城镇化的发展有着举足轻重的功用，并为其进一步的城镇化建设铺垫了前进的道路。如果说当初块状经济的兴起催生了其城镇化，则块状经济的转型升级（如提升产业价值链位置、制造和服务功能共提升，以及从单一化产业走向多元化产业等），也将带动其城镇化发展的转型升级。

二 "钢琴之乡"的发展路径：一个案例研究（1984—2014）

在中国浙江北部的一个乡镇，多年来令人难以置信地存在着基本完整的钢琴产业链，这在世界乐器史上可能也可算作一个"奇迹"了。2014 年是浙江"钢琴之乡"洛舍镇从事钢琴生产的 30 周年。如今，钢琴制造业[①]已经发展为洛舍镇的重要特色产业之一，成长为一种别具风格的区域性文化产业。在钢琴产业发展期间，更是兴起了与之有关的木业产业，继而，钢琴生产和木材加工成为洛舍镇的经济支柱。多年来，这两类产业对全镇整体工业总产值的贡献率达到 60% ~80%。以下行文将经由对洛舍镇在钢琴产业集群和木业产业集群形成及影响之下 30 年（1984—2014）的城镇化演变历程的刻绘，展现其特有的"软硬双重产业集群化合力作用下的城镇化实践"。

（一）"不可思议"与"农民钢琴"：洛舍镇钢琴产业集群的形成历程

"钢琴之乡"洛舍镇镇域面积 47.32 平方公里，位于杭嘉湖平原西部，距上海 200 公里，距杭州 60 公里，距著名避暑胜地莫干山 27 公里。其实，洛舍镇原本是一个典型的江南农业小镇，在 1984 年以前，它和钢琴行业毫无瓜葛。后来有机会"跃龙门"得以参与堪称高雅艺术行业的钢琴生产，

---

① 参照国家统计局《文化产业及相关产业分类（2012）》标准，钢琴生产属于第二大类"文化相关产品生产"名目下第九层"文化用品生产"之西乐器制造，国民经济行业代码为 2422。

源于 30 年前一出"偶然性事件"。该事件继而引发了改革开放后国内人事制度改革的一场大争辩。这场争辩还曾一度引起中央级别领导的关注。在一定意义上，这场人事改革争辩撬开了改革开放后中国人才流动改革的第一关，也开启了全国人才自由流动的先河。

关于这一段事关改革开放早期国内人事改革的轶事趣闻，以及洛舍镇从事钢琴生产 30 年（1984—2014）不平凡历程之间的关联，按照县宣传部文创办、洛舍镇镇政府多名官员、县钢琴行业协会负责人、部分钢琴企业负责人的口头介绍和其他关联性文字与音视频资料介绍，兹梳理如下。

1. 1984—1994，农民造钢琴：筚路蓝缕几多艰辛

（20 世纪）80 年代前期，洛舍农民开始造钢琴，这意味着自改革开放后，洛舍镇真正步入现代化的产业经济时代（访谈记录，LZR20140326）。

改革开放之后，如同全国一样，浙北小镇洛舍开始兴起探寻脱贫致富之路，当地乡村剩余劳动力更是积极探索发展工业品之路，凭借浙商文化的经商传统以及对当时文化用品市场的初级调研与敏锐把握，洛舍镇一部分有远见的村民看好了钢琴行业。但是，农民和钢琴，一个当时几乎纯粹是依赖自然条件过日子的务农群体，另一个则号称乐器之王，其生产制造过程中涉及 300 多道工序和 8000 多个配件，两个看起来天悬地隔的概念如何凝聚为一体，的确有些不可思议。在这个过程中，洛舍镇钢琴企业也是产业奠基人、木匠出身的王惠林做出了开辟性贡献，在他的带领之下，钢琴制造业开始在洛舍镇生根发芽，事情的来龙去脉大致如下。

1984 年，时任当地玻璃厂厂长的王惠林到上海出差，无意中见到人们凭票抢购钢琴的场面，尽管之前从未见过钢琴，但出于木匠的职业敏感，36 岁的王惠林觉得这是一个不错的商机，因为他们当时也正在积极筹划可以增加农民收入的乡镇企业项目。王惠林出差回来后，经过准备，一份关于钢琴生产的报告递送到县委领导班子，经过讨论，钢琴生产项目获得批准。创业之初，倍加艰难，属于典型"三无"状况，即无技术（人员）、无设备、无

资源，尤其是技术人员最缺，这是因为，对这些农民来说，钢琴完全是全新事物，需要突破的第一个关卡就是技术人员问题。经过多方筹措，王惠林等人与上海钢琴厂四名技术人员取得了联系，暂时以"星期天工程师"的方式获得了片段性的技术支持，但这无疑是杯水车薪，无益于当地钢琴产业的长远发展。其后，经过大胆运作，洛舍镇承诺给予丰厚待遇（提供住房，每人月薪300元，安家费1万元，当时上海技工的月薪一般为70~80元），上海钢琴厂这四名技术人员（包悦新、何水潮、郑文标和陈宝福）经过权衡，毅然在1985年1月21日采取"先斩后奏"方式从上海辞职来到洛舍镇全职工作。

人事风波接踵而至。先是1985年1月23日上海钢琴厂保卫科气势汹汹到浙江德清"抓人"（未遂）事件，后又有沪浙媒体（文汇报和浙江日报）关于国企人员流动权的大争辩，乃至上升到政治意味颇浓的"资社"之争，进而发展为当时国内一桩轰动性的新闻事件，最后在1985年4月下旬，由中央高层领导对该事件进行定调："提倡人才流动，方向是正确的"以及"人才流动利大于弊，应该坚持"。随后，沪浙两地人才流动的口舌之争方不了了之。该人才争夺事件之所以在当时如此轰动，主要是因为在20世纪80年代初中期，国内人才流动机制尚未启动，如欲实现"不同级别"跨省市的人事调动，基本上属于天方夜谭。在这种情形下，浙北一个偏僻小镇的乡办企业居然从大上海的国有企业"挖走"了他们的技术骨干人才，这在某种程度上，几乎被视为一种"挖社会主义墙脚"的"忤逆"行为。

在上述人才流动风波的前后，1984年报批，1985年初通过，洛舍镇首家钢琴厂——湖州钢琴厂获准成立（在当时，这也是全国第五家钢琴生产企业，全国第一家从事钢琴生产的乡办集体企业）。1985年10月底，4台样品钢琴出产，之后，历经近3年时间的专业人才引进和生产技术培训（如当时选调高中生到上海音乐学院学习调音技艺），以及钢琴零配件采置配备等准备工作，到1988年，历史上第一架由乡镇企业生产的钢琴——"伯牙"牌121－A和131－A型立式钢琴正式出产，并邀请了南京艺术学院和上海音乐学院的老师进行了试奏把关。接着，顺利通过了由浙江省科学技术委员会执行的品质鉴定。在运作的初中期，湖州钢琴厂年产钢琴 500 多架，职工 270 多人，主要经营方式为传统的"国营特色"，即"全面性"——码克（音源）、击弦机、外壳、挂弦、油漆等关涉钢琴生产的各道工序，基本都是自主完成，从而在技术、设备和管理等方面为当地日后钢琴产业的发展奠定了相应基础。

2.1994—2002，乡镇企业改革转制：同源异流，钢琴企业群形成

到了 1994 年，受全国企业转制大环境影响，浙江省企业改制工作也渐渐展开，部分乡镇企业陆续转为私人承包经营。与此同时，不论是在技术培训方面，还是在设备配置方面，当时"麻雀虽小五脏俱全"式钢琴生产体系构建者的湖州钢琴厂，经过七八年的发展，业已受制于多重限制性因素，其经营出现严重困难，终而转制为一家私人企业（湖州华谱钢琴有限公司），而未加入新企业的湖州钢琴厂原有管理人员、技术人员、营销人员，这时候也开始各显神通自立门户，多数人选择了自主创业，且行业多与钢琴生产和销售有关联。例如，继华谱之外，杰士德、海尔、中德利等钢琴企业也纷纷诞生。于是，在洛舍镇，由早先一家钢琴厂即湖州钢琴厂，散枝开厂为多家钢琴企业，加上后来非"湖钢系"人员新创的钢琴企业，到 2002 年前后，洛舍镇已有 25 家钢琴生产企业，大中小规模兼具，当年钢琴产量为 8700 架，总产值为 4420 万元，同时，全国性营销网络得以基本建立，并开始少量出口。

3.2002 年至今，左冲右突，成长之痛：打造别具风格的钢琴产业集群

步入 21 世纪以来，就洛舍镇钢琴生产而言，一方面，公司化、规模化生产经营格局已经基本形成，钢琴行业整体上正以年均 15% ~ 17% 的速度增长，产业发展开始呈现集群化发展态势；另一方面，与国内国际同行相比，随着钢琴生产量化的增加，洛舍镇钢琴生产也出现了企业品牌缺失、同质化、恶性价格竞争、人才培养不济等不良态势。在这期间，有两件事使得洛舍镇钢琴生产企业开始转变观念，认识到抱团合力、共铸区域品牌的重要性。一是，在镇政府的推动之下，2010 年，"洛舍钢琴"集体商标得以成功注册；二是，在 2012 年，洛舍镇 6 家钢琴企业首次组团，集体亮相参加全

球三大乐器展之一的德国法兰克福国际乐器展,[①] 凭借价格、品质、设计等特质, 齐心合力共同奏响了"中国琴乡"的乐声, 规模效应初显, 成功地为"洛舍钢琴"进一步走入国际主流音乐市场开辟了道路。

如今, 洛舍镇已经成长为长三角地区最大的钢琴制造中心。生产企业数量为 46 家 (算上作坊式个体户则为 69 家), 在全国钢琴企业中大致占据了 1/3。年产钢琴 4 万 ~ 5 万架, 大约占全国钢琴总产量的 1/8。目前还开发出钢琴自动演奏系统, 另有钢琴行业技术中心 1 家。钢琴产业总资产突破 2.5 亿元, 年产值 4 亿 ~ 5 亿元, 从业人员 2000 多人, 其中专业技术人员 200 多人 (含外国特聘专家, 如"克拉维克"首席钢琴调律师、韩裔钢琴专家李炳男、美国钢琴企业专家詹姆士·阿乐吉等), 钢琴行业从业人员的人均月工资为 4500 ~ 5500 元, 在当地属于较高收入群体。

在洛舍镇, 钢琴企业已经构筑成为一种"新型条形块状经济", 区域型文化制造产业集群初步已基本形成, 块状产业质量有所提升, 专业化协作配套体系业已基本形成。除了年产千台以上的 11 家大型钢琴企业之外, 镇域内还有大量以生产钢琴外壳及相关零部件为主的小型企业, 它们主要为规模型钢琴制造企业提供零部件。较为完整的钢琴生产产业链在洛舍镇已经初步形成, 例如, 一台钢琴一般包含有琴壳、琴盖、击弦机、榔头、键盘、音源、音板等 8000 多个零部件, 其中 85% 左右的零部件, 可以在洛舍镇当地采购到。再例如, 国内钢琴名企"珠江钢琴厂"和奥地利钢琴名企"克拉维克钢琴厂"已经陆续将它们的部分生产基地转移到洛舍镇, 它们注重的就是当地所具有的相对完整的钢琴生产制造与加工组装产业链。

概而言之, 在生产上, 洛舍镇也正从原先中低端实用型钢琴向中高端艺

---

① 实际上, 法兰克福国际乐器展上的抱团出击策略为当地政产界的集体结晶, 意在矫正洛舍钢琴企业在过往外向拓展过程中"各自为战、单打独斗"甚至"散兵游勇"的弊端。在推动钢琴产业发展过程中, 德清县钢琴行业协会发挥了积极功用。德清县钢琴行业协会于 2002 年 11 月 16 ~ 18 日第二届钢琴文化节上正式成立, 当时聘请了香港钢琴演奏名家、香港钢琴协会会长蔡崇力先生为协会理事会首席顾问, 洛舍镇分管工业发展工作的副镇长任协会秘书长, 洛舍镇党委书记为首任会长。协会致力于帮助协调钢琴企业发展的一些管理工作。例如, 钢琴行业方针政策宣讲与改革发展战略制定、钢琴行业发展状况调查等。三个主要钢琴生产企业负责人则担任副会长, 负责具体实际事务的运作, 如钢琴质检和鉴评等。

术型、高科技型钢琴发展，已经可以生产大型舞台用高等级演奏钢琴。在企业品牌上，拥有"乐韵""格莱美""克拉维克""威腾""瓦格纳""杰士德""洛德莱斯""海尔""华谱""拉奥特"等一批省市著名商标和企业（但国内和国际知名度以及产品附加值均不高，产品深度开发局促乏力）。在营销上，基本已经建立起相对完善的市场营销网络，除国内市场之外，50%以上的产品（经由中间商，实际上多数为代工方式）出口到欧洲、澳大利亚、中东、东南亚等 20 多个国家和地区。

综上，在一定意义上可以说，"洛舍钢琴"的崛起是国内文化用品制造业早期发展的一个代表——适应市场需要、大胆尝试、勇于开拓，而洛舍钢琴产业现今发展面临的困境，也是国内文化用品产业在发展过程中常遇到的通病。例如，产品品牌缺失情形下的同质化竞争，集群协作程度较低，行业工会尚未能有效发挥作用，等等。基于洛舍镇钢琴产业链构建的实际情形，问题解决的思路可以从两个方面展开：一是继续抱团合力，优势互补，共铸区域品牌，走区域品牌构建之下配套分工专精化与市场定位差异化/错位化相结合的路径，促进集群化协作程度提升，用品牌化集群换市场；二是借力于国家大力发展文化产业的政策东风，努力推进洛舍钢琴产业集群由单一生产制造型集群向"文化服务型集群"的转变，渐进实现从钢琴产品生产到钢琴文化打造、由钢琴工业化运营模式到钢琴文化产业化运营模式的转变，将其培育塑造为区域性特色文化产业集群。致力于将乐器产业和音乐文化、音乐教育相结合的"钢琴音乐谷"（"钢琴特色小镇"）项目的启动，正是这样一个好兆头。

（二）"无中生有"与"木尽其才"：从钢琴产业集群到木业条形块状经济

除了钢琴生产这一支柱型产业之外，在"钢琴之乡"洛舍镇，另一大支柱型产业为木料加工业，确切而言为木皮生产制造。如前所述，自全国第一家从事钢琴生产的乡镇企业——湖州钢琴厂在洛舍镇诞生后，洛舍镇还开启了"在无木之乡开创了木业大业"的创举。

洛舍镇的木业产业也开始于 20 世纪 80 年代，一定程度上直接受益于钢琴产业的发展。这是因为，自 1984 年钢琴生产在该镇开启了工业化进程之后，当时需要采购大量原木原料用于钢琴生产，并且，在钢琴生产过程中也产生了不少边角废料。如果将这些边角料径直丢弃，非常可惜。出于对这些木材木料的充分利用，以及对当时木料市场需求的敏锐把握，木制品加工企业在当地开始三三两两地出现。到了1992年，未来的国内木业行业"大鳄"德华集团的前身——浙江德华装饰材料有限公司成立，① "企业投产当年便实现销售收入2200万元，完成税利150万元"。之后，在德华集团的出色运作及其产业辐射带动下，洛舍镇的木业产业发展迅速。自20世纪末以来，洛舍镇木皮生产规模逐渐扩大，木皮产量占据全国的80%（2008年数据）。目前，洛舍镇已经成为"全国木皮第一大生产基地"，并在2008年荣获由中国木材流通协会授予的"中国木皮之乡"称号，其木皮市场也已经被列入浙江省级重点服务业项目。如今，洛舍镇的木皮年产值超20亿元，现有各类木皮生产加工和经营销售等相关企业300多家，其中木皮生产企业150多家。在这些木皮企业里面，日均生产能力达30万平方米、年产值千万元以上的木皮生产企业有10多家，在这些木业企业之中，家庭工业、中小型企业和龙头企业共同构建了较为合理的分工布局，衔接组合能力较好，形成了较为完善的产业配套体系，基本实现了相互协作和共同发展。

概而言之，就木业生产加工而言，洛舍镇木皮产业业已初步成功实现了集群化发展，专业分工协作强、区域特色明显。在洛舍镇木业工业园区，完整的产业链基本已形成，产品也渐趋于节能环保型与现代科技型，木皮档次与质量也逐步提高。在浙江省内年销售收入超过10亿元的82家"条形块状经济"群落中，洛舍镇木业产业集群已经具有一定的经济社会地位和影响力。

---

① 德华集团董事长丁鸿敏与木材和钢琴一直都有缘，其本人出身木匠行业。1989至1992年，丁鸿敏临危受命，担任湖州钢琴厂厂长。1992年，邓小平"南方视察讲话"后，出于对钢琴生产重要原材料——人造板市场需求的敏锐把握，丁鸿敏开始另立山头，成立德华装饰材料有限公司。2001年11月，德华集团投资建立德清县德乐钢琴有限公司。2004年1月，德华集团再投资1.5亿元，与全国最大的钢琴生产企业——广州珠江钢琴集团有限公司合资设立珠江德华钢琴有限公司。2005年5月10日，德华兔宝宝装饰新材股份有限公司在深圳证券交易所正式挂牌上市，发行社会流通股4200万股，募集资金近2亿元，成为中国贴面板行业的首家上市企业。

（三）"钢琴之乡"与"木业重镇"：双重产业集群统合路径下的城镇化建设

1. 钢琴产业和木业产业之间的循环经济效应

经由以上对洛舍镇 30 年（1984—2014）产业演变历程的概要描绘，约略可以见到，自 20 世纪 80 年代之后，在洛舍镇，存在着一幅由木匠群体辛勤劳作所演绎的城镇化图景，这幅城镇化图景同时也是洛舍镇自身市场化和工业化过程的展示，无论是钢琴产业还是木业产业，都离不开他们奋发有为的身影。而且，钢琴产业和木业产业一直有着千丝万缕的关系，不少企业至今都是两个产业都经营，例如，上市企业德华集团、凯诚木业有限公司（主营木业兼营钢琴），以及华谱钢琴制造有限公司（主营钢琴兼营木业），如此等等，不一而足。

综前所述，近年来，洛舍镇经济发展较为迅速，逐步形成了以钢琴生产和木材加工为主的经济发展格局，这两大产业之和常年占据该镇经济总量的 60% ~ 80%。受益于钢琴生产和木材加工这两大支柱型产业，洛舍镇如今被外界誉为"木业重镇、钢琴之乡"，而且，"钢琴之乡"和"木业重镇"之间已经构成了一种互补关系。钢琴生产制造需要批量优质木材，洛舍镇作为木业重镇，300 多家木业企业在这方面予以了有力支持，这在一定程度上有助于钢琴生产企业用料运输成本的降低。与此同时，"木业产业也随着钢琴业发展而发展"，但在品牌建设方面，木业产业最值得钢琴产业去学习效仿（访谈记录，TZZ20140526），因而，在洛舍镇，木材资源综合利用率相对较高，具有一定的循环经济效益。

2. 两大产业循环经济效应之下的城镇化建设

（1）洛舍镇城镇化建设概况

事实上，在步入现代化产业经济时代之前，洛舍镇一直是相对落后的地区，主要经济来源就是"靠天吃饭"的传统农业生产。在 20 世纪 80 年代前，洛舍镇基本没有什么像样的公路，而随着 30 年双重产业及其集群化发展道路的开辟和延展，将洛舍镇变化称为"翻天覆地"也许并不为过。近年来，在"美丽乡村"与"和美家园"等项目工程的支持下，"钢琴之乡"的城镇化和新农村建设互促共进，城乡一体化水平逐渐提升。以镇村面貌改进为例，在"十一五"期间，洛舍镇村规划不断完善，一方面，陆续完善"公交、供水、污水处理、垃圾处理"四个一体化建设；另一方面，大力转变农村住房布局，推进"中心村"建设，促进农村居住形态向城镇化转变。2009年被评为全国环境优美乡镇和省级卫生镇。再例如，在增进农民收入方面，2006—2010年，农民人均纯收入从8450元增长到16660元，年均增长14%。在医疗保健方面，投资了700多万元用于新建镇卫生院，后被评为浙江省农村中心集镇示范卫生院。在教育投入方面，先后投入了400万元，建成中心学校学生公寓，并对教学楼、食堂、教师宿舍进行了加固和装修，洛舍中心学校被评为浙江省"九年一贯制"示范学校和湖州市教育现代化学校，洛舍中心幼儿园被评为湖州市示范幼儿园，如此等等，不一而足。

如今，总人口1.8万的洛舍镇，居民存款已经超过20亿元，基本上算是藏富于民之地，其中，户籍人口人均GDP 8759美元，常住人口人均GDP 6043美元。2006年，洛舍镇财政总收入8345万元；2007年，洛舍镇财政总收入9596万元；2008年镇财政总收入达到1.07亿元；2009年，洛舍镇财政总收入1.23亿元；2010年镇财政总收入达到1.32亿元；2011年镇财政总收入达到1.51亿元；2012年，镇工业总产值为126亿元，增长23.5%，税利6.3亿元，增长21.1%，财政总收入1.73亿元，同比增长20.81%，农民人均纯收入18962元，增长14%。2013年，镇工农业生产总值为140亿元，同比增长8.5%，财政总收入2.1亿元，同比增长20.4%，农民人均纯收入20690元，同比增长11%。[①] 与全国和浙江同类型城镇相比较，洛舍镇已经属于经济较发达地区。

（2）洛舍镇的钢琴文化

在城镇化建设过程中，洛舍镇在钢琴文化氛围营造方面，无论是日常生活维度，还是产业发展维度，均颇有可圈可点之处，以日常生活的钢琴文化氛围营造为例。

到其他乡镇田边，听到的可能是蛙声，但到我们镇的田边，听到的

---

① 以上两段所涉数据由洛舍镇工业发展办公室提供，具体使用时有所整理。

可能是琴声……我们镇学钢琴的人很多，尤其是小孩子，学习气氛不错，拿过很多奖……民风也很不错，读书看报的很多，到下面走一走，很少见到其他乡镇村舍常见的那种麻将扑克啪啦啪啦声音的情形（访谈记录，SLC20140419）。

而在钢琴文化产业化方面，生产制造和销售钢琴之余，洛舍镇还依托既有钢琴产业能量，发挥该产业潜在优势，注重钢琴产业和钢琴文化之间的互相融合与互促共进。如今，将钢琴产业作为文化产业去运作，以钢琴文化带动产业前进，也已经成为洛舍镇众多钢琴生产企业的一个共识。[①] 例如，2011年，浙江省第一个"乡村音乐厅"建立，此为洛舍乐韵钢琴公司与国际品牌克拉维克钢琴公司（奥地利）合作共赢的产出物之一。再例如，在钢琴文化推广和钢琴艺术普及方面，从2001年开始，洛舍镇已举办了7届钢琴文化节，力求在实现"以节兴业"的同时实现"以节扬名"，在提升所产钢琴文化品位的基础之上，推动当地钢琴制造和钢琴文化的持续发展。系列钢琴文化节的成功举办，对于提升"钢琴之乡"的知名度，以及加快洛舍镇钢琴产业的发展也起到了很好的推广促进作用。

关于钢琴产业和钢琴文化融合共生这一点，当地钢琴行业协会会长告诉我们：

钢琴这个产业不能光靠硬件比拼，与其他行业很不同，钢琴本身就是一种很有文化内涵的行业，虽说生产和销售很重要，但发展起钢琴文化才能更好拉动钢琴产业的发展（访谈记录，ZSL20140319）。

在洛舍镇工作20多年的工办主任明确告诉我们：

---

① 在访谈中，从公务员到企业主多有如此见解，这类认识可能也来自一些钢琴文化推广活动实践。例如，刘诗昆、朗朗等钢琴界名流与洛舍钢琴之间的联袂活动。结缘上海世博会，由盲人音乐家孙岩演奏的洛舍钢琴，最后被拍卖出990万元高价，以及奥地利茜茜公主王宫收藏有洛舍钢琴，这类事件都制造了洛舍钢琴文化的卖点。此外，2007年，中央电视台曾拍摄专题片《琴乡》；其后，由来自美国16所主流大学的教授、学者组成的美国商学院访华团曾连续两年前来洛舍镇考察，并将考察成果作为案例编入MBA通用教材。

钢琴产业的意义不在于 GDP 方面的做大，钢琴起到的是名片作用，更多是精神上的满足，假若只谈 GDP，还是木业强大，普通木业企业一年收入 30 万~40 万元为家常便饭，而本地优等钢琴企业年收入一般也不过 50 万元左右（访谈记录，ZZR20140412）。

继而，在 2012 年，在相关部门的支持配合之下，洛舍镇钢琴文化产业园（又名"中国钢琴音乐谷"）已经被列为浙江省文化产业发展"122"工程 20 个重点培育的文化产业园区名录之一，① 该园区将致力打造一个集钢琴研发设计与制造、钢琴艺术活动策划、钢琴展览与销售、钢琴培训和演出，以及钢琴音乐出版发行等项目于一体的钢琴文化产业基地，而且，园区具体运营将结合洛舍镇境内面积达 2000 多亩、碧波荡漾的洛舍漾一道开发休闲娱乐产业。截至目前，作为钢琴音乐谷子项目，已经投资 300 多万元、建筑面积达 950 平方米，旨在展示洛舍钢琴产业和钢琴文化的县钢琴文化馆也已于 2012 年 6 月开馆，该馆为融合钢琴展示、钢琴才艺演奏，以及会议举办等诸多功能于一身的钢琴文化综合体。再如，举办了"快乐音符–钢琴圆梦行动"之类的文化活动，而由当地钢琴企业出资设立的德清县钢琴普及奖励基金也同时成立，用于培养更多优秀的钢琴人才。

以上关于（钢琴）文化产业发展促进社会风习的改善，且有助于达致经济功能之外社会教育功能实现的调研认知，也可以从英国城市规划学者 Young（2006）关于城市文化产业发展的经济与社会兼容性阐释，以及英国文创研究学者暨规划师兰德利（2009：11）关于文化产业开发有助于探索社会发展新价值转向等阐释中，找到相应的理论支撑。例如，文化产业对城市发展的意义不仅在于文化经济的 GDP 增值，除了产业增值的定位与开拓之外，还要有文化品位的定位与提升，文化刺激经济发展的背后是服务于城市自我认同与自信的铸造，如立足于城市活力、开放及宽容等理念价值的提升与拓展。

---

① 浙宣〔2012〕55 号。

概而言之, 如今, "钢琴之乡" 与 "木业重镇" 已经成为洛舍镇的两张名片。[①] "品牌强镇" 已经成为洛舍镇进一步发展壮大的核心共识, 而追求经济发展的健康稳定、基础设施功能的日臻完善、生态环境的美丽和谐、民众生活的安定祥和, 则成为这种核心共识的具体奋斗目标。

图 5-1 "钢琴之乡" 新貌 ("钢琴村" 东衡村)

资料来源: 作者于 2014 年 4 月实景拍摄。

三 进一步讨论: 双重产业集群统合发展路径及其典型性意义[②]

综上, 关于 "软硬双重产业集群" 融合共生及其与城镇化的关系, 或可以概括为集群化助推了产业转型, 合力化促进了经济与社会共发展, 在经济富民的同时, 有助于促进育民和乐民社会协同效应的实现。

从 "钢琴之乡" 30 年城镇化演变历程去观察, 其城镇化道路有着明显的浙江区域经济 "印记", 融合了产业基础、市场力量、文化传承和区位优势。因而, 在关联产业集聚、公共服务功能集成、要素空间集聚和集约化等

---

① (1) 我们注意到, 在洛舍镇公务员队伍中, 其个人名片背面均印有 "钢琴之乡" "木业重镇" 字样。而且, 在交谈过程中, 镇公务人员大都会 "有意无意" 地突出这两大产业, 而各类关于镇情镇况材料的封底封面, 也多印有这两大品牌标识。(2) 到 2015 年底, 洛舍已拥有行业标志性品牌 1 个、中国名牌 2 个、中国驰名商标 2 个、省市名牌 11 个、省市著名商标 8 个。其中, 行业标志性品牌在湖州市开创先例, 中国名牌占了全县总数的一半, 省市名牌分别占全县的 15.8% 和 24.2%。而且, 除了 "中国木皮之乡" 授牌之外, "洛舍钢琴" 被认定为省级文化产业示范基地。另外, "浙江省钢琴专业商标品牌基地" 也已经成功授牌。现在, 努力争创品牌已成为洛舍镇新老企业的发展共识。

② 就浙江实践而言, 关于在地化的 "软硬产业集群" (文化产业集群和实体产业集群) 及其相互作用之下的社会影响 (如基于乡镇工业化之上的城镇化), 除了浙北 "钢琴之乡", 还有浙中 "东方好莱坞" ——东阳市横店镇这一典型案例, 以及台州临海的东塍镇作为全国最大的节日灯产业基地。

方面都有可圈可点之处。例如，钢琴和木业这两大类产业集群的成长和发展，直接关联着"钢琴之乡"自身发展的进度和规模。

当然，总体而言，"钢琴之乡"的城镇化道路也是一个以内生性经济为基础的市场化、专业化的演变过程，也即，其城镇化路径所呈现的特征，依然是一个"以市场化带动农村工业化与城镇化，以专业化市场为基础的专业镇模式"（许经勇，2007）。其中，既有工业化对城镇化的引领互动，也有城镇化对新农村建设的引领互动，此二者反之亦然，而这一切均源自改革开放后，在地方化资源禀赋约束之下，农村经济工业化的启动运转。

继而，在一定程度上可以说，在特定的经济社会发展阶段，在历史偶然因素和市场生产要素集聚的共同推动之下，从起初的农村工业化起步，是钢琴（文化）产业集群与木业条形块状经济这两大类产业集群的形成发展及融合共生奠定了"钢琴之乡"的城镇化之路。这一切均根植于当地具体的经济社会文化发展结构，其中，有以特色产业为依托的专业市场的功用，有以生产专业化分工为特色的中小企业的功用，也有以地域文化和社会网络相交织为特征的人文环境的影响。这种内生型城镇化的第一要诀在于，"钢琴之乡"有内生型产业支撑，即特色产业集群，易言之，如果没有钢琴和木业这两大类产业集群的发生发展，也就没有了其城镇化。

进而言之，在促进产业和城镇融合发展的基础之上，以钢琴文化产业和条形木业块状经济共生为特色的产业集群合力，在浙北德清形成了自己鲜明的城镇化发展道路。在此之前，尽管单一型产业集群对城镇化也有很大的推动作用，但是其弊端也比较明显，例如"村村像乡镇、镇镇像村庄"（辜胜阻、李永周，2000）。相较而言，从"钢琴之乡"城镇化实例去考察，就双重产业集群合力化对城镇化的促进作用及其所产生的社会效应而言，"软性文化产业集群"与"硬性条形块状经济"的融合共生可以起到互补的作用，这种共生功用既推进了"钢琴之乡"自身经济发展规模和城镇化进度，也促进了"钢琴之乡"品牌效应的扩散，有助于当地二元经济结构隔阂的消除和城乡一体化的推动。更进一步说，此二者的合力不仅有利于城镇化指标体系中市镇政府财政收入能力、城镇化率、人均 GDP、人均可支配收入、医保覆盖率和医疗床位供给率等经济和民生指标的构建，有利于城市人均道路铺装长度、生活垃圾无害化处理率等基础设施和环境指标的构建,还有利于文化教育、民风移易等人文指标的构建(见上文的数据信息)。当然,"钢琴之乡"的城镇化发展还有许多不足之处,例如,未来可以"更注重产业结构的提升、生产生活方式的转变和基本公共服务的覆盖"。

概而言之,在"钢琴之乡"洛舍镇,如果说钢琴产业是一种"软文化产业",那么木业产业则是一种"硬经济产业"。洛舍镇钢琴产业集群30年的发展轨迹,以及期间木业产业集群的兴起,在一定程度上印证了该镇所经历的经济社会变迁。在这期间,文化产业集群与条形块状经济基本可以相互促进和共存共荣,并由此构建了一条以两类产业集群合力化为特征的城镇化路径,或可以视为中国城镇化"推进模式"(李强等,2012)的一种新体现。在某种程度上,开辟了"就地就近城镇化"的新路径,即"钢琴之乡"开启了一条颇有浙江区域经济特色的城镇化之路,其中,产城融合、文教有序、城乡联动等都是其城镇化特质所在,有望成长为浙江城镇体系的有机组成部分,这种探索不仅对国内当下建制镇的农村经济转型具有一定的启示意义,而且可以为我国新型城镇化建设提供一定的经验和借鉴。例如,城镇化需要因地制宜、分门别类、力求特色,从各地各种实际情形出发(如自然条件、区位优势、资源禀赋、产业基础、竞争优势、社会文化底蕴等),选用不同的发展策略,走自己的城镇化路径,促进多层次、多样化和差异化发展,这也在一定程度上验证了"内源性的城镇化更具生命力"这一命题的有效性。因而,有效认识新型城镇化实现路径的一个理论视角,或当为致力于其具体演变过程和机制的观察和分析。

四 结论

立足于解释基于地域性经济社会发展实际情形之上的新型城镇化实现路径的探索,本节尝试提出了一个分析性路径,将双重产业集群合力化作为认识和解读该议题的一个着眼点,关注两类不同类型产业集群相互影响之下的城镇化变迁以及期间的内生性变化特质。其用意在于,尝试以个案研究法对小城镇发展建设的动态过程及其参与者展开一幅较为细致的描绘,并对其中的相关分析概念加以阐释与运用。

经由对"钢琴之乡"30年城镇化演变历程的案例分析，可以见到，特定形态的城镇化路径一般总是镶嵌于相应的经济社会结构之内。不同地域不同类型城镇化的路径实现受制于它们特定的历史背景和初始条件，以及相应的动态变化机制，换言之，新型城镇化研究当着眼于全国各地具体的城乡一体化建设实践及其在实践中表现出的运作特质，并尝试对这些实际现象予以归纳总结和分析解释，其中的研究重心不妨着力于回答"何以如此、因应之理"这一类问题。于是，"双重产业集群合力化"大概可以成为解释浙江"钢琴之乡"城镇化现象的一个有用的分析概念和理论思路。

当然，关于新型城镇化及其之上城乡一体化路径实现的探讨，应当注意到，它们可能的轨迹和方向演变均受制于参与其中的多重力量及其相互作用的影响，需要在动态的实践过程中去认识各类因素的角色扮演、互动和功能发挥。有鉴于此，本节的理论分析仅立足于经济发展相对富裕的浙北德清县的实地考察，且只是从"双重产业集群合力化"这一特定角度去分析讨论新型城镇化问题。因此，本研究所涉的分析解释的局限性可能也比较明显。"双重产业集群合力化"这一概念所描述的城镇化路径适用范围及其代表性，可能存在不少值得商榷之处。也许，发生于洛舍镇的这一经济社会现象只是转型时代城镇化实现路径中的一类特例，属于转型经济中一个特定表现形式，因而具有进一步调研和理论探讨的空间。比如，理论前提假设[1]与实证资料依据的发展验证和修订更正等方面，均存在可以进一步延展的可能性。再如，除却正面性社会影响之外，[2]"双重产业集群合力化"对城镇化进程未来可能造成的制约后果也值得深入探讨。对于这种产业集群合力作用

---

[1] 本节的假定主要基于经济社会学视野之下经济的社会功能和社会后果的探讨，具体而言，即"软硬双重产业集群合力化"对（小城镇）城镇化及其城乡一体化的影响。

[2] 浙江省经信委副主任吴家曦（2014）表示，浙江各地的块状经济仍然存在着产业层次低、规模小、组织结构散、自主创新能力弱的低端化锁定问题。制约浙江块状经济转型升级的关键就在于中心镇的城市化建设相对滞后，难以吸引支撑现代产业集群发展所需的高端要素资源。吴家曦表示，发达国家小城市建设的经验也表明，通过加快小城市建设、推进城乡均衡发展战略，使得高端要素不断流入小城市，从而在小城市内形成并发展出较多的创意产业、现代装备制造业和服务外包产业，小城市成为现代产业集群发展的空间依托，"浙江要加快推进小城市建设，通过城市建设来不断完善城市功能并提升城市级别，吸引并集聚人才、物流、金融、信息、创业环境、生产性服务业等高端要素资源，从而支撑并助推现代产业集群的发展"。

之下城镇化可能的发展轨迹及其具体演变过程，也值得进一步跟踪调研和分析探讨。

一言以蔽之，关于"小镇大村"及其之上新型城镇化及城乡一体化实现路径的走向，尽管本章节的阐释并未能提出一个具体的理论模型和因果机制，但努力尝试提出了"双重产业集群合力化"这样一种分析理路和解释逻辑，以期借此引起业内方家的兴趣和关注，提出更具分析力度的理论思路或分析框架，从而有助于进一步推动相关理论与实证研究的深化发展。

第三节　小结

就新时期乡村新产业新业态的变化而言，燎原村（庾村）为后起之秀，主攻中高端乡村休闲旅游产业；东衡村则依托于其所在地既有的"钢琴之乡"兼"木业重镇"产业集聚化发展的基础，同时借国家大力发展文化产业政策东风，逐渐从偏向制造业的钢琴生产，转向到兼顾钢琴文化产业的培育和发展。结合莫干山镇燎原村和洛舍镇东衡村两类地域村镇发展建设的实践，本书提出"小镇大村"这一概念予以概括。具体而言，除了前文论及从"特色产业村"发展为"特色产业小镇"的莫干山村镇之外，在第五章，本书还以"钢琴之村"东衡村与"钢琴之乡"洛舍镇发展为例，对"小镇大村"分析概念的适用性予以进一步阐释说明：在多维转型时代，关于"小镇大村"这一可能是重大经济社会现象的动因和功能的诠释，需要与不同情景之下具体实践相契合，也需要以符合实践的理论模式和研究视角去考察不同类型"村镇化"模式之可能实现路径，正所谓有效的分析力度往往存在于合宜的分析框架之中。例如，以钢琴文化产业集群和"条形块状经济"混合共生为特征的"钢琴音乐特色小镇"发展实践，以及由此带来的社会影响和意义，均颇值得深入调研发掘，以更好地探索"乡村振兴"与"新型城镇化"之间如何实现有机衔接。

回到本书的核心问题"乡村活力何以维系和提升"，第五章从经验和理论两个层面再度予以了回顾与拓展，并在对"地域权型空间"和"双重产业集群化"之下地方发展路径探讨的基础之上（即从实践逻辑和实践过程相统合的"实践空间"角度）提炼出"小镇大村"这一分析概念，倡导从"小村"到"大村"的联合发展，亦可称之为"联村（成片）发展"模式，继而还可以尝试从"大村"到"小镇"的联袂共进。这是有鉴于"大村"和"小镇"从属于同一个地域振兴的共同体。在这个过程中，无论是燎原（庾村）一类莫干山村的变迁，还是"钢琴之乡（村）"的变迁，均或多或少地体现出"地域活化"分析视野之下"村庄转型和产业升级"的可能实现路径，其中既有不错的成绩，也存有亟待克服的问题。

当然，至于"小镇大村"这一分析概念对"乡村活力何以维系和提升"主题的适用性，尚有待学界和实践的批评和检验。

第六章　新时代乡村建设的变革
道路与演变趋势

相较以往表述，中共十九大报告关于"三农"问题阐释的一大亮点在于，将此三者视作一个整体，且以"实施乡村振兴战略"加以突出，超越了之前对"农业现代化"的单一性强调。作为十九大报告所提的七大战略之一，"乡村振兴战略"直接关系到"复兴之路和强国之梦"的实现。为此，既要"坚持农业农村优先发展"，也要"建立健全城乡融合发展体制机制和政策体系"。关于"乡村何以振兴"的讨论也随之蔚然成风。实际上，在此之前，中共十八届三中全会以来，涉及多项试点的农村土地制度改革已经相继启动，例如，（农村承包土地的经营权和农民住房财产权）"两权"抵押融资和（家庭承包土地的所有权、承包权、经营权）"三权分置"。再例如，2015年初启动持续至今的"三块地"改革（农村土地征收、集体经营性建设用地入市、宅基地制度）等。这类举措都意味着深化农村土地制度改革的议题再次在全国得到了强调。"乡村振兴"国家战略的提出，实为承前启后之举，标志着全面深化农村改革任务将持续向前推进。

与此同时，为进一步促进农村一二三产业融合发展和农村深化改革，鉴于"我国农村改革是从调整农民和土地的关系开启的，新形势下深化农村改革，主线仍然是处理好农民与土地的关系"，而专门性的农村土地改革已经有了许多专题讨论，因此，在"实施乡村振兴战略"的过程中，探讨"土地＋土地上的产业＋土地上的人"三位一体式改革的可行性，自然也可成为应有之义。

本章将从三个方面对此展开铺陈论述：其一，改革开放 40 周年农地问题的总体性回顾；其二，结合案例对"三位一体"式分析思路进行再阐释；其三，基于传承人地关系地域系统（包括城乡融合体、乡村综合体、村镇有机体、居业协同体等子系统），以乡村空间优化重构思路去统领新时代城乡融合和乡村振兴（刘彦随，2018），对乡村振兴理论及其运用展开跨学科探讨，尤其是对"柔性"的社会学与"硬性"的乡村地理学、乡村规划何以联袂共进做出一点尝试性阐述，具体而言，主要体现在关于"地域活化"理论视角与"乡村振兴"建设实践何以相融合的关联阐释。

第一节 农村土地资源配置逻辑的演变：基于农地产权变革史视角（1978—2018）①

作为新中国成立后一大施政措施，1950 年，《中华人民共和国土地改革法》颁布，同年秋至 1953 年的土改运动瓦解了原有的"封建土地所有制"。1958 年，"大跃进"和人民公社化运动全面展开，农村土地由私有转为公有（即"土地去私化"）。1978 年，在全国经济社会发展接近临界点的情形下，安徽凤阳县小岗生产队率先启动了土地承包责任制改革，后来，小岗村也因此得到"包产到户第一村"的美誉。1978 年 12 月中共十一届三中全会召开，中国改革开放事业也随之正式启动。

改革开放以来，以农村土地②问题为中心的"三农"议题长期居于"中

---

① 本节主体内容已经发表，参阅：李敢、徐建牛，2018，《改革开放四十年来我国农村土地产权变革的制度逻辑——一个资源配置效率与公平的分析视角》，《社会发展研究》第 2 期。

② 关于国内土地分类的两点说明：其一，按照土地所有制划分，中国全部土地为公有制，且一分为二，即国有土地和集体土地分属于两种不同的权利体系。其中，集体土地又包括集体建设用地、农用地和未利用地；而农用地指的是用于农业生产的土地，包括耕地、园地、林地、牧草地、其他农用地等。至于集体建设用地，又叫乡（镇）村建设用地或农村集体土地建设用地，是指乡（镇）村集体经济组织和农村个人投资或集资，进行各项非农业建设所使用的土地。集体建设用地分为三大类：宅基地、公益性公共设施用地和经营性用地；其二，按照用途划分，农村集体土地在当前土地要素市场上主要有两类形态，一是农用地，对应农地经营权流转市场（建设兵团类国有农用地另当别论）；二是建设用地，在"农村集体经营性建设用地入市"试点被正式允许之前，一般需要经由征收转为国有土地，走招拍挂流程，进而演变为时下流行的地产市场的重要构成成分。

央一号文件"的高度，其重要性自不待言。同时，也正因为"农民问题即土地问题"这一命题判断的长久性（杜润生，1998），在一定意义上，中国农村土地产权（简称为"农地产权"）问题的核心可概括为"人和土地的关系"，这种关系主要经由国家制定的农村土地制度予以体现，其政策设计往往立足于两大核心，一是土地使用权问题，二是农户（种植户）对土地使用的预期信念和土地资源合理配置问题，这也是因为，有鉴于中国实践，"关于农地产权政策的设计，更多限定于土地使用制度安排"（张红宇，1998）。

在新时代，回眸中共十八大以来中国农村社会的诸种变迁，农村发展已经到了一个向现代化转型的关键时期，需要更加关注新产业新业态的培育（何宇鹏，2017），在城乡一体化背景下，对农村土地要素盘活的探索无疑是一个先锋方向。

进而言之，农村土地问题主要体现于国家与农村的土地分权问题。实际上，尽管农地制度与农地产权制度的内涵并不完全一致，但农地制度安排的困境的确长期受困于农地产权制度的清晰性和稳定性。比如，在政策层面，1978 年以来，中国政府出台的农地产权政策一直聚焦于农地使用和经营方式的规范化（张红宇，1998）。同时，按照产权经济学的诠释，农地产权也属于一种产权集合体，同样可称为"权利束"。而按照既有法律法规，在所有权方面，中国农村土地为集体所有（如通常而言的"三级所有、队为基础"），此处不做细化探讨。如无特别说明，本节所讨论的农地产权问题，[①]主要锁定于农村土地使用制度的产权问题，且此处的农地产权一般指所有权之外，基于用益物权之上的使用权，[②] 主要面向"土地承包经营权"或"土地承包权和土地经营权"，以及与之对应的权能结构，如经营、收益、流转、入股、转让、出租、抵押等。

因而，本节的研究问题为，经由对农地产权 40 年变革史的刻绘（1978—

---

① 此处农地产权分析的一个参考点在于，设定在威廉姆森制度分析之"治理结构层次上的农地产权安排"，或将有助于认识农地产权"有意的制度模糊"设计背后的基础性制度约束（Ho，2008；黄砺，2016）。

② 参依 2007 年《中华人民共和国物权法》，农村土地承包经营权为用益物权。至于新的"三权分置"之下"土地经营权"的法律定位，目前有争辩，尚未最后定性。

2018)，着力于农地使用制度安排逻辑演变及其机制机理的探讨，比如，其间的国家控制机制和市场调节机制何以平衡，乡村经济活动和乡村人口迁移之间出现了怎样的变化，村镇经济秩序和社会结构何以塑造，在此基础之上新的城乡关系何以重构，以及农地制度改革的可能趋向与挑战等。

一　农地产权改革的历史轨迹（1978—2018 年）

当然，关于农村土地配置问题，存在着不同的认识。至于如何解决，涉及的却是观察角度和问题性质的定位。而且，不同的理论视角也将推导出不同的可检验性命题和结论，这些都很正常。尽管在理论层面，在农地资源配置过程中，一方面当注重提升经济效率，另一方面当促进社会公正。但是，在实践层面，有鉴于关涉农地资源配置的制度安排及其修正是一个复杂的动态的因果过程，而且，关于制度收益最大化的评判标准也不同。比如，在不同地区和不同的经济发展阶段，关于农村土地使用制度安排及其收益的衡量，有不同的评价标准。对此理论和实践的衔接问题，本节将循沿"土地 + 土地上的人 + 土地上的产业"分析思路，对 40 年农地产权变迁历程展开进一步的理论对话。这是因为，中国的农村改革和发展向来聚焦于"三农"，而"三农"的重心则在于以土地为中心，同时关注"土地上的人"和"土地上的产业"的发展转向。

本部分将主要采取文献梳理方式予以阐释，为有效服务于研究主旨，拟从四个阶段对近 40 年的改革历程做出相应的剖析解读，同时，每一时间段均辅有划分依据的简要说明。

（一）1978—1992 年，"家庭承包"换新颜

1. 时间段划分依据

显而易见，在这一时期，最重要的农地使用制度创新为家庭联产承包责任制的出现和逐步完善，其特质为农地所有权和使用权在新中国成立后首次得以分离。其实，在改革开放前几年，农民和土地的关系整体上只是实现了从人民公社脱离出来，走向"包产到户"和"包干到户"，从而推进联产承包制从"产量的承包"向"地产的承包"的转换，"农户以对国家和社区预定义务的承担，换取了事实上的土地经营权"（周其仁、刘守英，1988）。

及至 1982—1986 年，新中国历史上首批"中央一号文件"相继出台，在肯定家庭承包制合法性的同时，也说明当时农业农村发展遇到的问题和得到的重视。[①] 1989 年政治风波发生后，国内多项发展一时有趋于凝滞化的态势，这种局面的改变始于邓小平同志 1992 年的南方谈话。

2. 理论研究维度和特质

具体到农村发展领域这一时期的农地研究，整体上，依然是围绕土地家庭承包制而展开，包括其变革之上农村改革的合理性或不足之处的论辩。例如，作为"家庭联产承包责任制"术语的提出者和对应政策实践的主要倡导和推动者之一，杜润生（1998、1999）亲力亲为，相继写下了不少关于承包理论的篇章。陆学艺则是先见证和总结了"农业发展的黄金时代"（陆学艺，1983），接着对家庭联产承包责任制进行了细致研究（陆学艺，1986）。在杜润生先生指导下，周其仁和刘守英（1988）则围绕"湄潭经验"的提出，进行了系列论证，依据"湄潭经验"总结提炼出的"增人不增地　减人不减地"做法，作为稳定家庭联产承包制的重要举措，后被中央推广到全国。此外，基于广州案例，吴传明（1992）对家庭联产承包责任制实施后，集体经济纯收入如何公平分配问题进行了探讨。蔡继明（1992）也指出，家庭承包制的推行尽管功能巨大，但土地的人均分配和零碎分割造成的负面影响也很明显，他认为，未来农村土地使用制度改革的目标模式是土地租赁制的建立和运营。张红宇（1992）认为，1978—1990 年，中国农村经济发展之所以能进入新中国成立后最佳发展时期，最大受益之处在于乡村系列改革，尤其是基于以土地家庭经营为核心的联产承包责任制的确立和运行。另外，就一些英文文献而言，尽管观点上存有争议，但关于"家庭联产承包责任制"对改革开放后中国经济增长的促进作用，均有所论证和认可（Lin，1992；Ling & Jiang，1993；Dong，1996；Hu，1997；Krusekopf，2002）。

当然，对这一期间包括土地在内的农村发展存在的问题，学者业已有所

---

①　按照杜润生先生（1998）的说法，1982 年至 1986 年，连续 5 年每年中央的"一号文件"都是谈农业问题：1982 年，正式承认包产到户的合法性；1983 年，放活农村工商业；1984 年，疏通流通渠道，以竞争促农村发展；1985 年，调整产业结构，取消统购统销；1986 年，增加农业投入，调整工农城乡关系。

关注，例如，出于对粮食安全的忧虑，陆学艺于 1986 年指出"农业面临比较严峻的形势"，接着在 1989 年提出了较为系统性的"三农"研究议题，产生了全国性的学术和实践影响。何东霞（1992）基于广东的发展实践，指出了土地家庭承包制的不足和局限，主张按照现代产权规范进一步改革既有农村土地使用制度。许庆等（2008）指出，受制于家庭联产承包责任制这一制度安排，从 20 世纪 80 年代中期开始，农村内部的收入不平等开始呈现加剧态势。

概而言之，大概是因为改革开放之初百废待兴的缘故，相对而言，在这一时间段，国内关于农地使用制度研究的文献并不是很丰富。例如，知网显示，这期间共有 421 篇论文，其中，核心期刊仅占据 5% 左右。而"包产到户的浮沉录"（徐勇，1998）则是其中一条书写及论辩的主线。至于其他书写线索，间或涉及倡导以实现规模经营为要旨的土地股份制、以土地有偿使用为内容的土地租赁制、以增加土地投入为标志的国有土地永佃制等内容（康云海，1992）。

（二）1992—2005 年，"土地流转"应时而生

1. 时间段划分依据

邓小平南方谈话后，中国开始进入大规模工商业化时代，市场经济快速发展，对土地需求的激增随即成为发展的题中应有之义。"土地流转"主要是这期间衍生出的一个新事物。不过，一定意义上，"土地流转"是一个颇具中国特色的术语，[①] 也是一个语义含混的术语。"土地流转"之"土地"，主要指的是农用地（土地承包经营权流转），但也兼顾集体建设用地和宅基地。不同政策实践、不同文献讲述的"土地流转"，其内涵可能相近，也可能相距很远。[②] 限于篇幅和主旨，本书仅讨论农用地使用权的流转。

---

① 在政策话语层面，"土地流转"源自"土地承包经营权的流转"这一表述，参阅农业部《关于稳定和改善土地承包关系的意见》（1994）、《国务院批转农业部〈关于稳定和完善土地承包关系的意见〉的通知》，国发〔1995〕7 号。

② 2004 年，国务院颁布《关于深化改革严格土地管理的决定》，其中关于"农民集体所有建设用地使用权可以依法流转"的规定，强调"在符合规划的前提下，村庄、集镇、建制镇中的农民集体所有建设用地使用权可以依法流转"。2005 年 10 月 1 日，《广东省集体建设用地使用权流转管理办法》正式施行。其后，2006 年国土资源部发布 52 号文（《关于坚持依法依规管理节约集约用地支持社会主义新农村建设的通知》）提出集体非农建设用地使用权流转试点。近似对广东等地的试验予以默认。

截至目前，"土地流转"在全国范围内依然继续推进，当然，不同地方土地流转交易的发展程度或增速有高有低。[①] 不过，工商产业的快速发展也导致了农业在国民经济比重中的迅速下降，如在 2004 年，农业税在全国财政总收入占比低于 1%，不久，农业税被宣布取消。[②] 及至 2004 年和 2005 年，"土地流转"也终于在国家政策层面上得到正式确认。[③]

2. 理论研究维度和特质

一方面，1992 年至 2005 年，中国经济增长成效非常明显，年均 GDP 增长率为 10.25%。[④] 在取得成绩的同时，也付出了相应代价，农村发展在这一期间呈现较为明显的弱化态势。例如，2000 年，李昌平"上书"总理事件，一时轰动海内外，而《黄河边的中国》则提供了一幅 20 世纪 90 年代中后期内地乡村发展困境的翔实素描（曹锦清，2013）。另一方面，在土地利用方面也是问题多多。诸如"土地财政"（1994）、"耕地占补平衡"（1998）、"土地置换"（1999、2000）、"土地增减挂钩"（2004）等相继浮现。[⑤] 相关争议也很多，如"耕地占补平衡"实施中，往往出现"占优补庸"，而非原设定的"占优补优"。大概从这一时间段起，以农村土地利用为中心的"三农研究"渐已成为国内一支跨学科显学。

海外相关研究也发现，彼时农地开发利用的无序化已经在中国内地乡村制造了颇多冲突（Guo，2001）。在中国进入快速工商业化轨道后，就一直存在着耕地保护和土地市场扩张的尖锐矛盾，如农用地的非农化转

---

① 2016 年 11 月，农业部公布的数据表明，全国土地流转面积已占总承包地面积的 1/3 左右，在沿海发达地区已达 1/2 左右。依据笔者调研访谈，同是 2016 年数据，浙江德清县的土地流转比率已经为 80% 左右了。

② 2005 年 12 月 29 日，经第十届全国人大常委会第十九次会议表决决定，胡锦涛签署第 46 号主席令，宣布《农业税条例》自 2006 年 1 月 1 日起废止，同日，农业税全面取消。

③ 国家层面出台允许土地流转正式文件始于 2004 年国务院颁布《关于深化改革严格土地管理的决定》，以及 2005 年《农村土地承包经营权流转管理办法》。

④ 依据相关统计数据计算而得。

⑤ 这几条均与当时农村耕地急遽流失有密切关联，尽管"土地增减挂钩"主要面向建设用地。参阅《中华人民共和国土地管理法》（1998 年修订版第三十一条）、国土资源部《关于土地开发整理工作有关问题的通知》国土资发〔1999〕358 号文、国土资源部《关于加强耕地保护促进经济发展若干政策措施的通知》国土资发〔2000〕408 号文。

换、土地资源管理的日益官僚化和繁杂化等（Ho & Lin，2003）。而国内学界关于"土地流转"大致有支持和反对两种声音。支持的声音大都致力于论证土地流转对农业增产、农民增收和促进农村发展的积极功用，认为土地流转是提升农村土地资源配置效率的一个有效路径，是农地使用制度的自我丰富，也顺应了当时经济社会发展转型的需要。反对的声音则多来自一些具体的地方性案例研究，主旨在于阐释土地流转过程中的不规范，乃至于违法行径（突出体现在耕地非粮化、非农化用途转换），造成了国家财政的损失，严重损害了农民利益，激发了社会矛盾，破坏了社会的和谐稳定。

概而言之，承上，"土地流转"多是经济发展到一定阶段的产物，当时主要是出于推进乡村土地规模经营的需要。有数据表明，虽说乡村土地租赁在改革开放之初已有存在，但在进入 20 世纪 90 年代中后期后，随着非农劳动力市场的快速增长，中国乡村土地租赁市场也在迅速发展，当然，在交易规范方面还面临一些障碍（Kung，2002）。只是，国内各地乡村的资源禀赋和发展基础差异很大，在实施过程中，无论如何，不能不顾农民意愿，为了流转而流转，为了规模化而规模化（朱启臻、袁明宝，2013）。因此，关于土地流转的具体实施，不同方式之间并无高下之分，每一种方式都有其自身的优势所在、成长范围和发展或局限空间，宜基于不同地区的资源禀赋条件及其对应的经济社会发展水平和阶段的特质而采取具体方式，比如，规模经营中的土地规模和服务规模并举等。

（三）2005—2013 年，"土地确权"继踵至

1. 时间段划分依据

继中共十六大首提"城乡统筹发展"之后，在 2005 年，中央重申和强化"社会主义新农村建设"，相应的土地整理工作也开展起来。不过，按照温铁军（2013）的说法，之所以在 2005 年启动"社会主义新农村建设"，实则是因为，在此前后，中国正面临着转型的危机，中央已经认识到"三农问题"对整个国民经济发展的重要支撑功用。比如，"中央一号文件"发布的惯例，在搁置多年后，从 2004 年开始重新定期发布。同时，也为了更好

地处理土地流转暨"土地整治"过程中产生的一些突出问题,[①] 及至 2008 年，中共十七届三中全会提出，"现有农村土地承包关系要保持稳定，并长久不变"，与此同时，"健全严格规范的农村土地管理制度"，"搞好农村土地确权、登记、颁证工作"。2013 年中央一号文件则明确提出，全面开展农村土地确权登记颁证工作。[②] 由于"土地确权"范围涵盖集体建设用地等类型，限于篇幅和主旨，本书仅讨论农用地的确权。

2. 理论研究维度和特质

2005 年，陆学艺提出"三农新论"，强调坚持市场取向，深化乡村改革。据此，或可认为，"土地确权"是家庭联产承包责任制实施以来为适应乡村土地市场资源要素的流动和规范化，由国家对农地产权予以清晰化处置的实质性步骤，也是解决乡村现实发展中人地矛盾和冲突的重要措施。相关理论研究主要是围绕该项工作的必要性和程序方法而展开。

与此同时，实施土地确权也是有鉴于，尽管从国际经验看，农用地面积逐渐减少是一国在工业化和城市化过程中难以回避的问题（徐建炜，2010），但改革开放以来，已经很难确切评估出中国农村土地不规范使用的程度究竟到了怎样的地步，尤其是耕地的非农化处置和减少在 2008 年已经达到了一个拐点（Li et al.，2014）。导致此类现象的原因有多重，但关键还是土地管理制度的落伍或缺失。土地确权的开展需要辅以合法且规范的土地承包经营权证书的发放，并同时实施配套制度改革（如农地产权转让登记和土地纠纷解决的制度），如此，将有助于降低农地制度变迁的成本，增进地权的稳定性（丰雷等，2013）。

当然，由于在土地确权实施中存在土地权属争议、乡县政府在确权中有资金压力、工作人员不足等羁绊（丁琳琳、孟庆国，2015），以及对土地权证作

---

① "土地整治"这一术语正式出现于 2012 年，出处为《全国土地整治规划（2011～2015 年）》，一般包括前期已经在开展的土地整理、土地复垦和土地开发等环节。

② 其后，2014 年，国土部联合多部委推进确权颁证工作，至 2016 年底，国土资源部再度发文，农地确权颁证范围全方位从农用地扩大到集体建设用地、宅基地等，参阅《国土资源部　财政部　住房和城乡建设部　农业部　国家林业局关于进一步加快推进宅基地和集体建设用地使用权确权登记发证工作的通知》（国土资发〔2014〕101 号）、《国土资源部关于进一步加快宅基地和集体建设用地确权登记发证有关问题的通知》，国土资发〔2016〕191 号。

用认识不足、操作技术困难等问题（朱北仲，2015），学界并非都认可开展土地确权工作已经非常必要。例如，贺雪峰（2015）认为，"农地确权与改革完善农村土地制度有着不同的逻辑"，并且不利于耕地细碎化难题的解决。

概而言之，在强化集体经济组织法律地位和个体成员权的前提下，土地确权颁证对所有权人和用益物权人而言，整体利大于弊（陈小君，2012）。因为只有"确权"，才能"赋能"，此番"土地确权"的核心在于依法确认和保障农民的土地权利（于建嵘、石凤友，2012）。作为农村集体资产股份权能改革的核心构建，"土地确权"是为了解决乡村土地的使用，尤其是农村土地承包经营权实践中遇到的诸种问题（比如，既有耕地征收补偿机制的欠公平性，以及为了顺应现代农业发展，农户和流转户各自权能相对独立的构建等），而自上而下的积极作为，在一定程度上，已经为2013年之后农地"三权分置"改革埋下了伏笔（土地承包经营权确权之后，才有可能切实推动土地经营权的有序流转）。

（四）2013年至今，继往开来"新土改"

1. 时间段划分依据

2013年，中央首提"经济新常态"。同年，"建设美丽乡村"正式写入中央文件。[①] 与此同时，中共十八届三中全会提出，全面深化农村改革任务，农村土地制度多项改革试点在全国陆续启动，如农地"三权分置"改革、"两权"抵押融资（农村承包土地的经营权和农民住房财产权）、农村集体经营性建设用地入市、宅基地流转等，一时被称为"新土改"。[②] 限于主旨和篇幅，本部分将重点围绕"三权分置"加以讨论。农地"三权分置"这一提法始于2013年习近平在湖北的工作考察。[③] 其后，从2014—2018年

---

① 2013年"中央一号文件"《中共中央 国务院关于加快发展现代农业 进一步增强农村发展活力的若干意见》。2013年11月《中共中央关于全面深化改革若干重大问题的决定》。实际上，"美丽乡村建设"与"社会主义新农村建设"属于一脉相承关系。

② 改革开放之后，在国家层面，关于开展新一轮土地改革（即"新土改"）的呼声最早始于中共十七届三中全会，真正成文于中共十八届三中全会。2014年9月29日，中央改改组第五次会议对深化农村土改议题再次予以强调。例如，确立所有权、承包权、经营权三权分置原则。

③ "深化农村改革，完善农村基本经营制度，要好好研究农村土地所有权、承包权、经营权三者之间的关系，土地流转要尊重农民意愿、保障基本农田和粮食安全，要有利于增加农民收入。"——2013年7月21日至23日，习近平在湖北考察改革发展工作时讲话。

"中央一号文件"，均有相关阐释。

2. 理论研究维度和特质

2013 年，陆学艺提出了"三农续论"，指出农村土地问题是制约"三农问题"有效解决的关键一环，再次重申和呼吁实施基于土地家庭承包制之上的"第二次改革"的重要性和必要性。据此，或可将"三权分置"类农地制度安排视为当下农村发展的一次重大变革。既有相关研究主要分布在法学和经济学领域，依然是围绕"三权分置"的内涵界定以及实施过程中利弊得失而展开。

在法学领域，高飞（2016）认为，相较于"三权分置"，"两权分离"自始就存在重效率而轻公平的制度理念。有鉴于在"三权分置"试验区的多年实地跟踪调研，孙宪忠（2016）认为，在落实农民家庭户或个人在集体中的成员权和承包权的情形下，有必要创设物权性质的土地经营权，否则经营权（实则为"耕作权"或"耕作经营权"）难以实质性地实现"可转让"或"可抵押"。不过，高海（2016）认为，"三权分置"之下的农地经营权可以划分为两个类别，即"确权确地之经营权"和"确权确股不确地之经营权"，前者主要适用于家庭承包户，法律性质上宜纳入债权范畴；后者主要适用于市场化的新型经营主体，法律性质上宜纳入物权范畴。在经济学领域，孔祥智（2017）认为，农地"三权分置"实际上与"土地流转"相伴生，二者难以截然分开，不过，"三权分置"的重点在于土地经营权能够得到强化。肖卫东和梁春梅（2016）认为，"三权分置"有助于实现农地原先负载的社会保障功能与经济效用相分离，"不断促进公平与效率的有机统一和螺旋式互动增进"。王小映（2016）认为，从土地登记角度来看待"三权分置"，为防范规避金融风险，"可将作为土地承包经营权负担的土地经营权（土地承租权）纳入土地承包经营权登记中的其他土地权利登记范畴予以登记"。李宁等（2017）围绕"如何才能使农地'三权分置'更有效"的命题展开探讨，认为如何更好地建立和发展农地股份合作社是值得探索的一个重要方向。李晓红和黄瑾（2016）从产权主体逻辑、产权属性逻辑、产权交易约束和治理逻辑，以及产权制度变迁逻辑等四个维度出发，论证了"三权分置"制度安排之下可能的农民土地财产权利受损情形。

概而言之，关于"三权分置"制度安排的得失之辩，从政策理念提出到现今的推广尝试，学界目前的争辩主要聚焦于：尽管并不一定适用于国内全部地域，但在现有的政策和法律环境下，就"三权分置"之下农地产权关系的厘定而言，其关键在于促进承包权和经营权以及各自对应的资产收益如何能够相对独立且均衡地得以实现。[①] 这是有鉴于，"三权分置"主要着力于农地承包经营权的再分离（承包主体和经营主体的分离、成员权和财产权的分离），也有助于促进农村土地从"身份化"到"契约化"的转换（徐勇，2017）。

（五）40 年变革史的一个总结：摇摆于效率与公平之间的"三位一体"路径探索

综上，如从"土地 + 土地上的人 + 土地上的产业"这个"三位一体"分析框架去观察，在一定程度上，40 年农地产权变迁的本质表明，它是农村自我改革和存系的延续，其中，土地经营方式的提效增质是基础，"土地上的人"的出路和生活水平改善是关键，而"土地上的产业"的发展则是改革目标得以实现的介质或渠道。

1. 土地：经营模式的演化——走向市场，摇摆之中的创新

为了生存，也为了生活，在农地使用制度连续性创新层面，农地产权 40 年变迁的最大动力在于各个地方基于自身条件的实践，而农民群体是其中最大的创新创造者。如果"要理解产权保护的有效性，就必须充分理解民间自发的产权形成、权利关系与配置方式"（刘守英、路乾，2017）。比如，无论是安徽凤阳小岗生产队"包产（包干）到户"，还是浙江德清沈家墩村"股票田"和江苏海门的股份制，均彰显出这一特质。只不过，前一个例子基于"两权分离"的制度逻辑，后两个例子基于"三权分置"的制度逻辑。

---

① "三权分置"的实施推广，涉及《农村土地承包法》《物权法》《农业法》等法律法规的修订和完善［2017 年公布的《土地管理法（修正案）》（征求意见稿），多是关于"三块地"改革，而不是关于"三权分置"］。同时，有鉴于实践先行与理论及法律后进的脱节，在"三权分置"这一农地制度安排的推广中，关于中央设定的深化农村土地制度改革的基本方向："落实农村土地集体所有权（基础）、稳定农户承包权（关键）、放活土地经营权（重点）"，每一个细则目标的推进和实现（如设立"土地流转风险保障金制度"等），都需要因地制宜和因时制宜，予以持续性跟进调查，对相关经验及时加以提炼和总结。

至于"两权分离"和"三权分置"这两类土地使用创新，还有三个方面值得注意：其一，尽管都是"穷则思变"式的地方创新，但"两权分离"的"包产（包干）到户"多发生在工商业不发达甚至贫困地区，而"三权分置"的"分股到户"则较易发生在工商业相对发达的地区。其二，在"两权分离"时代，一般意义上的传统农民是土地使用制度创新的主要推动者。在"三权分置"新时期，业有专攻的现代农民将成为土地使用制度创新的推动者。其三，在"两权分离"时代，传统农业耕作者的身份是"土地承包经营权人"。在"三权分置"新时期，相当部分的传统农民身份将从"土地承包经营权人"转换为"土地承包权人"，而业有专攻的现代农业耕作者将转换身份为"土地经营权人"，[①] 在土地资源配置上，日益体现出专业化分工特征（至于二者各自权能何以建构及其利益关系何以平衡，宜当另论）。

2. 土地上的人：生活水平的演化——公平，体现在与时俱进的需求改变

自 1978 年小岗生产队分田"试水"以来，农村改革一直在继续，农地产权改革也一直处于调试之中，效率和公平以及二者之间如何平衡始终是不变的主题。例如，家庭承包带来的不只是效率的提升，而且，由于采用"肥瘦田搭配"的均田配给方式，其公平度也广为接纳，尽管后期家庭承包制也造成了土地细碎化等问题。但是，也必须看到，早期家庭承包制的效率和公平，是基于家庭户谋求"生存、温饱水准的效率和公平"，符合当时民众的认知。时过境迁，随着市场经济的深入推进，关于当下农村土地资源配置的制度安排，如何创设和保持符合新时代对于效益和质量需求的效率和公平，不能不审慎对待。

与此同时，在新的历史发展转折时期，尤其需要关注不同世代农民及其群体差异性的不同诉求。比如，在全国绝大多数地区，新生代农民早已不再是"土头土脑的乡下人"了（费孝通，2013）。实际上，农民对土地的情感及与其相关联的"地方性知识体系"并非一成不变（朱冬亮，2003）。今天农村的主力劳动者或者新生代农民，无论是主要收入来源、知识技能、信息

---

① 参阅《中共中央办公厅、国务院办公厅印发〈关于完善农村土地所有权承包权经营权分置办法的意见〉的通知》（中办发〔2016〕67 号）。

占据，还是生活方式的选择性或偏好特征，乃至广义的"三观"，与乡土时代的父辈、祖父辈相比，根本不是一个层次，不可同日而语。再比如，为了促进农地使用权市场的进一步发展，促进农地资源配给的公平利用，在农地制度安排之外，相应配套制度设计的跟进也随之成为必要，其中，"尤其是农村社会保障制度的建立和完善"（田传浩、贾生华，2004），如何为农民提供稳定的发展机会和对应的机制保障更具有挑战价值（陈锡文等，2011）。例如，村经济合作社股份制等关涉村集体资产股份权能的系列改革，应从有助于农村人口"带权离地"和"带权进城"着手（文贯中，2014：72），致力于促进职业多样化选择权的供给和配套，从而有助于推动"人往高处走"的向上流动的制度设计及其运行。

3. 土地上的产业：组织模式的演化——"种地"与"整合"，齐头并进两不误

国内外学界的大量研究已表明，导致近代以来中国农村生产力发展缓慢的主要原因是土地耕作规模和现代农业技术的滞后（关永强，2015）。"农村改革的核心与实质，不仅是要重新还地权于农民，同时也要重新建立一个有效益、有适度规模的农地配置与经营制度"（吴毅，2009）。实际上，改革开放以来，除了促进乡村人口就业渠道的拓展和分流之外，农村土地制度变革的另外一个直接影响就是推进乡村产业结构的调整，当然，二者也存在互为影响关系。

继而，农村土地利用率及其之上的农业产业链及其综合效益的提升，又与农业经营方式的转变和创新密切关联。乡村产业，也即"土地上的产业"[①]，大致或可分作两大类：其一，狭义农产品生产层面，即主要以粮食生产为主的农业；其二，广义农业产业链整合层面，即以一、二、三产融合发展为标识的"新农业"。此划分依据为，尽管粮食生产极其重要，但在新的农业发展转折期，在一些农村地区，"种粮食"或者"种地"已经不再简

---

① 时移世易，关于农村经济发展，笔者更倾向于使用"土地上的产业"或"乡村产业"，而非一般意义上的"农业"。同时，农村经济转型涉及的不只是土地制度创新，还有技术进步、水电路等基础设施和服务配套、粮食收储和价格形成机制改革、国内外市场拓展等方面，限于篇幅和主旨，不做多叙。

单地等同于"务农"了。因而，提升产业链组织化和一体化水准和竞争力的产业整合发展思路，不仅适用于城市工业，也同样适用于乡村产业，比如，新式的"务农"，也可纳入"新农业"之休闲体验农业的范畴。

总而言之，如果以"土地＋土地上的人＋土地上的产业"这个"三位一体"的分析框架去审视 40 年来农地使用制度的变革和创新，可以发现两大特征。第一，在农地制度安排层面，自 1978 年以来，在农地改革领域，堪称"重大制度创新者"屈指可数，远有家庭联产承包引发的"两权分离"，近有集体所有权不变前提下的"三权分置"，中间还有一个"土地确权"。"土地流转"总体上是一个"存在"而非"安排"，这是因为，改革开放后没多久，农地使用权的"流转"已在不同程度上发生着，渗透于"两权分离"或者"三权分置"，延续至今。当然，无论是"两权分离"，还是"三权分置"，抑或是"土地确权"，均服务于土地产出的提质增效。如果从农地制度安排的类型化角度去观察（张红宇，1998），首尾两个均可归纳为自下而上的"诱致性制度安排"（需求主导型制度安排），中间的"土地确权"属于自上而下的"强制性制度安排"（供给主导型制度安排），但这两类制度安排也并非存在绝对的优劣之分。显然，"土地确权"是此处三个创新的关键一环，其有力促进了农地产权的清晰化和土地流转的规范化和规模化，经由"土地确权"，"两权分离"向"三权分置"的正式过渡成为农地制度发展的趋势所在了。

第二，在农地之外的制度安排层面，无论是 1978 年的"破冰之旅"，还是 2013 年的"扬帆再起航"，其安排的深层要义或大致有二。其一，莫过致力于舒缓农村劳动力的就业压力。这是因为，一方面，在当时民心不稳已经有所呈现，土地承包到户可以保障乡村劳动力"有事可做"；另一方面，国家则已渐次进入"经济新常态"，城市就业机会有所减少。此情此景之下，经由土地确权一类举措，有助于为农民带来更多的财产保障，也有助于将一部分农民留在或吸引回农村发展。当然，除却"挽留"功用之外，土地确权和"三权分置"同时也有助于部分乡村劳动力继续转移到城镇发展，进而推进农业转移人口的进一步市民化。其二，拉动农村产业经济业态的进一步转变。比如，从其他国家和地区的经验来看，乡村产业大都经历从起初相对单一的以粮食生产为主，逐渐过渡为在保障粮食生产情形下的多元经营方式，再到非粮化非农化经营比重渐次上升的过程。对于当下中国乡村地区而言，如何因地因时制宜去提升从一产到一、二、三产叠加的路径选择，是一个很现实的挑战，不过，也正由于此类实践存在一些不容回避的问题，目前在学界也有不少争议。

二 农地制度变迁之下的人地关系与城乡关系的再塑造

综上，一方面，在"赋权－限权"对冲结构作用之下，中国农地制度相关主体呈现复杂的行动互构，并在实际上成为形塑农地改革路径的重要力量（吴毅、陈颀，2015）。另一方面，不难发现，改革开放以来，在农地使用权的拓展应用方面，前期主要是基于地方实践的推拉挤压，自然，无论是承包还是流转，从基层自发行为实践演变为明文规定的国家制度，其间历经了颇多曲折坎坷。自 2005 年"社会主义新农村建设"启动后，尤其是 2013 年中共十八届三中全会之后，政府积极介入的成分明显居多，与农地使用相关的制度安排也一直处于调试和演进之中。由此可见，在当前，自下而上和自上而下两种力量正在融合交错，共同塑造着农地制度的改革、发展和变迁。

顺沿前述"土地＋土地上的人＋土地上的产业"这一分析框架，关于农地制度 40 年变迁的脉络、过程和效应，下文将进一步阐释。

（一）40 年农地制度改革的脉络在于，"农地权利束的自我分解"

长时期以来，"土地使用权的不稳定以及土地交易权的不完整，一直是中国农地制度安排中的显著特征"（俞海等，2003）。进一步而言，"土地改革以来，各种农地制度创新形式的不同经济绩效，都与产权清晰程度和实施机制有关"（袁诚，2016）。韩俊（1999）在近 20 年前已经指出，包括使用权在内的权利稳定性得不到充分有效的保障，是当时国内农地产权制度最重要的缺陷。其实，农地产权何以清晰化这个问题一直伴随着农地制度改革的全部历程。而农地权利结构构建的关键在于能否廓清各利益主体的权利边界，只有处理好农村土地的稳定、调整和流转三者的关系，才能有助于土地资源优化配置市场机制的建立和运行（张红宇，2002：138—152）。

近 40 年来，从"两权分离"到"三权分置"的制度设计反映的正是农地产权界定日益清晰化的演进路径，也是农地产权束基于地方发展实践的自我分化过程。当然，受制于人口增减、地理位置、农业或非农产业比例、地区和人均 GDP，以及产业结构调整等资源禀赋和社会经济变量的影响，此两类基础性制度安排在不同地区的不同发展阶段具体的执行方式并不一致，当然也不是简单的线性进化，但万变不离其宗：农地产权权能构建清晰化，农地使用权的应用性日益增强。

姑且仍以"三权分置"农地产权制度安排的正式出台为例，其本身属于大转型时代城乡经济社会结构转换背景下的一个产物，是城镇化持续推进和促进城乡融合发展的需要，是基于实践创新之上的理论提炼。而且，在一定程度上，作为一种分工演进与经济组织相融合的结构性安排，农地"三权分置"或还可视为基于杨小凯和黄有光（1999）专业化分工理论之"超边际分析"的一个具体映射，有助于农地承包者和经营者各司其职、各取所需，从而裨益于双方可以在各自特定职业方向上获得成果的最大化。国内学界对此也已经有所研究，基于实地调研，管洪彦和孔祥智（2017）认为，农地"三权分置"政策的出台并非官方政策的创新，而是对地方上已经出现的这类实践的规范化和制度化。蔡立东和姜楠（2017）认为，"依据权利行使的用益物权发生逻辑，土地经营权是土地承包经营权人行使其权利而设定的次级用益物权，承包权与经营权的法构造为'用益物权—次级用益物权'的关系"。实践中，在 20 世纪 90 年代，珠三角以及浙北浙东等工商业较发达的地区，常以"擦边球方式"从事农用地流转，其运作机制体现的实则是"三权分置"的思路。

基于中国国情和实践，当前农地制度改革的一个重心或将主要体现于农村土地产权的细分，在于能够对农地产权这一权利束予以合理有效的分解、界定和类型化使用，以便服务于不同时期的土地经营主体，比如，"两权分离"安排可能更适用于小农时代的生产关系。进一步而言，新的农地制度改革体现的是农地产权之使用权权能结构的构建（如收益权和转让权等）的日益清晰化和完整化，进而无论是使用还是收益或转让，均可具有排他性、确定性和稳定性。而如果没有明确专有的产权，也就无法实现合约成本和负向外部性的降低，在操作层面，自然也谈不上具备可转让可交易的资本资产特性。之所以有此言，其一是因为"产权的界定比产权的所有形式更为重要"（黄宝连等，2012），受制于现有的政治经济环境，"通过所有权确权来解决地权模糊面临的诸多困难"，而"稳定所有权、明晰承包权"的确权路径是非常有意义的理论和实践探索（钱龙、洪名勇，2015）。其二是因为"决定经济行为的最重要的因素并不是所有权本身，而是产权拥有者能否在最少的限制下使用他们的资源，并以此获得经济收益"（董国礼等，2009）。也就是说，有效的产权制度并不意味着其所有权利束都应集中于同一主体，相反，权利的适当分解才是制度安排的成功要旨（张红宇，1998）。其三是因为，尽管 2007 年的《物权法》已经确定承包经营权为用益物权范畴，但囿于使用权的构成之间缺失清晰界定，长期以来的落实效果并不明显。因而，如果没有完整意义上的承包权，也就难以建立有效的农地经营权流转机制。新时期农村土地使用权权利束之间需要有清晰的界定，实为情势所需，比如，"承包权必须明确为完整的财产权"，做实承包权，可尝试将占有、使用、收益、处分四权合一，具体可以涵盖置换、转让、出租、入股和抵押等事项（刘守英，2017）。实际上，20 世纪末，杜润生（1999）已明确指出，将来的农民可享有多重土地权利，例如，经营权、收益权、入股权、转让权、抵押权、继承权等，而实现产权界定的明晰是这类权利得以实施的保障所在。

（二）40 年农地制度改革的过程在于，"农民的持续性再解放"

1949 年新中国成立至改革开放前的"农民解放"暂且不论，一定意义上，改革开放以来，农村土地制度改革史就是一部农民持续性地从土地上得以"再解放"的历史——陆续以不同方式、不同程度地"走出乡土"，无论是职业选择抑或是生活方式选择。比如，既有实证研究表明，1978 年的农村改革已经开启了农户经济结构转型，促使农民逐渐摆脱对土地的生存依赖（陈剑波，2006）。

首先，从职业选择角度去观察："两权分离"的出现是因为农民为了吃饱饭，为了生存下去。"三权分置"（不同形式）的出现则是农民为了吃好饭，为了生活和更好地生活。于是，若论农村土地权利及其资源配置与农民的利益关系究竟如何，则"需要深入到土地制度运作的具体语境和处境中"（贺雪峰，2010）。比如，前述浙江德清的"股票田"和江苏海门股份制农地利用方式的自我孵化，折射出长期以来，尤其是改革开放之后，部分地区在经济有了较快发展的情形下，农村剩余劳动力隐性问题已经开始显性化。

实际上，早有经验数据表明，为了实现农民收入的增长和城乡居民收入差距的缩小，促进农村劳动力在非农领域的充分就业是一条重要渠道（张红宇，2003a）。农民的市民化将是一个趋势，而且，传统农民不仅要市民化，同时也需要产业工人化或技术人员化。[①] 而走向市民化、技术工人化的农业转移人口将成为新时期"城乡驿站"的开拓者和维系者（刘守英，2017）。如今，农地"三权分置"改革将进一步推动乡村人口迁移及其之上的劳动力就业结构的重组，相当一部分农民将继续从农村土地上"获得解放"。同时，作为一种可能发展前景，在部分地区，"农民"的内涵有望实现从"身份"到"职业"的渐进转换。

其次，从生活方式选择的角度去观察：农地制度改革的过程在于促进"农民的持续性再解放"这一观点，或可再以自 2008 年以来，因"土地增减挂钩"和"撤村并居"等政策实施促成的"农民上楼"现象为例加以说明，尽管其在操作实践中存在不少问题（如"对土地财政的图谋"），但也未必就成为负面性的担忧所在，而应视不同地区的不同发展阶段和水平，以及不同村镇的特质予以具体评定，而如意欲实现一步到位、面面俱到的"正能量"释放，则不太现实。李昌平等（2011）、张远索等（2013）和周飞舟等（2015）对"农民上楼"现象均有过不同维度的阐释。从实际调研去看，如果"农民上楼"有利于农民居住条件的改善和对应公共服务设施的享用，则没有多少不妥，反倒可能有助于城乡二元差距的缩小，提倡居住环境的公平没有什么不妥。"精英群体"不宜动辄以高高在上的姿态俯视农民群体的诉求。比如，在杭嘉湖地区，村社一体化与"农民上楼"就是较常见现象。当然，也可以说，这些地区的农民早已不再是"传统农民"了，但何谓"传统农民"呢？又是谁赋予了"传统农民"特定标签呢？

---

① 此处的"产业"或"技术"可以涵盖新兴农业科技知识，而不一定只是"非农化知识"。

如此反问是因为，尽管"耕者有其田"具有道义性，但问题是，在乡村经济社会发展实践中，在一些地区，早已存在"不耕者也有其田"的现象，当村民不再以土地资源为主要劳作对象而生存发展的时候，也即一不"靠天吃饭"，二不"靠地吃饭"，或者，虽然对土地还有一定依赖，但土地主要不是用于粮食或农产品用途，而是更多地用于农业产业附加值的生产，原先固着于农民身上所谓"土里土气"的标签（或美其名曰为"乡土气息"）为何不可以改变呢？

最后，从其他评判标准选择角度去观察，如果说农地资源配置和产出的经济效率问题可以使用"成本—收益"（利润高低）来衡量，那么，其衍生出的社会公平问题如何衡量呢，能否使用"包容性和均衡性"去衡量（包括社区社会和谐与环境生态和谐等），或许存有探讨空间。这是因为，近 40 年来农村土地资源配给制度逻辑演变的背后，较量的不只是物质性利益诉求（如土地权属等）的重新组合分配，还包括体现的社会性诉求（如城乡公共服务一体化等）的博弈，是对"经济社会发展均有共享目标实现的挤压和推进"。

（三）40 年农地制度改革的一个效应，"城乡接合部式社会结构"或为可能

从多方信息反馈去观察，农村土地制度变迁之下城乡关系的再塑造有望成为一个"高价值"的研究项目。如从制度绩效去观察：其一，40 年农地制度的变迁，将推动"新三农问题"[①] 的浮现和应对，如农业转型、农民迁出后的多维融入，以及农村形态及其治理的发展变化（李敢，2017a）。其二，这场改革背后折射的深层诉求是"城乡经济发展机会和资源配置的一体化"（王春光，2016）。其三，在全国范围内，尤其是珠三角、苏南、浙北浙东等地区，近 40 年农村土地使用制度的演变路径或可概括为，在走向市场化的持续摇摆中，推进土地回归作为生产要素的本色，比如经济资源性、可变现性和流动性等。事实上，改革开放以来，在逐渐走向市场化运作的过

---

① 关于"新三农问题"的具体内涵，不同研究者有不同表述，例如，李培林将其表述为"农民工、失地农民和农业村落终结"。

程中，尤其在上述市场经济较发达的地区，农村土地功能最可能的转变在于，从基础性生活方式向特定经营方式的渐变，也即从最基本的生产资料和基础社会保障性生活工具向特定经营要件的渐变，[①] 比如，从"赖以生存的命根子"向土地财产或资本的转变。

随之而来，城乡二元土地市场格局将逐步收缩，二元经济社会结构也将逐渐松散，并呈现混合化态势，也即，在这样一个城乡综合体的过渡时期，地域性"混合式社会结构"或将成为一种可能，或可称之为一种地域性"城乡接合部式社会结构"，有助于为农业现代化发展和城乡之间人、地、资本等资源要素的互动融合提供可持续发展的制度基础。需要说明的是，"城乡接合部式社会结构"这一概念启发自周其仁、刘守英阐释的"城乡中国"和"城乡驿站"等知识点。显然，此处的"城乡接合部式社会结构"是基于城乡统筹视野的社会学观察，但它并非简单指向"农民的终结"（孟德拉斯，2010）或者"村落的终结"（李培林，2002），而是指向特定地域地方空间及其经济社会生活的多维建构，例如，其间的生活方式和其他正负兼具的社会生态等，其特质就在于，它不只是地理意义的，也是社会意义的"城和乡的并存与交错共生"，是一种"城乡过渡时态"，但不同于"城中村""都市村庄""都市里的村庄"等概念（蓝宇蕴，2005）。在笔者看来，地域性"城乡接合部式社会结构"这类现象，多年前在江浙粤的很多乡镇和城镇已经开始浮现，只不过，如今在城乡统筹层面实现的程度更高了一些。基于此，在一些地区，原先"乡土中国"时代的"乡土社会"则有望过渡为"城乡社会"，继而发展为"城市（城镇）社会"。未来，如果没有剧烈突发性意外事件，国内二元经济社会结构的改变将首先突出体现在上述非农就业比重高的地区。在这些地方，城乡居民之间，无论是社会福利保障还是生活方式选择等维度，将趋向持平，且在整体上，城乡居民将有望迈入

---

① 承包土地原来负有三项主要职责，即收入、社保和就业，但这几项功能均在快速弱化，近年来，农民（农户）收入的非农化趋势日益明显，与此同时，尽管仍有待于丰富完善，但低保和新农合等机制的建立和运行也有助于分解原先由土地承载的社会保障功能。另外，至于"乡土中国"时代农村土地负载的信仰、习俗等精神性价值，人类学和文化学的书籍或论文多有阐释，此处不再赘言。

一个"创新协调、多元融合和开放共享并存"的发展新时代，就这类地区而言，城乡统筹和一体化发展将不再可望不可即。

三 农地制度改革的可能趋向与挑战

承前，由于"农村土地制度的有效供给、适时改革和创新探索，直接关涉到农民生活水平的提升、农业生产的长效发展与农村社会的和谐稳定"（王敬尧、魏来，2016），近年来，以农村土地制度改革促进农业和乡村转型，渐成为理论界和实务界的一个共识，但更为重要的是，具体实现路径何以判断和选择。而关联实证研究已表明，在诱致性和强制性制度变迁的共同作用下，中国农村土地资源配置改革具有渐进性和过渡性色彩，会随着各个不同阶段的政策目标做出相应调整（Feng et al.，2014），比如，每一阶段的土地使用政策都指向执行中的特定目标或问题。

不过，如实而言，尽管 40 年来一直在磕磕绊绊中予以调试和改革，但至今也未能找到一个适用于全国，同时兼顾效率和公平的农地制度安排。关于既有农地制度安排的功效，需要"有的放矢"针对性地去评判，而不能泛泛而谈。无论是之前的"两权分离"，还是当下正在推进的"三权分置"，都不存在可以畅行全国的"统一安排"，在实际运作中都存在相应的问题和理论性争辩，只能因地因时制宜，便宜行事了。比如，基于"两权分离"的家庭承包制，包括附着其上以"增人不增地、减人不减地"为标识的"湄潭经验"，尽管有国家文件和法律的背书，但从一开始就面临着不少批判甚至抨击。再比如，20 世纪 80 年代中后期，在国内多个地区，"两田制"① 曾一度红火，但进入 90 年代后，因执行过程中出现诸多问题，最终为中央政府叫停。还有，始于浙江省统筹城乡综合配套改革试点的嘉兴"两分两换"②，

---

① 1984 年，山东平度就试验"两田制"，改革"家庭联产承包责任制"。所谓"两田制"，就是将耕地分为口粮田和责任田。口粮田人人有份，责任田进行招标，能者经营。1997 年中央明令禁止推行"两田制"。参阅：《中共中央办公厅、国务院办公厅关于进一步稳定和完善农村土地承包关系的通知》，中办发〔1997〕16 号。

② "两分两换"，2008 年兴起于嘉兴，服务于土地流转的土地置换模式，是指宅基地与承包地分开，搬迁与土地流转分开，以土地承包经营权换股、换租、增保障，推进集约经营，转换生产方式；以宅基地换钱、换房、换地方，推进集中居住，转换生活方式。

起初在当地的口碑也不错，但在后期也备受质疑，以至于后来搁置不用，但类似于嘉兴的置换，如今在江苏昆山的花桥镇尚运行良好。

于是，关于农地制度安排的利弊之争，没有绝对对错，可能是一村一策，也可能是一镇一策或一镇多策等。因而，在具体操作层面，宜在不同的地方实践中予以持续性提炼和改进，进而组成一个基于地方实践的类型化的"什锦式工具箱"（比如，上海松江的家庭农场、四川崇州的农地股份合作社、山东东平的"调股不调地、增人不动股"等），或将是农村土地制度设计和安排层面一个较好的选择。因而，试点试验区的"试错机制"具有承继的必要。

当然，为保障农村土地制度安排和调试过程中的公正公平，尽力发挥市场在资源配置中的决定性作用，政府既是"裁判员"又是"运动员"的双重角色必须分离，政府（包括"村两委"之类政府代言人）这只"看得见的手"，需要在既定法律法规约束之下"该出手时才出手"，而不是"闲不住乱伸手"。同时，基于前期的发展经验和当下的现实挑战（如农业能否持续稳定发展等），可以预见，随着农地制度改革的推进，关于"农民如何进入城市""农民如何退出农村""农民进城了，农业怎么办"等城乡变迁议题也将持续争辩下去（叶兴庆，2013）。如今，按照规划，农村承包地确权登记颁证预计在2018年底完成，届时，农村土地制度建设和新农村建设也将进入一个新阶段，依然面临着不少的挑战。比如，农地"三权分置"之下土地经营权类型化的划分标准，及其物权或债权归属法律定位何以确立。再比如，农地产权制度与乡村社会结构之间互为作用如何进一步演化才有助于走向良性发展道路（臧得顺，2012），农村新业态如何进一步完善，农村治理结构又将有哪些更变，等等。因而，更多的研究工作仍有待于调研发掘和提炼跟进。

第二节　土地、产业、人口特性及其需求特征的变化

循沿"地方空间"及其之下"土地 + 土地上的产业 + 土地上的人"三

位一体式的分析理路，结合本书中东衡村和燎原村的案例，下文将从对土地、产业、人口特性及其需求特征变化的总结性陈述着手，并尝试以点串线和带面，再度阐释这三大类要素及其自身变化对"实施乡村振兴战略"新时代农村建设的价值功用。

（一）乡村土地的特性

"农村土地制度不仅直接影响到中国土地资源的保护和农业生产的可持续发展，关系整个国民经济的宏观运行和行业效率，也关系中国农村的政治稳定"（党国英，2005）。实际上，关于中国农村土地制度问题，早在20世纪90年代末，农业部产业政策与法规司官员即有评论：一定程度上，中国自1978年以来的农地产权改革及政策设计，实际上都循沿着实用主义逻辑，着力于土地使用制度的具体安排，而非沉湎进而受阻碍于理论界关于所有权一类的是非争辩，从中国国情看，这种操作方式实际上是一种纯粹经济学意义上的帕累托最优化选择（张红宇，1998）。承此，在某种程度上，国内乡村土地问题之所以非常复杂，并不是土地本身的问题，而是附着于土地之上诸种经济社会制约条件（比如，城乡二元体制及其之下的社会福利配给的差异性等），甚至可以上升到中国历史上的治乱兴衰。作为一种极其重要的生产要素，如何推进土地问题回到土地本身，估计是当下乡村土地问题研究的一个侧重点。比如，在产业效能上，如何因地因时制宜，机动灵活地采取多样化措施去提升土地效益，增进农民收入和村集体经济收入，才是土地问题的关键所在，而不是动辄陷入"左右"之争。

在乡村土地资源利用方式与时俱进地予以调整和更变方面，德清县有着较好的传统。例如，1999年始于沈家墩村的"股票田"（适用于农用地），带动土地流转在全县得以渐进铺开。这种"定量不定位、定权不定田"的"股票田"（即"土地变股份、农民当股东，有地不种地、收益靠分红"），当时在全国具有很高的创新性（此类实践，实际上就是"实施乡村振兴战略"新时代所倡导的农地"三权分置"的折射）。在乡村土地实现规模性流转之后，德清县的农业发展不仅没有受到多大影响，反倒获得了长足进步。截至2015年，德清县土地流转占比为75.8%，其中50亩以上规模经营的土地流转面积10.47万亩，占总流转面积的51.7%，因土地流转而产生的种养大户和农业企业 1754 户，建成休闲观光农业园区 25 个，规模最大的清溪鳖业有限公司经营面积达到了 3200 亩。当然，"股票田"在德清的推出实为当地经济社会发展到一定阶段的衍生品，而且，在土地流转实践中，沈家墩村的行为动因并非如后来媒体报道的那样"光彩照人"，而是类似于当年小岗生产队的"破冰"之行，是一种紧迫性约束之下的抉择。只不过，不同于"理论研究者"们可以慢条斯理地"理性思考"，沈家墩村行动者当年的决定，或许正应了布迪厄的见解，即实践的紧迫性意味着行动者不得不在现实中面对即将来临的未来（布迪厄，2012：31）。

实际上，在德清县，与"股票田"相关的农村土地资源开发利用方式还有一些，例如，前文浓墨重笔书写的"农村集体经营性建设用地入市"。只不过，这一次是"自上而下的试点"，而上一次则是"自下而上的摸索"。另外，乡村土地及其之上的土地经营和治理组织，其自身也在演变。例如，早在 2013 年，德清已完成了全县农村土地股份制改革。起初，土地出让收益由村股份经济合作社来监管，继之，为加速推进农村土地资本运营和管理的改革创新，2014 年夏秋之交，德清县首家以工商登记方式获得注册的农民土地（股份）专业合作社在新市镇得以成立。① 该土地股份合作社以309.44 亩农村土地承包权作价入股，折合人民币 15.472 万元。目前，德清共计有 113 家土地股份合作社，其中 81 家以工商注册方式登记。土地股份合作社注册登记条例规定，农村土地承包经营权入股及股权设置方案主要包括申请入股承包经营权土地面积、承包合同面积、农村土地承包经营权证记载面积等内容；同时规定，凡是以集体统一组织规模流转出去的土地，在涉及流转用途、价格期限等事项方面，村民拥有决定权，需要采取户主大会和股东大会等形式先予以公开讨论，达成一致意见后才能实施。与此同时，县国土和农业部门合作，鼓励偏远欠发达的集体经济组织及其土地股份合作社与具备条件、集中入市区块的集体经济组织及其土地股份合作社进行合作，以求实现资源互补，共同入市和收益共享。例如，区位

---

① 若只论时间早晚，而非官方对于正式注册的允可与否，德清县最早的土地股份合作社及其监事会成立于 2007 年的五四村。

优势明显的洛舍镇东衡村作为龙头与县内 7 个欠发达的集体经济组织联合经营，各自以出资或出地等形式合作建立调整入市的集中地块，共同联建物业出租，以实现固定收益。截至目前，仅一个钢琴众创园项目就带动了 7 个村每年收益增加 175 万元。当然，土地股份合作社的运作模式并非局限于德清。例如，在山东省东平县也可以见到类似案例，而且运作较为规范，集体经济得以重塑、发展和壮大，同时也有力促进了地方乡村社会治理的发展转型（赵德健，2016）。

实践证明，作为一种新型农业经济组织，在德清县，土地股份合作社正是构建新乡村产业发展空间的有机成分，其功能发挥的价值并不局限于经济层面，同时还带动了乡村基层治理的变化和提升。例如，在东衡村，全村居民均为村土地股份合作社的股东。起始每股作价 500 元，但"农地入市"后，每股价格几乎涨了六倍。这是因为，经过"农地入市"，合作社从中获得了 900 万元左右的出让金。同时，为确保土地增值收益使用的规范性，村委、村民代表大会和乡贤参事会共同决定，土地股份合作社的资金使用全程透明，各项事宜一律公开，随时接受村民和上级部门的监督核账。在东衡村，一方面集体经济得到壮大；另一方面，村民的分红相应得到增加。

若从东衡村例子进一步展开而言，土地股份合作社机制的实施，有助于村土地股份合作社将集中起来的土地对外承包，用于发展规模效益农业，壮大集体经济，而以土地承包权入股的村民也能够享受到相应的集体经济分红。其中蕴含的政治经济学原理实际上是，如何更好地赋予农民以更完整意义上的地权，而这一赋权的实现才是农村地权改革的关键所在。刘守英（2016）也认为，必须在地权落实方面下大功夫，必须充分认识地权稳定的重要性。土地股份专业合作社之类经济组织的运作，进一步拉动了乡村土地经营模式的转变，有力推动了土地流转的规范化和集约化，对农村土地承包经营权有序化流转及其之上的农村产权制度改革，具有重要的促进功用，有助于农村劳动力从土地劳作中解放出来从事其他行业，增加农村和农民的财产性收入，也有助于农业增效和农村发展目标的实现。不过，需要注意的是，在德清县，土地要素的灵活运用并非孤立进行，而是落实和丰富其前期既有城乡改革和发展的基础①（更多关联信息，参考文末的附录部分）。

综上，关于乡村土地特性及其更变和发展，在德清这一类市场经济较为发达的地区，改革开放的实践和发展历史的逻辑都已有所证明：乡村土地资源要素的利用方式，需要与不同地区不同时期的经济产业发展的实际相符合。例如，在这类经济较发达的地区，流转之后，土地的集中连片经营，促进了农村土地的信息化管理与服务品质的提升。当然，在这个过程中，既需要土地承包关系的稳定，也需要土地经营权的放活。② 于是，在农地利用方式的与时俱进方面，各个地区还可进一步尝试深化和多样化，而政府则应当相信，这些地方的农民群体有自己的选择判断力和进一步谋求生存发展的潜力和实力。

（二）乡村产业的特性

关于乡村产业如何发展，相较于传统农业多局限于"种粮食"的认知，本书提出基于新农产业发展观的"大农业"（新乡村产业）。如实而言，关于这一产业发展概念，尚无具体的边界框定。总体而言，笔者主张，实践逻辑适宜与实践过程相统一。为此，"大农业"大致有两个指向，一是尽可能利用乡村既有各类资源去发展产业，可以是传统农业和现代农业，也可以是跨界融合的新业态和新产业。例如，循环农业、创意农业、农事体验、休闲农业、体验农业、养老农业、农业教育等新的农业发展方式和经营方式。③

---

① 2013 年，作为浙江省唯一试点县，德清实现了城乡户籍统一登记，不再区分农业和非农业户口。在 2014 年，德清县获批为浙江省唯一的城乡体制改革试点县，在突破城乡二元结构体制改革方面，成绩较为显著。2015 年 5 月，德清县又被确定为全国 29 个深化农村集体资产股份权能改革的试点县之一，也是浙江省唯一试点县。为了解除农民的后顾之忧，近几年，德清县还建立健全了农村社会保险、社会救济、农村合作医疗等农民社会保障机制，为最大限度地流转土地创造条件。

② 据中新网报道，2017 年 6 月 9 日，浙江省湖州市德清县农村土地承包经营权确权登记颁证仪式在德清县阜溪街道郭肇村举行，这也是浙江省按新的确权标准颁发的农村土地承包经营权"第一证"。新版证书首页有二维码，拿出手机扫描后，土地承包者姓名、承包方式、地块总数、确权总面积等都可以显示出来，还增加了地块示意图、防伪标识等。新版证书有效解决了当地二轮土地承包中"实测面积与承包面积不符"这个最大矛盾，使土地确权"地到户、权属清"。有了这个证，农户既可以搞土地流转，还可以放到银行抵押贷款。

③ 关于农村新产业新业态这类表述，实际上多不是严谨的学术用语，主要出现于官方文件或者媒体报道，在具体内容上也多有重叠。

而且，"发展农村新产业新业态，要打开眼界，在满足市场新需求上下功夫，要加强规划引导"（陈锡文，2017）。二是发展乡村产业时，不局限于所发展产业是否具备"乡土特质"（如很多"淘宝村"经营的产品就与乡村、乡土的关联不高甚至仅有微小的联系），应当重视实践实效而淡化意识形态方面的争论。这是因为，"乡土特质"的内涵本身也是动态发展的而非静止不变的概念。再则，与其"作舍道边三年不成"式喋喋不休，或者"临渊羡鱼"，不如"退而结网"去行动，以"始于足下"的方式，从事真实的实践，正所谓"心动不如行动"。从德清乡村产业发展的概况来观察，大致有三个方面值得进一步观察与了解。

其一，需求决定供给，且经济产业发展直接影响到社会发展和人力物力等资源要素的有效流动，因此，因地因时制宜和采取"量体裁衣"等准则，自然而然成为乡村产业发展应遵循的核心要领和关键之道。例如，在德清，土地规模性流转以来，以"增效、增收、增能"为目标，通过农村产业发展、技术创新、政策引导和体制改革，大力促进新农产业发展，带动村级集体经济发展壮大，实现农民增收致富。首先，大力实施农业"两区"建设（"粮食生产功能区"和"现代农业园区"），积极推动产业集聚发展、产业全链发展、功能融合发展，2014年和2015年德清县连续两年综合评价居浙江省各县（市、区）第一位。目前已培育出新港省级现代农业综合区等三大农业综合区，36个省级园区和41个市级园区，建成粮食生产功能区8.98万亩。同时，充分培育壮大现代农业经营主体，积极引导经营主体拓展功能。现有国家级龙头企业2家、省级企业9家、市级企业33家、县级企业80家，农民专业合作社259家，农民专业合作社联合社2家，经工商登记的家庭农场数276家（更多关联信息，参考文末的附录部分）。其次，德清县率先在全国成立首个农产品质量安全方面的自律组织——"德清县诚信农产品联盟会"，完善了覆盖城乡农产品质量检测的监管网络，健全了农产品质量安全追溯体系，打响了"讲道德·更健康"农产品诚信品牌，列入国家农产品质量安全县创建试点（更多关联信息，参考文末的附录部分）。最后，德清县乡村民宿业蓬勃发展，以"经营乡村"的理念促进农民创业，坚持农旅融合发展，培育了裸心谷、法国山居等以"洋家乐"为代表的 350 家特色精品民宿，带动了阳光生态园等 76 家休闲观光农业园区。另外，截至 2015 年，莫干村落农房出租共计 160 幢，总计年收入 480 多万元，平均每幢每年收入 3 万多元。2015 年度实现农家乐、洋家乐经济营业总收入 7.05 亿元，同比增长 31.3%（湖州市平均增幅水平为 28.97%），成功发布全国首个乡村民宿地方标准，获评全国休闲农业与乡村旅游示范县。

其二，供需关系的变迁直接影响到村庄转型和产业升级，因此，乡村产业发展与基层治理的路径选择，二者互为影响。可以说，"村庄治理转型及其产业升级是互为构成关系"。或者说，村庄治理结构的变迁是乡村产业转型升级所引发的诸种"较量"的衍生品。例如，从东衡村产业转型的动因、过程和结果去观察，其间，产业层面从"矿业大佬"到"钢琴巧手"，村庄治理结构层面从"农村土地综治委员会"到"乡贤参事会"之类的变化，都体现出村庄转型和产业升级之间的相互影响和相互作用。进而言之，一定意义上，在东衡村，乡村自治组织之所以能有所复苏，正是乡村产业发展与村庄治理结构变迁相互作用的产物。

其三，党的十八大之后，进入经济新常态以来，尤其是十九大提出"实施乡村振兴战略"以来，乡村产业的发展更需要以新的思路去实现新的发展。目前，在全球化影响之下（如 WTO 关于农产品市场开放的规定）以及在新型城镇化的推动之下，城乡关系正在经历着急剧变迁，乡村产业发展依然面临着诸多挑战。例如，就土地要素效益提升而言，乡村土地整治通常会带来不错的经济社会收益，如前述东衡村案例。一方面，东衡村在推动土地重新整合以及"股票化"方面，可谓更上一层楼，甚至操办实施了一份全村土地"整合重置"方案：按照"宜工则工、宜农则农、宜林则林、宜居则居"的原则，将全村土地资源"洗牌"后重新施以整体性规划，并借力土地流转推动村经济的发展和村容村貌的改变，基于废弃矿坑填埋建设而成的东衡新村项目，本身即相当于重新建设了一个东衡村，从而有助于实现东衡全村土地资源利用的最大化。另一方面，关于东衡村土地资源要素的活用，也不是没有争议，比如"造新村和上高楼"的必要性和重要性，及其对乡村原有生活方式与村民社会关系影响的评估，以及村民和外界对用矿坑填埋的废弃建筑材料长久安全性的疑虑和担心等。而且，按照东衡村产业规划愿景（即前述"三园一体"），其产业价值链有效增值的实现，依然存在不少较为严峻的挑战。比如，东衡村颇具特色的钢琴产业，目前仍属于劳动密集型产业，在技术提升和品牌铸炼等方面，还有很长的路要走。[①] 至于发展乡村旅游业的思路，也需要看到，即便是浙江和杭嘉湖地区，如今投身这一行业的村镇越来越多，如何避免同质化，凝练出自身特色和发展优势，均需要细细地思量和接受市场的拣选和考验。

关于如何进一步推动乡村新产业新业态的发展，可再以燎原村产业发展为例。若论及乡村休闲旅游产业的成长和发展，莫干山村自然是其中一个佼佼者。不过，即便如此，需要继续探索的问题有：第一，乡村新产业（民宿产业等）如何才能更好地"嵌入"莫干山村镇的整体发展？第二，相较于传统农业和一般工业产业，新乡村产业还只是局限于生产要素的聚合吗？第三，此产业－社会"嵌入性"的具体体现是什么？例如，其中的不同群体的社会关系如何链接？第四，莫干山村整体建设的中心性（中心特质）主要体现在哪些方面？这个问题直接指向的是，乡村地方经济的重建与乡村地方社会的重构，二者之间如何相平衡。第五，村镇规划要为此类新发展准备些什么？第六，2017 年中央一号文件提及，鼓励各界力量开展"田园综合体建设"尝试。但是，从目前关于"田园综合体建设"的一些信息反馈去观察，更多的是商界的炒作。[②] 按照莫干山村既有发展实际和潜力，德清县和莫干山镇政府有无可能更好地从城乡均衡角度去考虑，政府、市场、社会力量联手打造一个类似"田园综合体"的样板？如果可行，又如何加以开展相关建设工作？比如，从城乡规划视野观察，未来的莫干山镇发展是否可定位于"田园小镇"的打造（可以包括生态农业、民宿产业、"民国风情街"、"郊野公园"等），而这个定位

---

① 关于钢琴产业发展详情，请参阅李敢主笔撰写的《德清县文化产业调研报告 2015》。

② 2017 年中央一号文件提及鼓励各类力量从事"田园综合体建设"尝试。此后可以见到，商界的声音分外引人注目，类似于关于如何开展"特色小镇"建设，五花八门的"培训"如雨后春笋，良莠不齐而泥沙俱下，但有一点是共通的，即"天下熙熙皆为利来，天下攘攘皆为利往"。另外，2017 年 5 月 24 日，财政部下发《关于开展田园综合体建设试点工作的通知》，鼓励试点申报，浙江属于 18 个可以申报的省份之一。

实际上与德清县"国际化山水田园城市"的发展定位一致。之所以有如此规划定位建议，[①] 也是因为，"乡村振兴"时代新农村建设与新型城镇化并非两张皮，而是一体两面的关系，共同服务于城乡统筹发展目标。

综上，关于乡村产业特性及其更变和发展，既要顺应农业现代化和国际化的发展趋势，也要能够突破思维窠臼，以"经营乡村"的理念去发展乡村产业。也即，乡村产业只是地理上位于乡村的产业而已，可以和乡村有关联，但未必一定要具备"乡土特质"。这是因为，这种所谓"乡土特质"，往往只是农业产业效益效率整体低下和乡村沦为落后象征物观念的沉淀和折射。当然，也可以认为，随着城乡统筹融合发展和城镇化水平提升带来的工作方式、生活方式、居住方式、消费方式的改变，城乡居民关于农业的消费需求也日趋多样化，因而，城乡居民的需求升级及其新需求催生了农业开发的多功能化展开。

（三）乡村人口的特性及其需求特征的变化

重农，尽管是作为"贵本"发展观的一种良性体现而被肯定，但在漫长的中国王朝历史长河中，尤其是近现代以来，整体上，农民（乡村居民）一直是落后群体的一个典型象征。与之相关的是，存续有不少带有污名化色彩的词汇，比如、氓隶之人、齐东野人（民）、野夫、草木之人、田农（夫、佃、客、仆、僮等）、庄稼汉、乡下人、乡巴佬、村夫野叟，甚至包括改革开放之后出现的"农民工"等称谓。的确，在一定程度上，正是由于农村意味着落后，农民意味着"老土"，上述称谓均是事实，但更为重要的问题是，导致农民"落后"的因素和机制是什么？

这个问题解答起来估计很复杂，而且是见仁见智。但至少有一点值得强调，即过往农民的选择权太少了，而农民的"形象"（社会地位）将会随着职业选择的改变而改变。远的姑且不说，改革开放以来，农民逐渐有了越来越多的外出务工的权利，可以从事多样化的非农生计，不再为"靠天吃饭的乡土作业"所束缚。这种情形在东部和南部等经济较为发达的地区尤为明

---

① 值得欣慰的是，关于莫干山村镇如何进一步发展，我们所提的一些建议目前已经得到一些镇领导的重视，并支持我们将相关调研工作继续开展下去。

显。比如，20世纪八九十年代，在广东的"洗脚上田"现象。[①]1978年改革开放以来，40年农村土地资源配置逻辑演变的背后，其实有着一条主线，即农民和土地的关系如何摆放和处置，例如，从"分田到户"到"入股到户"等改革版本相继出现。具体而言，安徽省凤阳县小岗生产队最早进行"分田到户"（1978），体现的地权关系是由"合"到"分"，而浙江省德清县沈家墩村则是国内最早"分股到户"（1999）的代表之一，体现的地权关系是由"分"到"合"。

因此，可以说，职业选择及其之上的就业和社会保障问题能否得到有效解决，是农民去向问题的一个核心所在。也可以说，乡村活力能否维系，在很大程度上首先取决于所在地能否提供保质保量的就业岗位和相应的技能培训，较好地满足"农村土地上的人"的就业需求。如果有意进一步有效吸引青壮年劳动力回到和留在乡村发展，那么，教育、医疗、娱乐等公共服务和道路交通等公共设施的供给配套自然也少不了。总而言之，由于经济社会发展变迁和群体代际差异，农民的构成在改变，其相应的需求也在改变。这一论判主要来自下述两个方面的支撑。

一方面，随着改革开放事业的推进，在乡村产业转型升级推拉作用之下，农村劳动力就业渠道日渐多样化。不过，总体而言，非农化是一个大趋势，这是因为，在农业现代化发展过程中，对简单劳动力的需求日渐减少，更多依赖于现代科技的使用和管理。例如，在一定程度上，德清县乡村建设之路即可视作人口非农化和就业非农化及其互动作用的一种模式。而最近几年，返乡创业人员和乡村创客在莫干山村的重新出现，又可视为"离土不离乡"职业观的一个新版本。再如，在某种程度上，德清县系列"新土改"的一大特色在于，农村土地利用方式在非粮化和非农化方面的陆续拓展。需要注意的是，对于德清这类全国经济百强县而言，部分农村土地的非粮化甚至非农化根植于当地农民就业渠道选择的非农化，至少是非传统农业就业选择的多样化。

---

① 当初大量港澳中小资本流入内地，广东原有"守土而居"的农民离开传统农耕，转为从事知识和技术含量都较低的工商服务业，可视为"农转非"发展转型的初期表现。

另一方面，农民的类型及其需求越来越多样化。例如，"乡愁"未必只是城里人的诉求或"专利享受"，即便是农村居民，财富多寡也程度不一，他们中既有解决"城愁"的需求，也有解决"乡愁"的需求，不同乡村人群的不同诉求都应当得到满足。于是，在国内部分地区，特别是经济较发达的地区，未来何谓农民，可能都需要重新定义。比如，农业部农研中心刘年艳（2017）曾提出"业主型农民"的概念，指的是新型产业农民的培育和组织。赋予现代农民产业属性，农民就是从事现代农业的产业工人，而且，农业并不只意味从事种植养殖业等传统农业，农业融合发展与新型农业产业的创新正在进一步深化，为此，需要以系统性产业链，乃至"全产业链"一类视角重新定义新时期的产业农民。

有关农民的问题，还需要追问的有：尽管从传统社会身份界定的角度来看，国内依然有大量的农业人口。不过，如果撇开我们原有的户籍制度、人口管理规章细则、地域界定等外在范畴，中国还可以剩下多少农民？同时，中国又新产生了多少农业技术工人？农民群体是否在快速消失？时过境迁，在改革开放40年后的今日中国，真正以务农为生的劳动力和能够长时期安居乡间的人口比例，已经明显在下降。现在的"农民"已经大量丧失基础的农耕技能，更不用说还有可能掌握为过去时代所津津乐道的诸种精耕细作的农耕技巧了。在国内很多地方，尤其以东部和东南部为甚，当地"农民"在改革开放后没多久便不再以农为主业，陆续"洗脚上田"而务工经商。如今，这类农民的生产和生活谈不上与务农还有多少关联。关于"农民"之"农"字，剩下的估计只是一个先赋性身份罢了。

再从具体实例去观察，在一些江南乡镇可以见到，首先，凡是在50岁以下的"农民"，绝大部分早已丧失了农耕技能。目前在农田中耕作的"农民"，基本都是六七十岁，甚至还有少数80岁以上的人员。他们受制于没有其他工作技能，兼及文化基础低下，难以建立新的生活形态和生存生产技能，只能继续坚持在土地上劳作。其次，仅有极少量的中年"农民"在务农。不过，与其说他们是"农民"，不如说他们是受过相对良好的中等教育，有着先进种植经验和理念的农业技术工人。并且，因为生产力的先进，他们可以作为一个个体或者若干个小集体耕作大量的土地，这已经是普遍现象了。但那些虽然进入中年但教育素质不高、种植经验落后的农民，在现在的市场经济竞争下，正处于被快速地淘汰过程中，有时候，几次耕作失误，就能让这些人倾家荡产，然后不得不进城谋生。再次，观察这些乡镇目前的外来人口，以及在和他们的沟通互动中，同样可以发现类似的现象，也即，在很多地区，传统的农民，即具有基础耕作能力和技能的农民也正在大量消失。综合全国情形而言，参考国家统计局《中华人民共和国 2016 年国民经济和社会发展统计公报》《中华人民共和国 2017 年国民经济和社会发展统计公报》等统计数据，截至 2016 年末，中国总人口为 13.8 亿，户籍人口城镇化率为 41.2%，常住人口城镇化率为 57.35%。截至 2017 年末，中国大陆总人口 13.9 亿人，常住人口城镇化率为 58.52%，户籍人口城镇化率为 42.35%。尽管按照户籍计算中国还有 8 亿左右的"农民"（常住农村务农与非务农的居民有 5.8 亿左右），但按照联合国粮农组织的计算标准，8 亿"农民"中还具有基础耕作能力和从事农业劳动的人员却只有 3 亿左右。如今，随着户籍制度改革在全国的推进（如德清县在 2013 年已经将辖区内全部城乡居民统一登记为"浙江居民户口"），相较于新农产业发展，三农之"农"字的内涵正在改变，正变得日益丰富。因此，何谓"农民"，具体如何界定，将来都可能成为一个问题。

与此同时，基于在浙北德清以及浙东宁波的经年调研，以及启发自周其仁和刘守英关于"城乡中国"的阐释，关于未来农村人口特性，我们提出一个预判，即有望出现从"乡土农民"到"城乡农民"的转变，这将是一个从"乡下人"成长为"城里人"的长时间的转换过程。实际上，在今日浙江杭嘉湖宁绍地区，整体而言，"小农的终结"基本已成为事实（孟德拉斯，2005）。但是，农业在继续，乡村生活也在继续，只是发展的形式和层级大不同于以往了。

综上，关于乡村人口特性及其更变和发展，无论是农民的构成，农民的择业观，农民的代际差异，还是农民与土地、农业和乡村的关系，都在发生持续性变化。比如，未来的农村耕作者，将来可能更多的是农业技术工人（农业技术专业工作者），而不再是人们刻板印象中的"象征着落后的农民"了。随着经济社会的继续发展、农民群体代际差异及其需求差异的拉大以及老一辈农村居民的相继去世，"传统农民"将难以继续存在。一定程度上，这也意味着，在未来部分乡村地区，农村发展的主体将有所变化，而且，随着城乡互动的推进、农业功能和形态的变化、村庄治理结构的变化以及乡村新产业新业态的继续演进，乡村人口特性及其需求也将继续发生相应的更变。

第三节 "地域活化"与"乡村振兴"何以相融合：新时代乡建的一个展望

一 迈向"乡村振兴"新时代

"农业农村农民问题是关系国计民生的根本性问题，必须始终把解决好'三农'问题作为全党工作重中之重。要坚持农业农村优先发展，按照产业兴旺、生态宜居、乡风文明、治理有效、生活富裕的总要求，建立健全城乡融合发展体制机制和政策体系，加快推进农业农村现代化。巩固和完善农村基本经营制度，深化农村土地制度改革，完善承包地'三权'分置制度。保持土地承包关系稳定并长久不变，第二轮土地承包到期后再延长三十年。深化农村集体产权制度改革，保障农民财产权益，壮大集体经济，促进农村一二三产业融合发展，支持和鼓励农民就业创业，拓宽增收渠道……"十九大以来，中央层面正在大力倡导"实施乡村振兴战略"。此前，包括"农业供给侧改革"（德清县是浙江省这方面改革的唯一试点）等关联性乡村建设项目已经相继启动。其实，这场改革的启动在一定程度上意味着，农业和农村建设的各项供给服务跟不上实际发展和建设需求的变化，甚至存在结构性失衡的风险，已构成新时期经济增长的重要障碍。因此，在"实施乡村振兴战略"改革背景之下审视当下乡村建设，多维供需关系变迁可以是一个不错的视角。其中，土地要素盘活是一个维度，乡村产业升级是一个维度，新农人在社会身份和职业选择上的变迁是一个维度，三者共同指向村庄治理结构的发展转型。进而言之，一定意义上，从社会学和城乡规划交叉融合发展的跨学科对话角度而言，三者共同根植于基于"地域活化"理论视角之上的

"地方空间"分析框架下的发展实践。至于具体内容，环境风貌、生态维护、基础设施、公共服务、公共空间、产业发展和转型升级、基层社会治理等板块，均可以包括在"乡村地域活化"范畴之内。

当然，此处关于"乡村地域活化"的阐释，并非一个纯粹的新术语，而是直接启发自建筑规划界泰斗吴良镛先生的"城市有机更新"理论。从字面意思理解主要指的是，作为一种生命有机体的乡村，适宜在尊重和维护"地方空间"之下，探赜乡村的更新和发展的具体路径，并能够对乡村经济社会生活中已不适应新时代城乡统筹融合发展的环节，做出必要的改建或再造，使之重新振兴和繁荣。例如，依据经济新常态时期乡村建设的具体内容和要求，循依乡村内在的社会文化机理，在可持续发展基础上，需要妥善处理过去、当前和将来的关系，以促进乡村改造区域的物理环境与县市域整体经济社会环境的相一致。

只不过，不同于建筑规划学关于"有机更新"的常见表述，在社会学语境中，"乡村地域活化"的内涵或可侧重于强调，基于地方发展实际，从农业特点出发，既要对农业与农民、土地、农业组织、乡村关系予以考察，也要对特定地方空间下农民的特点（如人口特征及其需求特征），农村社会治理组织和农业组织的形式与发展趋势等方面予以持续性观察。概言之，除了尺度、规模、强度等自然物理性更新之外（比如前述"地域活化"视角提及的"地和景"），本书所指的"乡村地域活化"还注重对"人本"之下新型农业经济组织和农村社会组织的引导和培育及其功能发挥和配套服务数量和质量的有效供给。

笔者之所以有此见解，主要是基于田野调研的认知，三年多来，我们在浙北和浙东部分县域农村的跟踪调研发现，这些地方的"美丽乡村"建设在建筑规划和经济社会等维度上均颇有章法（当然也存在诸多待完善之处）。"乡村地域活化"正在成为新乡村建设中一种真实的可能，其间，尤其是农民土地股份合作社和乡贤参事会这两类经济社会组织的孵化和成长，甫一见到，即引起了我们的格外关注。无论是乡贤参事会的运作机制和功能发挥，还是土地股份合作社（及其监事会）的运作机制和功能发挥，相应"在地空间"之下乡村有机更新的具体实现路径均值得进一步跟进调研。当然，也留下了大量亟须深入研讨的问题。例如，相较于乡贤参事会为农村民间社会组织的清晰定位，"土地股份合作社"究竟属于农民专业合作社的一支，还是属于农村集体经济组织（如村集体经济合作社/村股份经济合作社）的一支？或者是二者的混合体？① "土地股份合作社"与既有的村委会的联系和区别又如何界定？如何平衡"土地股份合作社"的公益性和经营性运作？于是，"土地股份合作社"的内涵、外延及其权能如何界定？成员资格的取得和退出机制及其间的责任权利关系又如何设置？当做出既定判断时，相应的判定依据又是什么？等等，不一而足，都需要在实践中予以积累摸索。对此，笔者的一个初步设想是，作为非营利组织的乡贤参事会与作为营利组织的土地股份合作社可以互补合作，这是因为，相较于村集体经济组织和村委会等（准）官方组织机构，乡贤参事会的成员构成更加多元，自治性也更强，可以更好地发挥督责监管功用。

进一步而言，关于跨学科"地域活化"理论视角在"实施乡村振兴战略"过程中的应用前景，将其置于社会学视野之下，假若从产业升级和村庄治理转型相统合的角度去审视，它有助于拓展乡村活力得以维系与提升的路径选择。其一，经由土地资源的重新配置和经济社会发展空间的规划重构，有助于推动优势资源和要素的集聚发展。例如，从乡村土地要素盘活入手

---

① 2017年正好是《中华人民共和国农民专业合作社法》实施的十周年，通过了《中华人民共和国农民专业合作社法（修订草案）》，此次调整范围不包含基于农村集体经济组织之上的社区性的经济合作社或股份经济合作社。依据全国人大常委会农业委员会释法（2007），农民专业合作社与传统的农村集体经济组织有以下区别：（1）农民专业合作社是农民自发组织起来的。我国农村实行家庭承包经营后，面对日益激烈的市场竞争，农民自觉产生了联合起来的要求，用组织起来的力量共同进入市场，以提高农产品的竞争力，增加自己的收入。农民专业合作社是适应市场经济的需要而产生的，在它的发展过程中，没有来自政府的行政干预，是农民自己的组织。（2）农民专业合作社实行"入社自愿、退社自由"的原则。农民可以自愿加入农民专业合作社，根据自己意愿可以加入一个或者多个合作社。社员也可以按照自己的意愿退出合作社，并依法办理相关的财产交割。同时，农民专业合作社成员资格是开放的，不仅局限于同一社区的农民，规模大一点的合作社其成员往往分布在不同的村庄、乡镇，甚至更大的范围。（3）农民专业合作社是专业的经济组织。农民专业合作社以同类农产品的生产或者同类农业生产经营服务为纽带，来实现成员共同的经济目的，其经营服务的内容具有很强的专业性。（4）农民专业合作社是新的独立的市场主体。联合起来的农民通过专业合作社参与市场活动，提高了农业生产和农民进入市场的组织化程度，也是一个新的市场主体，依法登记的农民专业合作社具有法人资格。

（农地利用方式的灵活改变），关于人和产业的未来走向，主要需要做好两个方面的升级，一是人力资本的升级，二是产业升级。其二，在发展经济产业的同时，有必要借力地方民俗和节庆的复兴活化，加强在地居民对地方（公共）空间的进一步认同。其三，乡村活力的维系和提升，虽说离不开土地管理创新，但同样也离不开城乡体制改革的推进（更多关联信息，参考文末的附录部分）。其四，基于各个地方的发展实际，从各地农村产业特点出发，注重关注其中多维供需关系的变迁。以前文所述"大农业"之类的新农产业发展为例，适宜以市场导向为基础，把握需求的变迁态势。例如，在城乡居民消费和产业结构双重升级作用之下，不能不重视乡村产业发展在需求内容、需求方式和需求结构等层面环环相扣的变化。其五，需要看到生产方式、消费方式和生活方式的更变，是农村产业和治理结构变迁的根本动力，因而，有必要以产业转型升级和乡村基层社会治理创新去引导乡村居民人力资本的提升，以更好地适应新农产业的发展。以上五个方面的合力作用或将有助于促进"乡村振兴战略"的渐进实现。

一言以蔽之，相较于"乡村振兴战略"的丰富内涵，"（乡村）地域活化"理论视角或可视为该战略的一个具体化提炼，倡导生态先行，并以乡村多样化产业为先导，以交通、物流和通信等基础设施和医疗教育等公共服务供给为支撑，优化乡村治理结构、重构城乡关系，进而促进乡村全面振兴。

二 "地域活化"与"乡村振兴"在理论和实践上何以相融合

首先，基于前述东衡村和燎原村案例的剖析，可以认为，村庄发展及其治理转型与乡村地方产业的转型升级有着密切联系。也可以认为，村庄治理结构的变迁源自乡村自身产业转型升级引发的诸种"较量"，尤其是"地方空间"之下"土地+土地上的人+土地上的产业"，即源自土地要素的盘活（农地利用方式的改变），乡村居民就业渠道的拓宽及其对应的社会保障的落实，乡村既定产业价值链的延长及其价值增值的实现等，反之亦然，土地及其之上人和产业去向问题的有效处置，也有助于农村基层治理结构改革的推进和深化。

其次，可以发现，"土地、产业、人力资本"及其综合作用，直接关涉乡村产业发展与基层治理的路径选择，这也是我们在浙江北部和东部有关镇村经年跟踪调研的一个发现。笔者以为，"（乡村）地域活化"视角的确立有助于乡村活力的进一步维系与提升，且具备发展为相应分析框架的一个理论性汲取源。在第二章理论构建部分，本书写作的整体分析框架为"地域活化"研究视角下"空间"的三重构建，其中，尤其突出"地方空间及其三维组合"，也即"土地＋土地上的人＋土地上的产业"。同时，需要说明的是，"地方空间"突出地方性行动实践及其对应经济社会等维度的更新过程如何得以进行。例如，生态、生产和生活"三生"发展观的落实。而以"三生"为主线的"美丽乡村"建设，其本身即已体现出一种"（乡村）地域活化"的规划建设思路，尽管二者内涵并非完全一致。其实，一定意义上，"地方空间及其三维组合"分析框架的构建，也是汲取和综合了现有农村社会学或农业经济学的有关阐释，不过，这类论著多倾向于关注"土地、土地上的人、土地上的产业"三维中的单一维度。由此可见，"地域活化"理论视角及其之下"地方空间视野下的三维组合"分析路径，值得进一步结合特定地方发展实践予以丰富和完善。

再次，从发展目标看，"促进乡村社会的繁荣与实现城乡经济均衡发展"，这类农业农村发展政策并非中国独有，而是国际化的操作经验，美欧日韩等市场经济发达国家莫不曾如此作为（张红宇，2003）。关于中国内地实践建设中的乡村更新和改造，按照社会学"三板斧套路"去概括，当下主要有三种声音，即社会力量（民间力量）着意于"乡村复兴（回归）"，市场力量着意于"乡村开发"，政府力量则着意于"社会主义新农村（美丽乡村）"规划。三方力量之间如何协调共进依然面临着诸多障碍，有待进一步互动沟通，以求达成相应共识。

最后，在"乡村振兴战略"实施启动的新时代，围绕"乡村活力如何维系与提升"议题，基于德清县"美丽乡村"建设实践，以前述"地域活化"视角之下"（地方）空间的三重构建"分析框架为立足点，本书致力于提供若干关于"村庄治理转型和产业升级向何处去"的分析性概念暨命题。同时，在实践层面，从德清全县层面去观察，可见，村庄转型发展离不开所在县域层面的转型发展，乡村活力的维系和提升离不开县域活力的维系和提升。的确，在德清城乡发展转型过程中，"地方空间"之下"土地、土地上的人、土地上的产业"三重力量正呈现某些农业与非农化转型协同演化的特征，而且，正因为我们在德清县相关镇村的调研还在继续，目前也初步见到了社会学意义上的"乡村地域活化"何以实现的一些线索。无论是新农产业的发展，还是新乡村治理结构的变迁，都还在探索之中，有待于实践的进一步检验。而在理论层面，上述乡村建设发展实践也存有不少值得进一步拓展提炼的空间。比如，"强化以人口、土地、产业联动三挂钩的土地利用优化配置的核心理论研究"，有望构成系列城乡发展转型学科领域关注的一个热点（杨忍等，2015），并非局限于某一特定学科。

"（乡村）地域活化"与"乡村振兴"的融合发展，有相对较为明朗的拓展空间。一言以蔽之，关于新时代乡村建设（美丽乡村）实现路径的探索及其经验总结和理论提炼，一切均"依然在路上"。

第四节　小结

作为收官之笔，有鉴于土地要素盘活对于本书撰写的中心性价值，首先，基于农地产权变革史视角，对国内农村土地资源配置逻辑的演变（1978—2018年）进行了梳理。这是因为，中国农村的一切变革概莫能离开乡村土地的变革，而本书调研地乡村变革的一个重点恰恰正是土地要素的盘活。其次，基于前述典型案例的深化讨论，结合东衡村土地利用、燎原村乡村旅游产业、人口迁移等内容概要，对新时代乡村建设和变革过程中"土地、产业、人口特性及其需求特征的变化"展开进一步讨论，指出无论是乡村土地资源要素利用方式的具体探索，还是产业发展方面的"经营乡村"，抑或是乡村人口从"乡土农民"到"城乡农民"的可能转变，均需要继续在发展实践中接受检验，力促"实践逻辑和实践过程相统一"。再次，承接前文"地方空间及其三维组合"，也即"地方空间"之下"土地＋土地上的人＋土地上的产业"的讨论，以及基于本书所依托的理论视角"地域活化"的跨学科特质，适当汲取了十九大以来"实施乡村振兴战略"内涵，提出了"乡村地域活

化"乡建的可能运作模式。"乡村地域活化"除却对"乡村治理结构更变的关注之外",还可以涵盖土地利用规划、村庄规划编制、产业发展规划等内容。当然,此处的"乡村地域活化"更着意于社会学视角的解读,既关注乡村建设的物理更生更新(如地、景、生态等维度),更关注乡村建设经济社会组织层面的更生更新(如人、文、产、社等维度)。总之,就"乡村活力何以维系和提升"这一议题而言,"(乡村)地域活化"与"乡村振兴"相融合的研究视角具有深化探讨和接受实践检验的拓展余地。

参考文献

艾少伟、苗长虹，2010，《从"地方空间"、"流动空间"到"行动者网络空间"：ANT 视角》，《人文地理》第 10 期。

白建国、梁红岩，2005，《发展产业集群促进城镇化建设的思考》，《经济问题》第 2 期。

包宗顺、徐志明、高珊、周春芳，2009，《农村土地流转的区域差异与影响因素——以江苏省为例》，《中国农村经济》第 4 期。

北京天则经济研究所"中国土地问题课题组"，2010，《土地流转与农业现代化》，《管理世界》第 7 期。

〔法〕布迪厄，皮埃尔，2003，《实践感》，蒋梓骅译，南京：译林出版社。

〔法〕布迪厄，皮埃尔，2012，《所述之言》，陈逸淳译，台北：麦田出版社。

蔡继明，1992，《进一步深化农村土地使用制度改革的构想》，《经济学家》第 1 期。

蔡立东、姜楠，2017，《农地三权分置的法实现》，《中国社会科学》第 5 期。

蔡泉宝，2006，《德清县莫干山镇何村及周边村史文化》，香港：天马图书有限公司。

蔡泉宝、章顺龙，2005，《东衡村史文化》，香港：天马图书有限公司。

蔡翼飞、魏后凯、吴利学，2014，《中国城镇化成本的度量研究》，《发展研究》第 1 期。

曹锦清，2013，《黄河边的中国》，上海：上海文艺出版社。

陈达，1934，《人口问题》，上海：商务印书馆。

陈光金，2003，《块状民营经济的经济社会效应分析》，《中国农村观察》第2期。

陈光金，2016，《在"新常态背景下中国农村发展与治理学术研讨会"发言》，光明网5月17日。

陈光金，1996，《中国乡村现代化的回顾与前瞻》，长沙：湖南出版社。

陈翰笙，1985，《中国的农村研究》，载汪熙、杨小佛主编《陈翰笙文集》，上海：复旦大学出版社。

陈剑波，2006，《农地制度：所有权问题还是委托－代理问题?》，《经济研究》第7期。

陈那波，2006，《海外关于中国市场转型论争十五年文献述评》，《社会学研究》第5期。

陈其南，1998，《社区营造与乡土学习》，载东吴大学历史系主编《方志学与社区乡土史学术研讨会论文集》，台北：台湾学生书局。

陈锡文，2017，《促进农村新产业新业态健康发展，推进农业供给侧结构性改革不断深化》，《人民政协报》6月27日第6版。

陈锡文等，2011，《农村社会保障制度》，北京：中国劳动社会保障出版社。

陈小君，2012，《农村集体土地征收的法理反思与制度重构》，《中国法学》第1期。

陈振华、闫琳，2014，《台湾村落社区的营造与永续发展及其启示》，《中国名城》第3期。

仇保兴，2010，《对地方政府"土地财政"的理性分析及兴利除弊之策》，《城市发展研究》第7期。

仇保兴，2012，《新型城镇化：从概念到行动》，《行政管理体制改革》第11期。

仇保兴，2004，《新型工业化、城镇化与企业集群》，《现代城市研究》第1期。

戴慕珍，1997，《中国地方政府公司化的制度化基础》，载甘阳、崔之元编

《中国改革的政府经济学》，香港：牛津大学出版社。

党国英，2009，《当前中国农村土地政策调整的若干问题》，载中国社科院农
　　村所宏观经济研究室编《农村土地制度改革：国际比较研究》，北京：
　　社会科学文献出版社。

党国英，2005，《当前中国农村土地制度改革的现状与问题》，《华中师范大
　　学学报》（社科版）第 4 期。

德清县地方志编纂委员会，2015，《德清县志（1986—2005）》，2015 终审稿
　　（未刊版）。

邓文钱，2013，《韩国"新村运动"的成功经验》，《学习时报》12 月 13 日
　　第 7 版。

丁琳琳、孟庆国，2015，《农村土地确权羁绊及对策：赣省调查》，《改革》
　　第 3 期。

董国礼、李里、任纪萍，2009，《产权代理分析下的土地流转模式及经济绩
　　效》，《社会学研究》第 1 期。

杜润生，1998，《杜润生文集：1980—1998》，太原：山西经济出版社。

杜润生，2005，《杜润生自述：中国农村体制改革重大决策纪实》，北京：人
　　民出版社。

杜润生，2005，《关于农村土地制度问题的几点意见——中国长期而有保障
　　的农村土地使用权国际研讨会上讲话》，载杜润生《杜润生自述：中国
　　农村体制改革重大决策纪实》，北京：人民出版社。

段义孚，2018，《恋地情结》，商务印书馆。

方可，2002，《黄郛替蒋介石跳火坑》，《炎黄春秋》第 5 期。

费孝通，2013，《乡土中国》，北京：中华书局。

丰雷、蒋妍、叶剑平，2013，《诱致性制度变迁还是强制性制度变迁？——
　　中国农村土地调整的制度演进及地区差异研究》，《经济研究》第 6 期。

冯健、刘玉、王永海，2007，《多层次城镇化：城乡发展的综合视角及实证
　　分析》，《地理研究》第 6 期。

冯奎，2012，《多元复合型县域城镇化战略研究》，《经济纵横》第 5 期。

冯向东，2012，《教育科学的理论与实践逻辑——关于布迪厄"实践逻辑"

的方法论意蕴》，《高等教育研究》第 2 期。

福柯，米歇尔，1990，《癫狂与文明》，孙淑强、金筑云译，杭州：浙江人民出版社。

高丙中，1998，《西方生活方式研究的理论发展叙略》，《社会学研究》第 3 期。

高飞，2016，《农村土地"三权分置"的法理阐释与制度意蕴》，《法学研究》第 3 期。

高海，2016，《论农用地"三权分置"中经营权的法律性质》，《法学家》第 4 期。

高圣平、刘守英，2007，《集体建设用地进入市场：现实与法律困境》，《管理世界》第 3 期。

高宣扬，2002，《布尔迪厄》，台北：生智文化事业有限公司。

戈夫曼，欧文，2008，《日常生活中的自我呈现》，冯钢译，北京：北京大学出版社。

格兰诺维特，马克，2007，《镶嵌：社会网与经济行动》，罗家德译，北京：社会科学文献出版社。

宫崎清，1995，《展开崭新风貌的社区总体营造》，载台湾文建会《文化·产业研讨会暨社区总体营造中日交流展论文集》，台北：台湾文建会。

辜胜阻、李永周，2000，《实施千座小城市工程　启动农村市场需求》，《中国银行武汉管理干部学院学报》第 1 期。

顾朝林、甄峰、张京祥，2000，《集聚与扩散——城市空间结构新论》，南京：东南大学出版社。

顾春，2016，《浙江德清从水里"吸金"，淤泥在这里变成宝》，《人民日报》11 月 20 日第 9 版。

关永强，2015，《农村土地产权制度的历史借鉴：近代中国地权分配研究述评》，《南开经济研究》第 3 期。

管洪彦、孔祥智，2017，《农村土地三权分置的政策内涵与表达思路》，《江汉论坛》第 4 期。

管栩、金晓斌、周寅湃、李珍贵、周寅康，2013，《公益性用地界定方法探讨》，《中国土地科学》第 6 期。

哈维，大卫，1996，《地理学中的解释》，高泳源、刘立华、蔡运龙等译，北京：商务印书馆。

哈维，大卫，2016，《资本主义的 17 个矛盾及其终结（全新修订译本）》，许瑞宋译，台北：联经出版公司。

韩俊，2017，《要把进不进城的选择权交给农民》，http:∥roll. finance. sina. com. cn/s_50rlt2017nh_ all/1/index. shtml。

韩俊，1999，《中国农村土地制度建设三题》，《管理世界》第 3 期。

韩蕊，2013，《新农村绿化开放空间原则及案例研究》，清华大学硕士学位论文。

何东霞，1992，《当代中国农村的土地制度和经济改革》，《学术研究》第 2 期。

何建华、于建嵘，2005，《近二十年来民国乡村建设运动研究综述》，《当代世界社会主义问题》第 3 期。

何深静、钱俊希、徐雨璇、刘斌，2012，《快速城市化背景下乡村绅士化的时空演变特征》，《地理学报》第 8 期。

何宇鹏，2017，《推动农村由传统向现代转型——从"百村千户"调查看党的十八大以来中国农村社会变迁》，《清华大学中国农村研究院"三农"决策要参》第 24 期。

何贞青、廖嘉展等，2005，《台湾生态社区的故事：一个永续台湾的起点》，台北：台湾财团法人新故乡文教基金会。

贺雪峰，2010，《地权的逻辑——中国农村土地制度向何处去》，北京：中国政法大学出版社。

贺雪峰，2015，《农地承包经营权确权的由来、逻辑与出路》，《思想战线》第 5 期。

侯建新，2000，《二十世纪二三十年代中国农村经济调查与研究评述》，《史学月刊》第 4 期。

黄宝连、黄祖辉、顾益康、王丽娟，2012，《产权视角下中国当前农村土地制度创新的路径研究——以成都为例》，《经济学家》第 3 期。

黄辉祥、万君，2010，《乡村建设、中国问题与韩国经验》，《社会主义研究》第 6 期。

黄砺，2016，《基础性制度约束与农地产权改革争论：基于制度分层的研究视角》，《南京农业大学学报》（社会科学版）第 3 期。

黄其洪，2014，《爱德华·索亚空间本体论的正义追寻》，《马克思主义与现实》第 3 期。

黄沈亦云，1967b，《附追悼黄膺白先生纪念册》（一卷），载沈云龙主编《近代中国史料丛刊》（第三辑），台北：文海出版社。

黄沈亦云，1967c，《黄膺白先生故旧感忆录》，载沈云龙主编《近代中国史料丛刊》（第三辑），台北：文海出版社。

黄沈亦云，1967a，《黄膺白先生家传》（一卷），载沈云龙主编《近代中国史料丛刊》（第三辑），台北：文海出版社。

黄祖辉、蒋文华，2002，《农业与农村发展的制度透视：理论述评与应用分析》，北京：中国农业出版社。

黄祖辉、王朋，2008，《农村土地流转：现状、问题及对策——兼论土地流转对现代农业发展的影响》，《浙江大学学报》（社科版）第 2 期。

霍金斯等，2003，《消费者行为学》，符国群等译，北京：机械工业出版社。

吉尔兹·克利福德，2000，《地方性知识》，王海龙、张家宣译，北京：中央编译出版社。

吉姆松·盖尔，2003，《公共空间与公共生活》，汤羽扬译，北京：中国建筑工业出版社。

贾春增，2000，《外国社会学史》（修订版），北京：中国人民大学出版社。

蒋佳倩、李艳，2014，《国内外"民宿"旅游研究综述》，《旅游研究》第 4 期。

金连升、叶海，2012，《浙江省经信委要求加快工业结构调整优化提升》，《浙江时报》11 月 21 日。

金毓黻，1993，《静晤室日记（第一册）》，沈阳：辽沈书社。

卡斯特，曼纽尔，2010，《网络社会的崛起》，夏铸九等译，北京：社会科学文献出版社。

卡斯特，曼纽尔，2006，《都市理论和中国的城市化》，许玫译，《国际城市规划》第 5 期。

卡斯特，曼纽尔，2006，《流动空间中社会意义的重建》，王志弘译，《国际城市规划》第 5 期。

康云海，1992，《农村土地制度改革的思路比较》，《改革》第 1 期。

孔祥智，2017，《三权分置的重点是强化经营权》，《中国特色社会主义研究》第 3 期。

兰德利，查尔斯，2009，《创意城市：如何打造都市创意生活圈》，杨幼兰译，北京：清华大学出版社。

蓝宇蕴，2005，《都市村社共同体——有关农民城市化组织方式与生活方式的个案研究》，《中国社会科学》第 2 期。

李昌平、马士娟、曹雅思，2011，《对"撤村并居"、"农民上楼"的系统思考》，《中国党政干部论坛》第 3 期。

李程骅，2003，《公共空间与私有空间：城市住宅空间的社会学思考》，《江海学刊》第 1 期。

李初叶、周元雄，2016，《温州民宿产业发展探索》，《浙江农业科学》第 4 期。

李德芳，2001，《民国乡村自治问题研究》，北京：人民出版社。

李德梅、邱枫、董朝阳，2015，《民宿资源评价体系实证研究》，《世界科技研究与发展》第 4 期。

李甫，2016，《旧村活化中的植入策略：以爷爷家青年旅社为例》，《时代建筑》第 1 期。

李敢，2018c，《城乡一体"化"的实践逻辑与实践过程》，《城市规划》第 12 期。

李敢，2018b，《空间重塑与村庄转型互动机制何以构建——基于莫干山村民宿群落化的案例分析》，《城市规划》第 11 期。

李敢，2015，《另辟蹊径的城镇化——基于浙江"钢琴之乡"双重产业集群化路径的案例研究》，《北京社会科学》第 9 期。

李敢、刘米娜，2014，《文化产业集群机制与转型升级的行动逻辑》，《重庆社会科学》第 6 期。

李敢，2017a，《"莫干乡村改进"实践及对新时期乡村建设启示》，《浙江树人大学学报》第 1 期。

李敢，2018a，《"社区总体营造"：理论脉络与实践》，《中国行政管理》第 4 期。

李敢，2017d，《社区总体营造视野下乡村活力的维系与提升——基于新旧"莫干乡村改进实践"的案例比较》，《城市规划》第 12 期。

李敢，2017b，《舒适物理论视角下莫干特色小镇建设解析——一个消费社会学视角》，《城市规划》第 3 期。

李敢，2017c，《文化产业与地方政府行动逻辑变迁——基于 Z 省 H 市的调查》，《社会学研究》第 4 期。

李敢、徐建牛，2018，《改革开放四十年来我国农村土地产权变革的制度逻辑——一个资源配置效率与公平的分析视角》，《社会发展研究》第 2 期。

李敢，2016，《浙江"新土改"及其城乡一体"化"探索（1999—2015）》，《中共南京市委党校学报》第 4 期。

李敢、周伟国，2017，《"乡村振兴战略"一个着力点探讨：农村"土地上人的改革"向何处去》，《农村经营管理》第 12 期。

李金铮，2014，《另一种视野：民国时期国外学者与中国农村调查》，《文史哲》第 10 期。

李金铮，2013，《中国近代农民何以贫困》，《江海学刊》第 2 期。

李景汉，1933，《定县社会概况调查》，北京：中华平民教育促进会。

李景汉，1991，《实地社会调查方法》，上海：上海书店。

李景汉，1930，《中国农村问题》，北京：商务印书馆。

李猛，1999，《布迪厄》，载杨善华主编《当代西方社会学理论》，北京：北京大学出版社。

李宁、何兴邦、王舒娟，2017，《地权结构细分视角下中国农地产权制度变迁与改革：一个分析框架的构建》，《中国农村观察》第 2 期。

李培林，2002，《巨变：村落的终结——都市里的村庄研究》，《中国社会科学》第 1 期。

李平、刘晴，2015，《德清县西部山区"民宿"发展与存在的消防安全问题探讨》，《消防技术与产品信息》第 5 期。

李强、陈宇琳、刘精明，2012，《中国城镇化"推进模式"研究》，《中国社会科学》第 7 期。

李升，2015，《土地财政与财政体制关系研究：基于数量的分解》，《中央财经大学学报》第 1 期。

李翔宁，2009，《从建筑设计到社会行动》，《时代建筑》第 11 期。

李晓红、黄瑾，2016，《三权分置农地制度下农民土地财产权利受损的产权逻辑》，《广西民族大学学报》（哲社版）第 6 期。

李晓乐、王英，2016，《批判社会理论的空间化与"历史决定论"批评——测绘索亚的后现代地理学叙事》，《华中科技大学学报》（社科版）第 2 期。

梁漱溟，2005，《梁漱溟全集》，济南：山东人民出版社。

廖嘉展，2015，《台湾乡村的美丽实践："智造"青蛙五国与蝴蝶世界》，《福建日报》8 月 7 日 12 版。

林奇，凯文，2001，《城市形态》，林庆怡等译，北京：华夏出版社。

刘怀玉，2014，《"空间的生产"若干问题研究》，《哲学动态》第 11 期。

刘坤，2012，《我国乡村公共开放空间研究》，清华大学硕士学位论文。

刘年艳，2017，《创新推动传统三农向新三农发展转型》，《农民日报》5 月 20 日第 6 版。

刘守英、路乾，2017，《产权安排与保护：现代秩序的基础》，《学术月刊》第 5 期。

刘守英，2017，《以深化土地制度改革活化乡村》，《中国国土资源报》4 月 22 日第 3 版。

刘守英，2016，《中国农业的历史转型与农业现代化》，洪范法律与经济微信公众号，http://www.hongfan.org.cn/active_info.php? id=252。

刘顺娜，2013，《论资本逻辑在空间生产中的功能品质》，《求实》第 10 期。

刘苏、段义孚，2017，《"恋地情结"理念论思想探析》，《人文地理》第 3 期。

刘蔚，2007，《文化产业集群的形成机理研究》，暨南大学管理学博士学位论文。

刘欣，2003，《阶级惯习与品味：布迪厄的阶级理论》，《社会学研究》第 6 期。

刘亚秋，2014，《费孝通的"社会学主义"》，《学术研究》第 9 期。

刘彦随，2011，《科学推进中国农村土地整治战略》，《中国土地科学》第 4 期。

刘彦随、刘玉、翟荣新，2009，《中国农村空心化的地理学研究与整治实践》，《地理学报》第 10 期。

刘彦随，2018，《中国新时代城乡融合和乡村振兴》，《地理学报》第 4 期。

陆俊才，2009，《村庄公共空间的适应性重构研究》，武汉理工大学硕士学位论文。

陆学艺，1986，《联产承包责任制研究》，上海人民出版社。

陆学艺，2004，《农村现代化的基本问题》，北京：中共中央党校出版社。

陆学艺，1983，《农业发展的黄金时代》，甘肃人民出版社。

陆学艺，2002，《"三农论"：当代中国农业、农村、农民研究》，北京：社会科学文献出版社。

陆学艺，2005，《"三农"新论：当前中国农业、农村、农民问题研究》，北京：社会科学文献出版社。

陆学艺，1989，《中国农业、农民、农村问题研究》，《改革》第 2 期。

陆扬，2005，《析索亚第三空间理论》，《天津社会科学》第 2 期。

罗家德，2015 年 11 月 8 日，《社会管理创新的真义》，第五届"中国百村经济社会调查"年会发言，贵阳。

罗永昌，2013，《黄郭与莫干山》，北京：中国文史出版社。

罗瑜斌，2010，《珠三角历史文化村镇保护的现实困境与对策》，华南理工大学博士学位论文。

马凯、钱忠好，2009，《中国农村集体非农建设用地市场长期动态均衡分析》，《中国土地科学》第 3 期。

马勇，2008，《思想奇人——梁漱溟》，北京：北京大学出版社。

孟德拉斯，2010，《农民的终结》，李培林译，北京：社会科学文献出版社。

孟德拉斯，2005，《农民的终结》，李培林译，社会科学文献出版社。

倪鹏飞，2013，《新型城镇化的基本模式、具体路径与推进对策》，《江海学刊》第 1 期。

帕森斯，塔尔科特、尼尔·斯梅尔瑟，1989，《经济与社会》，刘进等译，北京：华夏出版社。

潘海生、曹小锋，2010，《就地城镇化：一条新型城镇化道路——浙江小城镇建设的调查》，《政策瞭望》第 9 期。

潘学方，2006，《村经济合作社股份制改革与土地生存保障问题》，香港中文大学《二十一世纪》第 2 期。

潘颖颖，2013，《浙江民宿发展面临的困难及解析——基于西塘的民宿旅游》，《生产力研究》第 3 期。

彭玉生，2003，《中国村镇工业公司：所有权公司治理与市场监督》，载《清华社会学评论》（2002 卷），北京：社会科学文献出版社。

朴振焕，2005，《韩国新村运动》，北京：中国农业出版社。

齐骥，2013，《我国文化产业集群发展的障碍与路径》，《中华文化论坛》第 8 期。

钱昌照，1998，《钱昌照回忆录》，北京：中国文史出版社。

钱龙、洪名勇，2015，《农地产权是"有意的制度模糊"吗——兼论土地确权的路径选择》，《经济学家》第 8 期。

钱忠好，2005，《中国农村土地制度变迁和创新研究（续）》，北京：社会科学文献出版社。

商春荣、王冰，2004，《农村集体土地产权制度与土地流转》，《华南农业大学学报》（社科版）第 2 期。

上海地方志办公室，2008，《上海通志·第四十四卷人物·传主·黄郛》，上海：上海地方志办公室。

邵峰，1999，《农村城镇化道路的战略选择》，《浙江经济》第 2 期。

邵念荣、欧晓明，2009，《产业集群文献综述》，《中国青年政治学院学报》第 1 期。

申静、王汉生，2005，《集体产权在中国乡村生活中的实践逻辑——社会学视角下的产权建构过程》，《社会学研究》第 1 期。

沈佳倩，2013，《德清县和美家园建设分析》，华中师范大学农业推广专业硕士学位论文。

沈亦云，1980，《亦云回忆》（第二版），台北：传记文学出版社。

沈云龙，1976，《黄膺白先生年谱长编》（两册），台北：联经出版事业公司。

史永高，2015，《作为一种乡村建设路径的轻型建筑系统——徐州陆口村格莱珉乡村银行》，《建筑学报》第 7 期。

斯威德伯格，理查德，2005，《经济社会学原理》，周长城等译，北京：中国人民大学出版社。

斯威德伯格，理查德，2007，《马克斯·韦伯与经济社会学思想》，何蓉译，北京：商务印书馆。

宋恩荣，2013，《晏阳初全集》（1—4 册），天津：天津教育出版社。

宋琪、汤玉刚，2016，《基于公共品资本化的地方财政激励制度研究——土地财政如何影响公共品提供》，《经济理论和经济管理》第 1 期。

宋秀葵，2012，《地方、空间与生存：段义孚生态文化思想研究》，北京：中国社会科学出版社。

宋秀葵，2014，《段义孚的地方空间思想研究》，《人文地理》第 4 期。

苏贾，爱德华，2004，《后现代地理学——重申批判社会理论中的空间》，王文斌译，北京：商务印书馆。

苏贾，爱德华，2016，《寻求空间正义》，高春花、强乃社译，北京：社会科学文献出版社。

孙本文，2011，《当代中国社会学》，北京：商务印书馆。

孙本文，2012，《孙本文文集第一卷之社会学原理》，北京：社会科学文献出版社。

孙立平，2013，《公平正义视野中的城镇化》，《中国党政干部论坛》第 3 期。

孙立平，2000，《"过程——事件分析"与对当代中国国家农民关系的实践形态》，载《清华社会学评论》（特辑），北京：社会科学文献出版社。

孙立平，2002a，《迈向实践的社会学》，《江海学刊》第 3 期。

孙立平，2002b，《实践社会学与市场转型过程分析》，《中国社会科学》第 5 期。

孙立平，1993，《"自由流动资源"与"自由活动空间"——论改革过程中中国社会结构的变迁》，《浙江社会科学》第 1 期。

孙宪忠，2016，《推进农地三权分置经营模式的立法研究》，《中国社会科学》第 7 期。

孙秀林、周飞舟，2013，《土地财政与分税制：一个实证解释》，《中国社会科学》第 4 期。

索杰（Edward W. Soja）等，2005，《第三空间：去往洛杉矶和其他真实和想象地方的旅程》，上海：上海教育出版社。

索亚，爱德华，2006，《后大都市：城市和区域的批判性研究》，李钧译，上海：上海教育出版社。

谭明智，2014，《严控与激励并存——土地增减挂钩的政策脉络及地方实施》，《中国社会科学》第 7 期。

唐根年、徐维祥、汪少华，2003，《浙江区域块状经济地理分布特征、绩效及其形成机制研究》，《人文地理》第 4 期。

唐莹、王玉波，2016，《土地财政驱动农村建设用地入市程度及区域调控政策》，《经济地理》第 2 期。

陶孟和，2011，《孟和文存》，上海：上海书店出版社。

田传浩、贾生华，2004，《农地制度、地权稳定性与农地使用权市场发育：理论与来自苏浙鲁的经验》，《经济研究》第 1 期。

田毅鹏，2005，《找回"丢失的传统"》，《天津社会科学》第 2 期。

万健，2010，《集体非农建设用地流转制度研究——基于 SSP 范式的分析视角》，南京农业大学博士学位论文。

王春光，2016，《超越城乡：资源、机会一体化配置》，北京：社会科学文献出版社。

王春光，2014，《建构一个新的城乡一体化分析框架：机会平等视角》，《北京工业大学学报》（社会科学版）第 6 期。

王春光，2015，《中国乡村治理结构的未来发展方向》，《人民论坛·学术前沿》第 3 期。

王丰龙、刘云刚，2013，《中国城市建设用地扩张与财政收入增长的面板格兰杰因果检验》，《地理学报》第 2 期。

王汉生、刘世定、孙立平，1997，《作为制度运作和制度变迁方式的变通》，《中国社科学季刊》冬季号。

王敬尧、魏来，2016，《当代中国农地制度的存续与变迁》，《中国社会科学》第 2 期。

王昆欣等，2008，《乡村旅游与社区可持续发展研究：以浙江省为例》，北京：清华大学出版社。

王丽娟，2012，《和美家园德清》，杭州：浙江大学出版社。

王宁，2010，《城市舒适物与社会不平等》，《西北师范大学学报》第 5 期。

王宁，2014a，《城市舒适物与消费型资本——从消费社会学视角看城市产业升级》，《兰州大学学报》（社科版）第 1 期。

王宁，2014b，《地方消费主义、城市舒适物与产业结构优化——从消费社会学视角看产业转型升级》，《社会学研究》第 4 期。

王宁，2001，《消费社会学：一个分析的视角》，北京：社会科学文献出版社。

王萍，2013，《浙江：新型城镇化的探索》，《中国人大杂志》第 11 期。

王小映，2014，《集体建设用地入市流转的几个问题》，《中国经济时报》12 月 26 日第 7 版。

王小映，2016，《"三权分置"产权结构下的土地登记》，《农村经济》第 6 期。

王行、严嘉伟，2015，《"镇中村"改造营建中的延续与重构》，《西部人居环学刊》第 1 期。

王旭，1998，《大都市区化：本世纪美国城市化的主导趋势》，《美国研究》第 4 期。

韦伯，马克斯，1997，《经济与社会》（第 1 版），林荣远译，北京：商务印书馆。

韦亚平，2011，《着力构建以"控规"为核心的地方空间增长管理体系》，《城市规划》第 2 期。

温铁军，2013，《八次危机》，北京：东方出版社。

文贯中，2014，《吾民无地：城市化、土地制度与户籍制度的内在逻辑》，北京：东方出版社。

文军、黄锐，2012，《"空间"的思想谱系与理想图景：一种开放性实践空间的建构》，《社会学研究》第2期。

沃尔德，安德鲁，1996，《作为工业厂商的地方政府：对中国过渡经济的组织分析》，应星译，《国外社会学》第5—6期。

吴传明，1992，《广州农村发展股份合作经济的探讨》，《南方经济》第2期。

吴家曦，2011，《发展现代产业集群，推进小城市建设》，《浙江经济》第13期。

吴毅、陈颀，2015，《农地制度变革的路径、空间与界限——"赋权—限权"下行动互构的视角》，《社会学研究》第5期。

吴毅，2009，《理想抑或常态：农地配置探索的世纪之摆——理解20世纪中国农地制度变迁史的一个视角》，《社会学研究》第3期。

西村幸夫，2007，《再造魅力故乡》，王惠君译，北京：清华大学出版社。

习近平，2016，《加大推进新形势下农村改革力度 促进农业基础稳固农民安居乐业——习近平总书记在安徽凤阳县小岗村农村改革座谈会上的讲话》。

习近平，2017，《决胜全面建成小康社会 争取新时代中国特色社会主义伟大胜利——在中国共产党第十九次全国代表大会上的报告》。

项文惠，2003，《寻访黄郛别墅》，《浙江档案》第3期。

肖卫东、梁春梅，2016，《农村土地"三权分置"的内涵、基本要义及权利关系》，《中国农村经济》第11期。

熊培云，2011，《一个村庄里的中国》，北京：新星出版社。

徐建炜，2010，《农地保护的国际经验及其对中国的启示》，《国际经济评论》第2期。

徐维祥、唐根年，2004，《浙江区域块状经济在城镇化进程中的远行绩效分析》，《经济地理》第1期。

徐秀丽，2006，《民国时期的乡村建设运动》，《安徽史学》第4期。

徐勇，1998，《包产到户浮沉录》，珠海：珠海出版社。

徐勇，2017，《从身份土地走向契约土地》，载蒋永甫《让土地流转起来——集体产权视角下的农地流转机制主体创新研究》，北京：人民出版社。

许海燕，2009，《集体建设用地流转问题及制度创新研究》，华中农业大学硕

士学位论文。

许经勇，2007，《温州城镇化道路的成功经验：以内源性经济为基础的市场化、专业化》，《浙江经济》第 20 期。

许庆、田士超、徐志刚、邵挺，2008，《农地制度、土地细碎化与农民收入不平等》，《经济研究》第 2 期。

言心哲，1939，《中国乡村人口问题之分析》，商务印书馆。

杨开道，1932，《农村社会学》，上海：世界书局。

杨开道，1929，《农村社会学》，上海：世界书局。

杨开道，1935，《农村问题》，上海：世界书局。

杨开道，1931，《农村政策》，上海：世界书局。

杨开道，1931，《农村自治》，上海：世界书局。

杨开道，2015，《中国乡约制度》，北京：商务印书馆。

杨林、刘春仙，2014，《后土地财政时代提高我国城镇化建设可持续性对策研究》，《地方财政研究》第 5 期。

杨秋生、朱重庆，2010，《土地赋能，创造村庄发展新空间》，北京：中国农业出版社。

杨忍、刘彦随、龙花楼，2015，《中国环渤海地区人口——土地—产业非农化协同演进特征》，《地理研究》第 3 期。

杨善华、苏红，2002，《从代理型政权经营者到谋利型政权经营者》，《社会学研究》第 1 期。

杨天石，1993，《黄郛与塘沽协定善后交涉》，《历史研究》第 3 期。

杨小凯、黄有光，1999，《专业化与经济组织——一种新兴古典微观经济学框架》，张玉纲译，北京：经济科学出版社。

姚洋，2000，《中国农地制度：一个分析框架》，《中国社会科学》第 2 期。

叶剑平、蒋妍、丰雷，2006，《中国农村土地流转市场的调查研究——基于2005 年 17 省调查的分析和建议》，《中国农村观察》第 4 期。

叶林、吴木銮、高颖玲，2016，《土地财政与城市扩张：实证证据及对策研究》，《经济社会体制比较》第 2 期。

叶兴庆，2013，《现代化与农民进城》，北京：中国言实出版社。

易靖茗，2014，《两岸一家亲，共建新家园——"2014海峡两岸（厦门海沧）社区共同缔造论坛"在厦门海沧举行》，《台声》第10期。

英格尔斯，阿历克斯、戴维·H. 史密斯，1992，《从传统人到现代人——六个发展中国家的个人变化》，顾昕译，北京：中国人民大学出版社。

英格尔斯，阿历克斯，1985，《人的现代化》，殷陆君编译，成都：四川人民出版社。

于建嵘、石凤友，2012，《关于当前我国农村土地确权的几个重要问题》，《东南学术》第4期。

于洋，2016，《纽约市区划条例的百年流：1916—2016——以私有公共空间建设为例》，《国际城市规划》第2期。

俞海、黄季焜、Scott Rozelle、Loren Brandt、张林秀，2003，《地权稳定性、土地流转与农地资源持续利用》，《经济研究》第9期。

虞和平，2006，《民国时期乡村建设运动的农村改造模式》，《近代史研究》第4期。

袁诚，2016，《中国农村土地制度变迁：一个产权的视角》，《中南财经政法大学学报》第5期。

苑卫卫，2014，《产业集群与城镇化互动机理分析》，《统计与管理》第4期。

臧得顺，2012，《臧村"关系地权"的实践逻辑：一个地权研究分析框架的构建》，《社会学研究》第1期。

曾冠生，2015，《私有空间的公共性与公共空间的"私有性"》，《建筑技艺》第5期。

张贺、陈原、王珏，2014，《城镇化，开启文化产业新机遇》，《人民日报》5月8日第19版。

张红宇，2016，《关于深化农村改革的四个问题》，《农业经济问题》第7期。

张红宇，2003a，《就业结构调整与中国农村劳动力的充分就业》，《农业经济问题》第7期。

张红宇，2002，《中国农村的土地制度变迁》，北京：中国农业出版社。

张红宇，1998，《中国农村土地产权政策：持续创新——对农地使用制度变革的重新评判》，《管理世界》第6期。

张红宇，2003b，《中国农业管理体制：问题与前景——相关的国际经验与启示》，《管理世界》第 7 期。

张红宇，1992，《中国土地制度变革与农业结构调整——1978 年后的中国农村改革与发展》，《经济体制改革》第 2 期。

张洁，2008，《我国乡村旅游可持续发展的研究》，天津大学博士学位论文。

张学继，2005，《黄郛传》，北京：团结出版社。

张钰，2013，《文化产业集群的发展动力机制研究——以山东省为例》，山东财经大学硕士学位论文。

张远索、张占录，2013，《农村居民点整理中二维多元利益格局优化》，《中国土地科学》第 6 期。

章顺龙，2014，《衡风》，香港：天马图书有限公司。

赵德健，2016，《逼出来的改革：东平土地股份合作与乡村治理的实践探索》，北京：中国社会科学出版社。

赵冈、陈钟毅，2006，《中国土地制度史》，北京：新星出版社。

赵源恩，2014，《推进一产"接二连三"发展现代农业的实践与思考》，《浙江现代农业》第 4 期。

郑大华，2006，《关于民国乡村建设运动的几个问题》，《史学月刊》第 2 期。

郑大华，2000，《民国乡村建设运动》，北京：社会科学文献出版社。

郑捷、戴向东，2014，《金门红砖厝民宿刍议》，《家具与室内装饰》第 11 期。

中共湖州市委宣传部，2017，《树贤·用贤·学贤》，《求是》第 4 期。

钟晓华，2016，《田子坊是如何可能的：行动者的空间实践视角》，上海：复旦大学出版社。

周飞舟、王绍琛，2015，《农民上楼与资本下乡：城镇化的社会学研究》，《中国社会科学》第 1 期。

周国梁，2010，《美国文化产业集群发展研究》，吉林大学博士学位论文。

周怀龙、陈玉杰，2016，《深化试点，突破难点——浙江省德清县农村集体经营性建设用地入市调查》，《中国国土资源报》8 月 16 日第 1 版。

周其仁，2004，《产权与制度变迁：中国改革的经验研究》，北京：北京大学出版社。

周其仁，2013，《城乡中国》（上），北京：中信出版社。

周其仁，2014，《城乡中国》（下），北京：中信出版社。

周其仁、刘守英，1988，《湄潭：一个传统农区的土地制度变迁》，载中共贵州省委政策研究室、中共贵州省湄潭县委主编《土地制度建设试验监测与评估》，未刊稿。

周琼，2011，《台湾各县市休闲农业现状分析》，《台湾农业探索》第5期。

周尚意、戴俊骋，2014，《文化地理学概念、理论的逻辑关系之分析——以"学科树"分析近年中国大陆文化地理学进展》，《地理学报》第10期。

朱北仲，2015，《我国农村土地确权中的问题与解决对策》，《经济纵横》第5期。

朱冬亮，2003，《社会变迁中的村级土地制度》，厦门：厦门大学出版社。

朱国宏、桂勇，2005，《经济社会学导论》，上海：复旦大学出版社。

朱启臻，2009，《关于农业社会学的几点思考》，《中国农业大学学报》（社科版）第1期。

朱启臻，1996，《农业社会学》，北京：社会科学文献出版社。

朱启臻、袁明宝，2013，《警惕对农村土地流转的过分解读》，《农村工作通讯》第24期。

祝侃、马航、龙江，2009，《西方城市绿色开放空间的演变》，《华中建筑》第9期。

Agnew，John A et al. 1990，The Power of Place bring to Gather Geographical and Sociological Imagination. *Geographical Journal*，156（1）：525 – 536.

Bagwell，Susan. 2008，Creative Cluster and City Growth，*Creative Industry*，1（1）：31 – 46.

Blair，J. 1998，Quality of Life and Economic Development Policy. *Economic Review*，12（1）：50 – 66.

Bourdieu，P. 1984，*Distinction*：*A Social Critique of the Judgment of Taste*. Cambridge：Harvard University Press .

Campbell Colin. 1987. The Romantic Ithic Cond the Spirit of Modern Constrmer-ism. Writer Printshop.

Cartes, Ivan. 2016, Disaster Recovery and Place-Led Development through Comprehensive Urban Design, *Urban Design International*, 1: 33 – 41.

Castells, Manuel. 2009, *The Rise of Network Society (Second Edition)*. New Jersey: Wiley-Blackwell.

Caves, R. 2000, *Creative Industries: Contracts between Art and Commerce*. Cambridge, MA: Harvard University Press.

Chia, R&R. B. Mackay. 2007, Post-Processual Challenges for the Emerging Strategy-as-Practice Perspective: Discovering Strategy in the Logic of Practice. *Human Relations*, 60 (3): 217 – 237.

Clark, TN. 2004, The City: *As an Entertainment Machine*. New York: Elsevier.

Curve. *Journal of rural studies*, 36: 311 – 317.

Dong X Y. 1996, Two-Tier Land Tenure System and Sustained Economic Growth in Post – 1978 Rural China. *World Development*, 24 (5): 915 – 928.

Feng L, Bao H X, Jiang Y. 2014, Land Reallocation Reform in Rural China: A Behavioral Economics Perspective. *Land Use Policy*, 41: 246 – 259.

Gallagher Winifred. 2007. The Power of Place. Harper Perennial.

Glaeser, E. L, et al. 2004, *Consumer and Cities//*Clark. TN, ed. *The City: as an Entertainment Machine*. New York: Elsevier.

Gottlieb, P D. 1994, Amenities as an Economic Development Tool: Is There Enough Evidence? . *Economic Development Quarterly*, (3): 271.

Guntera, Helen & Gillian Forresterb. 2010, New Labor and the Logic of Practice in Educational Reform. *Critical Studies in Education*, 51 (1): 20 – 39.

Guo X, 2001, Land Expropriation and Rural Conflicts in China. *The China Quarterly*, 166: 422 – 439.

Ho, Samuel PS, and George CS Lin. 2003, Emerging Land Markets in Rural and Urban China: Policies and Practices. *The China Quarterly*, 175 : 681 – 707.

Hu W. 1997, Household Land Tenure Reform in China: Its Impact on Farming Land Use and Agro-Environment. *Land Use Policy*, 14: 175 – 186.

Krusekopf C C. 2002, Diversity in Land-Tenure Arrangements under the Household

Responsibility System in China. *China Economic Review*, 13 (2): 297 – 312.

Kung J K. 2002, Off-Farm Labor Markets and the Emergence of Land Rental Markets in Rural China. *Journal of Comparative Economics*, 30 (2): 395 – 414.

Lazzeretti, Lucicona. 2008. Do Creatine Inclcgtries Cluster? Mapping Crective Local Production Systerns in Italy and Spain. *Industry and Innovation*, Vol. 3.

LDA. 2005, *Strategies for Creative Space: Phase 1 Report*, London: London Development Agency.

Li. Hui. 2016, An Empirical Analysis of the Effects of Land-Transfer Revenues on Local Governments' Spending Preferences in China. *China: An International Journal*, 14 (3): 29 – 50.

Ling Z, Zhongyi J. 1993, From Brigade to Village Community: the Land Tenure System and Rural Development in China. *Cambridge Journal of Economics*, 17 (4): 441 – 461.

Lin, Justin Yifu. 1992, Rural Reforms and Agricultural Growth in China. *The American Economic Review* (2): 34 – 51.

Liu Y, Fang F, Li Y. 2014, Key Issues of Land Use in China and Implications for Policy Making. *Land Use Policy*, 40: 6 – 12.

Liu Y, Yang R, Long H, et al. 2014, Implications of Land-Use Change in Rural China: A Case Study of Yucheng, Shandong Province. *Land Use Policy*, 40: 111 – 118.

Li, Y., Chen, C., Wang, Y., & Liu, Y. 2014, Urban-Rural Transformation and Farmland Conversion in China: The Application of the Environmental Kuznets Luciana Lazzeretti, etc (2008). Do Creative Industries Cluster? —Mapping Creative Local Production Systems in Italy and Spain. *Industry and Innovation*, 15: 5, 549 – 567.

Nee, V. and Ingram, P. 1998, Embeddedness and Beyond: Institutions, Exchange, and Social Structure, in Brinton, M. C. and Nee, V. (Eds), *The New Institutionalism in Sociology*, New York: Russell Sage Foundation.

Neil. Smith. 1987, Gentrification and the Rent Gap. *Annals of the Association of A-*

merican Geographers, 77 (3): 29 – 32.

örgen Sandberg and Haridimos Tsoukas. 2011, Grasping the Logic of Practice: Theorizing Through Practical Rationality. *Academy of Management Review*, 36 (2): 338 – 360.

Schuler, D&Namioka, A. 1993, *Participatory Design: Principles and Practices*. NJ: Erlbaum.

Scott, A. J. 2006, Entrepreneurship, Innovation and Industrial Development: Geography and Creative Field Revisited, *Small Business Economics*, 4: 46 – 59.

Sheat, LG. 1989, User Participation—A Design Methodology for School Grounds Design and Environment Learning? *Childrens Environments Quarterly*, 6 (3): 15 – 30.

Steven Bateman & Angus Hyland. 2011, *Symbol*. London: Laurence King.

Teaford. Jon C. 1986, *The 20th-Century American Cities: Problems, Promise and Reality*. Baltimore: John Hopkins University Press.

Trullen, T & Boix, R. 2008, *Knowledge Externalities and Networks of Cities in Creative Metropolis* in: Towse, R. (Ed). *A Handbook of Cultural economics*. Princeton: Princeton University Press.

Tuan Y-F. 1974, *Topophilia: A Study of Environmental Perception, Attitudes, and Values*. New York: Columbia University Press.

UIlman, E. L. 1954, Amenities as a Factor in Regional Growth. *Geographical Review*, 44 (1): 18 – 23.

Winifred Gallagher. 2007, *The Power of Place: How Our Surroundings Shape Our Thoughts, Emotions, and Actions*. New York: Harper Perennial.

Young Foundation. 2006, *Social Silicon Valleys, What It Is, Why It Matters, How It Can be Accelerated?* London: Young Foundation/British Council.

Zhu Ling, Jiany Zhonyyi. 1993. From Briyale to vli aye Community: The Land Fenure Systern and Rual Revelopment in Chima, *Cambridye Jaornal of Economics*, Vol 4.

附　　录

附录1　浙江省德清县莫干山镇燎原村简介（2015年数据）

德清县莫干山镇燎原村，原名庚村，为纪念南北朝大文学家庾肩吾、庾信父子而得村名。燎原村位于德清县西部山区，国家级风景名胜区——莫干山脚下，南邻劳岭村，东接高峰村，西连莫干山，整个村庄镶嵌在群山翠绿之中。村域面积9平方公里，全村总人口1743人，农户450户，20个村民小组，分布在7个自然村。2015年村级集体经济总收入335万元，农民人均可支配收入2.8万元。燎原村现仍存有莫干区公所旧址、王家花厅老屋、私立莫干小学、蚕种场、文治藏书楼等中欧混合建筑旧址，以及时任民国代总理、首任外交部长黄郛故居、黄郛墓、白云池水库遗址等。燎原村具有良好的自然资源禀赋，有溪水、山体等良好生态环境的重要构成元素。村庄周边青山环抱，阜溪清澈蜿蜒，形成山水交融的优美生态环境。燎原村的莫皋坞、汪家自然村位于北部山谷地区，农居多沿溪呈带状分布，中村、干家村的农居等多沿黄郛东路、庾信北路等道路分布。农居多为民国建筑、新中国成立初期建筑、改革开放初期建筑。

近些年，燎原村坚持"生态立村，三产富民"的发展战略，发展以文化创意和乡村旅游为主体的旅游产业，部分村民已从过往卖竹片类竹制品为生，转为经营精致民宿和休闲旅游业，寻找到一种更具经济效益的绿色经济发展模式。比如，依托优越的自然环境和深厚的文化底蕴，保护传承村落人文色彩与乡土古韵并存的传统风貌和历史记忆，致力于开发清境文创园、郡安里·君澜度假区（包括国际极限运动知名品牌 Discovery 乐园）等文化体验类旅游产品，形成集创意办公、文化展示、论坛基地、精致西餐、艺术酒店、室外展示等功能于一体的休闲、创智、创业特色基地。已基本形成蚕乐谷蚕桑文体体验中心、庾村 1932 文化集市、陆放版画藏书票馆等包括文化、休闲、购物、旅游、艺术在内的旅游元素构成的休闲旅游观光产业链。而由黄郛莫干农村改良展示馆、莫干山车站、萱草书屋和标准室内礼堂等共同组成的燎原村文化礼堂，类似乡村文创产业中心。如今的燎原村全力打造中西风格融合、民国风情彰显的莫干山门户，成为"望得见山、看得见水、记得住乡愁"的海派风情文化名村。相关情况介绍如下。

（1）打造民国风情一条街。为配合镇政府精致小镇建设，从 2014 年开始，该村就立足民国海派风格，以老集镇基础建设为先导，充分挖掘"民国文化""农耕文化"等特色地域文化，对老集镇 10 幢民房进行外立面改造，对 120 米长的街道景观进行整体改造提升，最终形成了一条具有民国海派建筑风格的历史街区。

（2）旅游项目双进。牢抓中高端休闲旅游主攻方向，着力引进优质高效项目，丰富旅游业态。先后引进香溢生态园、阳光生态园、文创园、莫干山旅游集散中心等近十个项目，特别是 2013 年成功引进省级重点项目"郡安里度假区"，以及之后的"Discovery 极限探索基地"项目，都为该村旅游产业和农家乐产业发展积攒了极高的人气。同时也带动了周边旅游业发展及农副产品的销售，预计每年可为村民带来 600 万 ~ 1000 万元收益（2017 年 3 月 21 日，莫干山镇工作人员解答，此数据构成为：村周边民宿收益 400 万元；项目实施过程中，村民打工工资收益 200 万元；土地租赁收益 250 万元左右；农副产品收益 50 万元左右）。

（3）土地流转。通过转包、租赁、互换等土地流转经营的形式，经多方协调，村两委牵线搭桥，村民自主决定，近年来，成功地实现了直达畈绿化苗木种植、黄金畈杨桐柃木种植等 1000 余亩土地的集中流转，不仅带动了周边农户增收致富，也将农村劳动力从世代耕作的土地上解放出来，更好地从事二、三产业，真正增加了农民的收入。

（4）村庄洁化。根据"五水共治"工作要求，该村先是关停了村内全部（9家）生猪养殖场，从源头上切断了污染源。再是完成了集镇生活污水纳管处理，共铺设主管网1.9公里，支管0.8公里，增建115立方米的污水收集池一座，治理农户、企业、商铺共计223户。继续实施村庄环境卫生长效管理，根据村庄区域特点，将全村分成4片保洁区域，通过各区域新增流动垃圾箱、配备保洁员和保洁设备等措施，将各区域垃圾集中收集至沿线垃圾收集点，由镇统一清运，做到日产日清。

（5）村庄绿化。因美丽乡村建设，该村已有较好的绿化基础，2015年，该村又在此基础上加大对村庄绿化的投入，对道路两边、公园内及房前屋后绿化进行了修剪、补种，共种植桂花树、杨梅树、枫树、红叶石楠等绿化苗木800棵，新增绿化面积2000平方米，目前全村宜绿化地段全面绿化。

（6）三改一拆。根据全县"五水共治""无违建县"创建工作推进大会的要求，近两年，该村以"无违建村"为目标，投入25万元，首先拆除了公路沿线600多平方米的简易棚，清理了路边堆放物，围编了450余米竹篱笆。认真贯彻"无违建村"建设精神，以"一户多宅"为整治重点，拆除了56户8000平方米的违建农房，完成了"三改一拆"的工作任务。

（7）社会保障工作。认真实施城乡居民养老保险和医疗保险工作，近年来，各保险参保率均在99%以上，特别是针对医疗保险，该村将每年都进行参保补助，补助约100元/人。除此之外，该村每年都安排三天时间对全村农民开展免费体检，特别是针对行动不便的老年人群还进行上门体检。

附录2 浙江省德清县洛舍镇东衡村简介（2015年数据）

东衡村地处洛舍镇东南部，有龙洞山、千秋晚眺、龟山晨曦、元代赵孟頫墓和古桥梁等名胜古迹。东衡村东邻钟管镇，南接乾元镇，西靠三家村，北交镇工业区。现有773户人家，22个村民小组，总人口3056人。村地域面积10.4平方公里，拥有水田4553亩、桑地1004亩、鱼塘280亩、山林690亩。村集体经济收入886.65万元，2015年村民人均纯收入25990元。在全村干部群众的共同努力下，曾先后荣获共青团中央联系点、全国生态文化村、浙江省民主法治村、中国和美家园精品村、德清县"农村产权制度改革先进集体"等荣誉称号。

东衡村有着十分深厚的历史文化底蕴，从南宋至清代，三百多年间共有十一名进士。宋末时期家居湖州的赵孟頫，因躲避战乱而隐居东衡十年，与当地名冠乡绅的才女管道升结为夫妇。出仕为官后，一直把东衡当作故乡，死后与夫人合葬在东衡山原。2013 年 3 月，赵孟頫墓地被国务院列为全国重点文物单位。民国时期，东衡的日智国民小学校歌中的"半山半水，从来是半读半耕；半乡半市，自古就半武半文"唱出了东衡村美丽的村貌，淳朴的耕读文化。

1. 矿山变青山　致富走新路

东衡村早年以矿业起步，村民靠着采矿卖石在这里生活了一代又一代。然而多年不惜环境代价的开采矿山，造成了东衡村严重的生态破坏。环境日益恶化，靠采矿富起来的村民不愿意继续待在这个一出门空气里满是尘埃的乡村，越来越多的村民从东衡村搬迁了出去。村里的干部们意识到问题的严重性，于 2009 年全面关闭矿山企业，开展废弃矿山吸泥还耕工程，从"大炮一响，黄金万两"的观念转变到"绿水青山就是金山银山"的生态理念。经过 5 年的努力，东衡村焕然一新，曾经开矿留下的深坑已被填平，在这之上建起的中心村让村民们个个都住上了豪华大别墅。

环境好起来，村民们也回来了，不再开矿的村民们另辟新路创造财富，钢琴产业、木皮业、特色水产业成为村民致富的新道路。尤其是钢琴产业，目前，在东衡村就有 9 家钢琴生产及配件企业，全村 20% 的人从事与钢琴有关的工作（备注：作为洛舍镇的特色产业，经过二十多年发展历程的德清钢琴产业，拥有 80 多家钢琴生产、配件企业，洛舍镇因其发达的木业成为德清钢琴产业最集中的乡镇，拥有钢琴制造及配件企业 60 多家，钢琴产业总资产突破 2.5 亿元，从业人员 2000 人，其中专业技术人员 200 余人，年产钢琴超过 4 万架，占全国总产量的 1/8，是长江三角洲最大的钢琴制造中心，涌现出乐韵、华谱、杰士德等知名大型钢琴生产企业。依托该产业，德清还积极打造"中国钢琴音乐谷"文化产业园区，同时被列入浙江省文化产业发展"122"工程 20 个重点文化产业园区之一）。

2. 乡贤治理 助力村庄发展

2011 年，面对石矿关停、整个村集体经济几乎无收入来源的状况，为推动发展，在广泛征求广大村民意见建议的基础上，洛舍镇东衡村经党员大会通过，成立了由村两委会成员、老干部、党员、组长代表等 19 名同志组成的新农村建设推进委员会，后更名为乡贤参事会。参事会主动转变领导方式，变几人商议为众人决策，变千斤重担"一人担"为"大家挑"，既集中群众智慧，又赢得群众支持。别致整齐的独栋别墅，干净美观的居住环境，文化礼堂、健身广场、社区卫生院、养老院等配套设施一应俱全……在集体智慧的推动下，昔日曾经靠开矿致富的东衡村，现已告别往日的漫天沙尘，大有城里高档社区的架势，焕发着新农村的生机活力。2015 年以来，乡贤参事会共参与完成中心村天然气站建设、废弃矿坑填埋等重大事项决策 23 项，全程介入项目监督。

3. 文化、产业双轮驱动

东衡村在"美丽乡村"建设中，以"孟頫故里、书画圣地、文化东衡"为规划目标。通过和美家园建设，结合东衡村特有文化资源，大力弘扬优秀文化精神，凸显特色产业，以中心村集聚新老结合，完美打造东衡村"六个一"：一村即中心村，目前已建设好 11 层小高层 2 幢 110 套，联排 140 套；一堂即文化礼堂，作为全省标志性文化礼堂；一楼即中国农民藏书第一楼，内有藏书 5000 目 15000 万册；一墓即赵孟頫墓地（全国重点文物保护单位）；一馆即和美乡风馆（非遗馆），展示东衡特有文化，弘扬乡风文明；一业即钢琴产业。其中，东衡村文化礼堂是浙江省乡村文化建设的一个典型。2012 年落成的东衡村文化礼堂总建筑面积达到 1700 平方米，以"务实、守信、崇学、向善"的价值观为指导经常性开展道德文化传承、乡风文明传播、文化礼仪传习、文体娱乐等活动，成为东衡村村委建设"幸福八有"文化村落的重要阵地，也成为全体村民的精神家园和对外交流的重要窗口。

4. 规划先行，整体发展

截至 2015 年，东衡村结合村土地利用规划的编制，按照村庄集聚、农田连片、产业集约、生态美好的要求，合理布局"三生"（生态、生产、生活）空间。中心村按照居住集聚、功能配套、节约集约的要求，将原先村里废弃的矿山平整出来，合理选址布局宅基地，规划引入城市小区式的住宅，实行统一建设，并实行先拆先选、自愿选择户型。户型有排屋和公寓两种，其中公寓面积最大为 280 平方米，排屋的安置模式采用"三改二、二改三"，每户占地面积由原先的 140 平方米缩减到 87.5 平方米，节约 100 多亩土地。结合农村土地综合整治，节余指标由政府收购，统一投入中心村建设，大大降低了农户成本。同时，还配建了无房户、困难户保障房和过渡房，切实保障农民居住权。与此同时，在村庄规划编制中实行全域规划、一二三产业统一考虑，结合东衡村文化内涵，以可行、合理、实用为出发点，按照有利于耕地保护，有利于发展经济，有利于高效利用的原则，村三会多次集体研究讨论，并征求村民小组长、村民意见，最终以村民代表大会表决的形式固定下来。东衡村的村庄规划以 1 个中心村 5 个保留点新老相结合的形式规划。西侧的旧村整治改造区块，采取逐户改造，严格控制占地面积。东侧新建区块规划引入城市小区式的住宅，利用废弃矿山回填平整出的土地，结合中国和美家园建设及农村土地综合整治建设新村，共集聚 260 户，910 人左右。主体建筑以排屋和小高层为主，排屋建筑占地控制在 87.5 平方米/户，小高层住宅为德清县首个农民住宅高层公寓楼，既节约了土地，又满足了不同层次的村民需求。

附录 3　东衡村"乡贤参事会"（新农村建设推进委员会）章程草案

第一章　总　则

第一条　本协会的名称：德清县洛舍镇东衡村新农村建设推进委员会。

第二条　本协会是由热心服务本村经济社会建设的乡贤自愿组成的，具有公益性、服务性、联合性、地域性、非营利性的基层社会组织。

本章程所称乡贤，包括因品德、才学为乡人推崇敬重的本土精英，也包括因求学、致仕、经商而走入城市的外出精英，以及市场经济环境下在农村投资创业的外来精英。

第三条　本协会的宗旨："村事民议、村事民治"，协助推动群众参与基层社会治理，服务农村经济社会建设，"共建、共治、共享"美好幸福家园。

第四条 本协会接受洛舍镇党委、村党组织的领导，接受洛舍镇政府、县民政局的监督管理和村民委员会的业务指导。

第五条 本协会住所：德清县洛舍镇东衡村村委会内。

第二章 业务范围

第六条 本协会的业务范围：

（一）弘扬优秀传统文化，推进乡风文明；

（二）组织慈善公益活动，开展扶贫济困等活动；

（三）积极引智引才引资，助推农村经济社会发展；

（四）参与公共事务管理，为村"两委"提供决策咨询；

（五）推动实施村规民约，维护公序良俗；

（六）了解村情民意，反馈群众意见建议；

（七）承办政府和主管部门委托的其他事项。

第三章 会 员

第七条 本协会实行个人会员制。个人会员为本村的老党员、老干部、复退军人、经济文化能人，出生地成长地或姻亲关系在本村的"返乡走亲"机关干部、企业法人、道德模范、持证社会工作者、教育科研人员，以及在农村投资创业的外来生产经营管理人才等。

第八条 申请加入本协会的会员，必须具备下列条件：

（一）拥护本协会的章程；

（二）自愿加入本协会；

（三）热心为本村经济社会建设服务。

第九条 会员入会的程序：

（一）由村民代表提名推荐；

（二）经村党总支审核确认；

（三）经会员大会（理事会）讨论通过。

第十条 会员享有下列权利：

（一）本协会的选举权、被选举权和表决权；

（二）参加本协会的活动；

（三）对本协会工作的批评建议权和监督权；

（四）入会自愿，退会自由；

（五）推荐会员的权利；

（六）法律、法规规定的其他权利。

第十一条　会员履行下列义务：

（一）执行本协会的决议；

（二）维护本协会合法权益；

（三）完成本协会交办的工作；

（四）向本协会反映情况，提供有关资料；

（五）积极参加本协会组织的活动。

第十二条　会员如有违反本章程的行为的，视其严重程度，经会员大会表决通过，予以警告、严重警告、除名等处分。

第四章　组织机构和负责人产生、罢免

第十三条　本协会的最高权力机构是会员大会，会员大会职权是：

（一）制定和修改章程；

（二）推选和罢免会长、副会长、秘书长（理事会成员）；

（三）审议会长工作报告和财务报告；

（四）决定终止事宜；

（五）决定其他重大事宜。

第十四条　会员大会须有 2/3 以上的会员出席方能召开，其决议须经到会会员半数以上表决通过方能生效。

第十五条　会员大会每届 3 年。因特殊情况需提前或延期换届的，报镇政府审查并经民政局批准同意。但延期换届最长不超过 1 年。

（会员 30 人以上的须成立理事会，须具备第十六条、第十七条、第十八条、第十九条）

第十六条　理事会是会员大会的执行机构，在闭会期间领导本协会开展日常工作，对会员大会负责。

第十七条　理事会的职权是：

（一）执行会员大会的决议；

（二）选举和罢免会长、副会长、秘书长；

（三）筹备召开会员大会；

（四）向会员大会报告工作和财务状况；

（五）决定会员的吸收或除名；

（六）领导本协会开展工作；

（七）制定内部管理制度；

（八）决定其他重大事项。

第十八条　理事会须有 2/3 以上理事出席方能召开，其决议须经到会理事 2/3 以上表决通过方能生效。

第十九条　理事会每年召开会议不得少于 2 次。情况特殊的，也可采用通信形式召开。

第二十条　本协会会长、副会长、秘书长必须具备下列条件：

（一）坚持党的路线、方针、政策，具有较高的政治思想素质，善于团结协作，热心公益事业，社会信用良好；

（二）热心为本村经济社会建设服务，并在本村具有一定的影响力；

（三）最高任职年龄不超过 70 周岁；

（四）身体健康，能坚持正常工作；

（五）未受过剥夺政治权利的刑事处罚；

（六）具有完全民事行为能力。

第二十一条　本协会会长、副会长、秘书长每届任期 3 年，连任不得超过两届。因特殊情况需延长任期的，须经会员大会 2/3 以上会员表决通过，报镇政府审查并经县民政局批准同意后方可任职。

第二十二条　本协会会长（副会长、秘书长）为本协会法定代表人。本协会法定代表人不兼任其他协会的法定代表人。

第二十三条　本协会会长行使下列职权：

（一）召集和主持会员大会；

（二）检查会员大会决议的落实情况；

（三）法律、法规规定的其他职责。

第二十四条　本协会秘书长行使下列职权：

（一）主持开展日常工作，组织实施年度工作计划；

（二）处理其他日常事务。

第五章　章程的修改程序

第二十五条　对本协会章程的修改，须经会员大会审议表决。

第二十六条　本协会修改的章程，须在会员大会通过后 15 日内，报镇政府审查并经县民政局核准后生效。

第六章　资产管理、使用原则

第二十七条　本协会经费来源：

（一）捐赠；

（二）政府资助；

（三）在核准的业务范围内开展活动或服务的收入；

（四）利息；

（五）其他合法收入。

第二十八条　本协会经费必须用于本章程规定的业务范围和事业的发展，不得在会员中分配。

第二十九条　本协会的资产，任何单位、个人不得侵占、私分和挪用。

第三十条　本团体应按照民间非营利组织会计制度的有关规定，建立严格的财务管理制度，保证会计资料合法、真实、准确、完整。

第三十一条　本协会的资产管理必须执行国家规定的财务管理制度，接受审计机构的监督，并将有关情况以适当方式向社会公布。

第三十二条　本协会换届或更换法定代表人之前必须接受县民政局组织的财务审计。

第七章　终止程序及终止后的财产处理

第三十三条　本协会终止动议须经会员大会表决通过，并报县民政局和镇政府审查同意。

第三十四条　本协会终止前，须在县民政局和洛舍镇政府及有关机构指导下成立清算组织，清理债权债务，处理善后事宜。清算期间，不开展清算以外的活动。

第三十五条 本协会经县民政局办理注销登记手续后即为终止。

第三十六条 本协会终止后的剩余财产，在县民政局和洛舍镇政府的监督下，按照国家有关规定，用于发展与本协会宗旨相关的事业。

第八章 附 则

第三十七条 本章程经 2014 年 6 月 18 日会员大会表决通过。

第三十八条 本章程的解释权属本协会。

第三十九条 本章程自县民政局核准之日起生效。

附录 4 东衡村农村土地整治项目中心村集聚办法（2015 年最新修改版）

第一章 总则

一、中心村集聚是东衡村农村土地整治项目的重要组成部分。主要涉及政策：农房搬迁、农房安置、旧宅基地复垦。本次中心村集聚办法遵循以下原则：搬迁补助、奖补结合、先拆先挑、一户一宅。

二、东衡村中心村分新区和老区两个区域，新区为村委以北，老区为东衡大桥以北，除赵孟頫墓地控制区以外区域（具体以规划图为准）。除中心村外，农户一律不准拆建和扩建。本《办法》出台前，建新不拆旧的农户在 2013 年 6 月底前由村统一组织拆除。

三、本《办法》经村三委讨论，村民代表会议通过后生效。

第二章 搬迁补助政策

一、本次搬迁补助政策实行货币补助与房屋安置相结合的办法。搬迁补助政策根据房屋建造的年代、结构和农户集体土地使用证核发的一宗或多宗建筑面积，制定统一的补助标准（见附表）；对非法建造的建筑物，国土部门已作经济处罚的，按合法面积计算，未作经济处罚的非法建筑物不作搬迁补助，但必须一并拆除。

二、本补助政策有效期为 2012 年 12 月 4 日至 2015 年 10 月 30 日止。

三、在 2015 年 10 月 30 日前搬迁的农户，按在册人口由村一次性补助 1200 元/人的过渡费。

四、搬迁奖励：

1. 在 2015 年 10 月底前搬迁，房屋占地面积超过 140 平方米（含 140 平方米）的农户，村一次性奖励 20000 元。

2. 房屋占地面积不到 140 平方米的农户，按实际占地面积除以 140 的比例，享受以上时间段的奖励额度。

五、整村搬迁特别政策：以自然村或组为单位，整村（以自然村或组为单位）农房拆除比率达到百分之百的，对该自然村或组完成农房拆除的搬迁农户，在原有搬迁补助政策的基础上，上浮房屋建筑面积补助款的 50%，且农房宅基地占地面积超过 140 平方米的农户一次性追加整村（以自然村或组为单位）搬迁奖励 5 万元，占地面积不到 140 平方米的农户，按实际面积除以 140 的比例享受整村搬迁奖励。

六、赵孟頫墓地第一期控制区、乾埠公路改道涉及的农房搬迁可参照《整村搬迁特别政策》，该区块征地标准按东衡村统一制定的征地办法执行。

七、本次农房搬迁涉及的旧农房由农户自行拆除，一切安全事故与村无关。

第三章　旧房拆除及现场验收办法

一、旧房拆除验收标准：以地平大框架为齐，以上所有建筑物全部拆除。

二、农户拆除旧房后通知村旧房拆除验收组进行现场验收，验收通过后，双方在《结算表》上签字，结算表上的日期和时间作为中心村安置房先拆先挑的依据（参照第四章安置政策）。

第四章　安置政策

一、村成立中心村安置办公室。搬迁农户持《房屋搬迁补助结算表》到村安置办公室，预挑中心村安置房。房款全额付清后，持《房屋搬迁补助结算表》及安置房付款凭证到村安置办公室，签订《房屋搬迁安置购房协议书》。房屋搬迁安置购房协议签订时间作为先拆先挑的依据，未签订购房协议书的农户，所预选的安置房不受保护。

二、安置房购置实行一户购置一宅政策。按东衡村户籍在册人口三口之家为一户的标准，不到三口之家的农户在已挑选好的安置房面积除以三，每平方米补缴 300 元的差价费（如：在册人口 2 人的农户，挑选了 330 平方米的安置房，应补缴 330÷3＝110×300 元＝33000 元，如挑选了 240 平方米的新房，应补缴 240÷3＝80×300 元＝24000 元）。但旧房占地面积超过 140 平方米（含 140 平方米）的农户，低保户、特困户不受上述条款约束。

三、购房协议签订后，农户不得违约，如农户提出退房或调房视为违约，并收取安置房总房价的 10% 作为违约金；如果农户之间相互商议并同意相互调换安置房，在签订购房协议后一个月内可免收违约金，逾期同上。

四、本次安置房总体情况：排屋 46 户（四联排、六联排），小高层三层以上 36 户、小高层第二层 8 户。小高层三层以上的农户可挑选底层车库（一户一车库），小高层第二层农户只能挑选底层储藏室。

五、子女分户、夫妻离婚立户必须以公安机关颁发的独立户口本及国土部门的颁发的农房土地证为准。

	排屋边套	排屋中套	B1 二层边套	B1 二层中套	B1 二层中套	B1 三层以上边套	B1 三层中套	B1 四层以上中套	B1 底层车库、储藏室
面积(平方米)	346.87	333.74	151.5	132.88	148.5	227.2	221.8	235.5	以丈量为准
单价（元）	1400	1300	1000	1000	1000	1000	1000	1000	1000
总价（元）	484520	433860	151500	132880	148500	227200	221800	235500	

第五章　宅基地复垦

旧房拆除后，村根据规划统一对宅基地进行复垦，复垦前进行宅基地及四周面积丈量，农房宅基地完成复垦并通过国土部门验收后，再对搬迁农户实行土地一次性补助，农房宅基地补助标准 30000 元/亩（非法建筑占地面积），其他土地补助标准 10000 元/亩（包括晒场、天井、房前屋后）。复垦后土地收益在该组没有统一分配前归农户所有。

东衡村搬迁补助标准

项目	类型	建造年代	标准　元/平方米
1. 房屋	1. 砖混结构楼房	2007 年之后	450
		2004—2006	400

续表

项目	类型	建造年代	标准　元/平方米
1. 房屋	1. 砖混结构楼房	2001—2003	350
		1996—2000	300
		1991—1995	250
		1986—1990	200
		1981—1985	170
		1980 年之前	150
	2. 砖木结构楼房	2000 年之后	280
		1996—2000	240
		1991—1995	200
		1986—1990	160
		1981—1985	140
		1980 年之前	120
	3. 平房		120
2. 室内装修	按建筑面积计算的补助价的百分比计算	2007 年以后	35%
		2000—2007	30%
		2000 年以前	15%
3. 其他	1. 浜岸	1.2 米以上	50 元/平方米
	2. 晒场		20 元/平方米
	3. 围墙	1.2 米以上	10 - 30 元/平方米

附录 5　德清县农村集体经营性建设用地入市改革大事记

——破法改革之路启程：2015 年是全面深化改革的关键之年，也注定将在中国土地改革史上留下浓墨重彩的一笔。2 月 27 日，第十二届全国人民代表大会常务委员会第十三次会议决定：授权国务院在北京市大兴区等三十三个试点县（市、区）行政区域，暂时调整实施《中华人民共和国土地管理法》、《中华人民共和国城市房地产管理法》关于农村土地征收、集体经营性建设用地入市、宅基地管理制度的有关规定。从 1999 年 1 月 1 日以来一直施行了 16 年之久的《中华人民共和国土地管理法》终于迎来了破法改革的机遇。

——德清列入改革试点：2015 年 3 月 20 日，国土资源部下发《关于印发农村土地征收、集体经营性建设用地入市和宅基地制度改革试点实施细则的通知》，明确浙江省德清县为全国 33 个土地制度改革试点县之一，试点内容为"集体经营性建设用地入市制度改革"。

——政策文件相继出台：4 月 17 日德清县成立以县委、县政府主要领导为组长的农村集体经营性建设用地入市试点工作领导小组，同步开展基础调查及文件政策拟定工作。6 月 29 日，国土资源部批复了德清县上报的《浙江省德清县农村集体经营性建设用地入市试点实施方案》（国土资函〔2015〕390 号）。后经过多方征求意见，一系列配套政策于 8 月 13 日相继颁布实施。

——首宗入市取得成功：8 月 19 日，德清县莫干山镇集体以协议方式出让了全国第一宗集体经营性建设用地使用权，面积 4040.9 平方米，成交总价 307.1084 万元，受让方为德清县莫干山醉清风度假酒店。9 月 8 日成功举行了首宗浙江省德清县农村集体经营性建设用地使用权（首次）拍卖会，最后经过 3 名竞买人 24 轮竞拍，洛舍镇砂村一宗面积 20 亩的集体经营性建设用地使用权以 1150 万元的高价实现了成功入市。

——试点改革纵深推进：截至 12 月 31 日，德清县已入市地块 41 宗面积 373.02 亩，实现出让金 9614.83 万元，集体经营性建设用地入市试点改革工作取得阶段性成效，圆满完成年初制定的目标任务，异地调整入市也正在紧锣密鼓地展开。

2015 年 8 月 19 日，德清县莫干山镇集体以协议方式入市了全国第一宗集体经营性建设用地使用权，拉开了中国农村土地制度改革的帷幕，得到了国土资源部的充分肯定。该地块位于德清县莫干山镇仙潭村，原先为荒废的镇办企业，已停产关闭多年。通过此次入市，唤醒了沉睡的农村土地资产。该宗地出让面积为 4040.9 平方米，使用年限 40 年，用途为商服旅游业，成交总价 307.1084 万元，受让方为德清县莫干山醉清风度假酒店有限公司。当年 12 月 18 日，项目正式动工兴建。根据规划，项目业主赵建龙计划结合当地风风火火的"洋家乐、农家乐"，投资 8150 万元建造精品度假酒店，并预计在 2017 年 5 月实现营业，成为"中国民宿第一镇"上又一闪亮的明珠。

继实现全国第一宗集体经营性建设用地入市后，德清县又趁着改革东风，紧锣密鼓地组织浙江省德清县农村集体经营性建设用地使用权（首次）拍卖会。2015 年 9 月 8 日，德清县洛舍镇砂村村一宗面积为 20 亩的集体经营性建设用地使用权，经过 4 名竞买人 24 轮竞拍，最后在县公共资源交易中心拍卖大厅以 1150 万元的价格一锤定音，实现了成功入市，砂村村本地商人——凤凰投资管理有限公司董事长林国祥成为第一个吃螃蟹的人。不到两年时间，党的十八届三中全会提出的制度设想，"建立城乡统一的建设用地市场，允许农村集体经营性建设用地出让、租赁、入股，实行与国有土地同等入市、同权同价"已在浙江德清得以落地。

在 2015 年 12 月 30 日，浙江省第十二届人民代表大会常务委员会通过的《浙江省农村集体资产管理条例》第二十七条中明确规定："集体经营性建设用地依法入市的，其入市收益作为集体资产可以折股量化到本集体经济组织成员，但不得直接分配给集体经济组织成员。"这一条款采纳了德清县的做法与建议。

德清县率先在全国开展农村集体经营性建设用地使用权抵押融资，于 2015 年 9 月 6 日由中国农业银行德清支行实现了全国农地入市抵押融资的第一单。2016 年 3 月 3 日，国土资源部会同银监会来德清县专题调研使用权抵押时，充分肯定了德清县改革成效，指出在全国 15 个同类试点中，德清是唯一在集体经营性建设用地使用权抵押方面政府有指导意见、金融机构有管理办法、抵押融资有实例的试点县（市），并邀请德清县赴京参与了相关办法的起草过程。截至目前（2016 年 5 月 20 日）已实现抵押融资业务在国有商业银行、地方商业银行、小额贷款担保公司等金融机构的全覆盖。共抵押融资 13 宗 148.78 亩，贷款 2649 万元，实现了与国有建设用地"同权同价、同等抵押"，有力地保障了集体经营性建设用地完整权能。

土地增值收益调节金是改革的关键难点，国土资源部、财政部先后两次来德清实地调研，并邀请德清三次赴北京座谈，充分肯定了德清县"同权同价同责"的测算思路，并将"按类别、有级差"、土地增值收益调节金征收比例、契税征收等 10 条建议写入下发的《关于印发〈农村集体经营性建设用地土地增值收益调节金征收使用管理暂行办法〉的通知》（财税〔2016〕41 号）文件中，留下了德清入市改革的烙印。

附录6　德清县农村集体经营性建设用地入市管理办法（试行，2015）

第一章　总则

第一条　为规范集体经营性建设用地入市行为，构建城乡统一的建设用地市场，保障农民合法权益，根据《全国人民代表大会常务委员会关于授权国务院在北京市大兴区等三十三个试点县（市、区）行政区域暂时调整实施有关法律规定的决定》、《中共中央办公厅国务院办公厅关于农村土地征收、集体经营性建设用地入市、宅基地制度改革试点工作的意见》（中办发〔2014〕71 号）和《国土资源部关于印发农村土地征收、集体经营性建设用地入市和宅基地制度改革试点实施细则的通知》（国土资发〔2015〕35 号）等文件精神和有关要求，制定本办法。

第二条　本办法所称农村集体经营性建设用地，是指依法取得并在土地利用总体规划、城乡建设规划中确定为工矿仓储、商服、旅游等用途的存量农村集体建设用地。

第三条　集体经营性建设用地入市，是指在集体经营性建设用地所有权不变的前提下，使用权按照依法、自愿、公平、公开的原则，以有偿方式发生转移的行为。

第四条　中华人民共和国境内外的公司、企业、其他组织和自然人，除法律、法规另有规定外，均可依照本规定取得集体经营性建设用地使用权进行开发、利用、经营。

第五条　县级国土资源管理部门应当按照本办法和其他有关规定，负责做好本行政区域内的集体经营性建设用地入市工作。

农办、发改、经信、行政服务中心、民政、财政（地税）、人力社保、建设（规划）、农业、林业、环保、市场监管、金融办、人民银行等相关部门配合做好有关工作。

第二章　入市途径、范围

第六条　依法取得、符合规划的集体经营性建设用地，具备开发建设所需基础设施等基本条件，明确就地直接使用的，可直接入市。

第七条　农村零星、分散的集体经营性建设用地，可在确保耕地数量不减少、质量有提高的前提下，由集体经济组织根据土地利用总体规划和土地整治规划，先复垦后异地调整入市。

第八条　异地调整地块涉及不同集体经济组织的，可相互调换土地所有权。土地所有权调换应按以下程序办理：

（一）集体经济组织之间自愿协商，形成调换土地所有权方案，并经双方集体经济组织成员或成员代表会议表决同意，双方签订调换土地协议；

（二）调换土地所有权的相关事项需经所属乡镇人民政府批准；涉及跨乡镇调换的，需分别经所属乡镇人民政府批准；

（三）集体经济组织向县国土资源局提供调换土地协议、会议决议、乡镇人民政府批准文件等资料，并申请所有权变更登记。

第九条　异地调整地块涉及不同级差的，可采用货币补差等方式调换所有权。

无法以地换地调换所有权的，可采用纯货币补偿方式调换所有权，调出土地方可参照被征地农民纳入社会养老保障体系。

第十条　历史形成的城中村集体建设用地，可以按照城镇规划统一进行整理、基础设施配套，重新划分宗地并调整确定产权归属。对不予征收的，在优先保障城中村居民住房安置等用地后，属于经营性用途的集体建设用地，可由农民集体入市。

第十一条　集体经营性建设用地入市地块应当符合以下要求：

（一）产权明晰、无权属争议；

（二）未被司法机关、行政机关限制土地权利；

（三）符合国民经济和社会发展规划、土地利用总体规划、城乡建设规划、生态环境保护规划。

第三章　入市主体

第十二条　农村集体经营性建设用地入市主体是代表集体经营性建设用地所有权的农村集体经济组织。

第十三条　集体经营性建设用地属村集体经济组织的，由村股份经济合作社（村经济合作社）或其代理人作为入市实施主体。

第十四条　集体经营性建设用地属村内其他集体经济组织的，在该集体经济组织依法申请并取得市场主体资格后，可由其作为入市实施主体；未依法取得市场主体资格的，在自愿的基础上，可委托村股份经济合作社（村经济合作社）等代理人作为入市实施主体。

第十五条　集体经营性建设用地属乡镇集体经济组织的，由乡镇资产经营公司等乡镇全资下属公司或其代理人作为入市实施主体。

第四章　入市方式

第十六条　集体经营性建设用地可按出让、租赁、作价出资（入股）等有偿使用方式入市，依法取得的集体经营性建设用地使用权，在使用期限内可以转让、出租、抵押。集体经营性建设用地使用权出让、租赁、作价出资（入股）最高年限按以下用途确定：

（一）工矿、仓储用地 50 年；

（二）商服、旅游等用地 40 年。

第十七条　集体经营性建设用地出让，是指集体经营性建设用地所有权人将一定年限的集体经营性建设用地使用权出让，由集体经营性建设用地受让人向集体经营性建设用地所有权人支付出让土地价款的行为。

第十八条　集体经营性建设用地租赁，是指集体经营性建设用地所有权人将集体经营性建设用地一定期限内的使用权租赁给土地使用者，由土地使用者根据合同约定支付租金的行为。

第十九条　集体经营性建设用地作价出资（入股），是指集体经营性建设用地所有权人以一定期限的集体经营性建设用地使用权作价，作为出资与他人组建新企业或增资入股到已有企业的行为，该土地使用权由企业持有。集体经营性建设用地的土地使用权作价出资（入股）形成的股权由集体所有权人或其委托的主体单位持有。

第二十条　集体经营性建设用地使用权转让，是指集体经营性建设用地使用权人将集体经营性建设用地使用权再转移的行为。

集体经营性建设用地使用权出租，是指集体经营性建设用地使用权人作为出租人，将集体经营性建设用地使用权出租，由承租人向出租人支付租金的行为。

第二十一条　集体经营性建设用地使用权抵押，是指将集体经营性建设用地使用权作为债权担保的行为。以出让、作价出资（入股）和转让方式取得的集体经营性建设用地使用权可参照国有建设用地使用权抵押的相关规定办理。

集体经营性建设用地使用权抵押应当办理抵押登记；抵押权因债务清偿或其他原因而消灭的，应当办理注销抵押登记。

第二十二条　以租赁方式取得的集体经营性建设用地使用权抵押的，其抵押最高期限不得超过租金支付期限，抵押登记证应当注明租赁土地的租赁期限和租金交纳情况。

第五章　入市程序

第二十三条　集体经营性建设用地出让、租赁交易形式有招标、拍卖、挂牌和协议。原则上采用招标、拍卖和挂牌形式交易。

第二十四条　集体经营性建设用地入市须经本集体经济组织集体研究决定，并形成《集体经营性建设用地入市决议》。

（一）集体经营性建设用地属村集体经济组织的，入市事项须按《村民委员会组织法》、《浙江省村经济合作社组织条例》，由村股份经济合作社（村经济合作社）成员会议或成员代表会议按一事一议的要求形成决议，到会成员占应到会成员的三分之二以上，且通过人数达到应到会成员的三分之二以上方有效；

（二）集体经营性建设用地属村内其他集体经济组织的，入市事项须按《村民委员会组织法》、《浙江省村经济合作社组织条例》，由该集体经济组织成员会议或户主会议按一事一议的要求形成决议，到会成员占应到会成员的三分之二以上，且通过人数达到应到会成员的三分之二以上方有效；

（三）集体经营性建设用地属乡镇集体经济组织的，入市事项须经乡镇党政联席会议或乡镇长办公会议集体研究决定。

第二十五条　《集体经营性建设用地入市决议》包括：

（一）载明集体经营性建设用地所有权人、土地位置、四至、面积、用途等；

（二）集体经营性建设用地入市有偿使用方式、使用年限；

（三）集体经营性建设用地入市交易形式；

（四）集体经营性建设用地入市起始价，采用招标、拍卖、挂牌形式的须明确是否设置保留底价；

（五）集体经营性建设用地入市地价款支付方式；

（六）集体经营性建设用地入市双方的权利义务及违约责任，期限届满时集体经营性建设用地使用权及地上建筑物的处理办法等。

（七）其他需要集体决策的内容。

第二十六条　集体经营性建设用地使用权入市地价须经有资质的评估机构评估，地价评估报告须经国土资源管理部门备案。

（一）集体经营性建设用地入市实行与城镇国有建设用地统一的基准地价体系，统一的基准地价体系未建立前，参照国有建设用地基准地价体系执行；

（二）集体经济组织可根据评估价适当加价或减价确定起始价，但最低不得低于评估价的80%；

（三）集体经营性建设用地入市需设置底价的，集体经济组织可邀请相关专家和成员代表等组成议价小组（不少于5人），于交易活动开始前30分钟内由议价小组确定底价，并在交易活动结束前严格保密。

第二十七条　集体经营性建设用地入市须经所在乡镇人民政府（开发区管委会）审核同意，并经相关部门审核确认。

（一）县发改委、县经信委审核产业政策要求；

（二）县建设（规划）局审核建设规划要求，并出具规划条件；

（三）县环保局审核环保准入要求；

（四）县国土资源局审核土地利用总体规划要求和确认土地所有权。

第二十八条　经审核同意的，由集体经营性建设用地入市实施主体向县国土资源局提出入市申请，申请资料应包括：

（一）入市申请书；

（二）《集体经营性建设用地入市决议》；

（三）土地所有权证明材料；

（四）所在乡镇人民政府（开发区管委会）和相关部门审核意见；

（五）其他需要提供的资料。

第二十九条　集体经营性建设用地入市由县国土资源局报县人民政府审核后，核发《德清县农村集体经营性建设用地入市核准书》（以下简称《核准书》）。

第三十条　集体经营性建设用地使用权出让、租赁应纳入公共资源交易平台，统一管理，公开发布信息，实行公开交易。

县财政局和县公共资源交易中心应设立集体经营性建设用地入市专门账户，用于相关资金管理。

第三十一条　集体经营性建设用地使用权作价出资（入股）完成后，其交易信息应在集体经济组织事务公示栏、县公共资源交易中心等进行公布。新组建的企业或增资入股后的企业在完成工商登记后，应当申请入市土地的使用权登记。

第三十二条　集体经营性建设用地使用权出让、租赁交易完成后，由县公共资源交易中心与竞得人签订《德清县农村集体经营性建设用地成交确认书》（以下简称《成交确认书》）。

交易结果应在集体经济组织事务公示栏和县公共资源交易中心等进行公布，接受社会和群众监督。

第三十三条　集体经营性建设用地使用权交易双方应签订《德清县农村集体经营性建设用地使用权出让（租赁、作价出资（入股））合同》（以下简称《合同》），国土资源局作为第三方鉴证。

第三十四条　集体经营性建设用地使用权入市交易应缴纳土地增值收益调节金并按现行税收规定履行纳税义务。

第三十五条　集体经营性建设用地使用权入市交易完成后，应办理土地登记；有地上建筑物的，同时应申请房产登记。办理土地登记时，应向县国土资源局提交如下资料：

（一）土地登记申请书；

（二）申请人身份证明材料；

（三）《核准书》；

（四）《成交确认书》；

（五）《合同》；

（六）地价款、土地增值收益调节金缴纳证明和税收完税、免税或不征税证明；

（七）其他需要提供的资料。

第三十六条　按租赁方式取得的集体经营性建设用地使用权，承租人未按《合同》约定按时交纳土地租金的，集体经营性建设用地所有权人可以解除合同，收回土地使用权。

第三十七条　集体经营性建设用地使用权人应按照法律、法规和国家、省、市、县有关规定使用，科学合理开发和利用土地，不得损害国家、集体和其他人的利益。

国土资源、发改、经信、建设（规划）、环保等相关部门应加强对集体经营性建设用地开发利用情况的监管，确保使用权人依法依规使用土地。

第三十八条　有下列情形之一的，相关部门不得办理集体经营性建设用地使用权转让手续：

（一）集体经营性建设用地使用者不按照批准的用途和规划条件擅自使用土地的；

（二）集体经营性建设用地使用权人开发总面积不足三分一或已投资额占总投资额不足百分之二十五的。

第三十九条　因城乡规划或公共利益需要，政府依法对集体经营性建设用地实行征收的，经县人民政府批准后，集体经营性建设用地所有权人可提前收回土地使用权，但应对相关权益人依法予以补偿，集体经营性建设用地所有权人和使用权人应当服从。

第六章　收益管理

第四十条　集体经营性建设用地入市，应承担相应的基础设施建设等开发成本，在试点期间以向县人民政府缴纳土地增值收益调节金的方式履行相应义务。集体经营性建设用地使用权发生出让、租赁、作价出资（入股）和转让等交易行为的，交易双方都应当按照规定缴纳土地增值收益调节金。

第四十一条　土地增值收益调节金主要统筹用于城镇和农村基础设施完

善、农村环境整治、土地前期开发等支出。土地增值收益调节金按照政府非税收入管理，资金全额上缴县财政，实行收支两条线管理。

第四十二条 农村集体经济组织获得的集体经营性建设用地入市收益，归农村集体经济组织所有，纳入农村集体资产统一管理，严格按规定分配使用。其中：

（一）属村内其他集体经济组织入市的，收益的10%应作为村集体提留，归村集体所有，用于村内公益事业支出；其余可在该集体经济组织成员之间公平分配；

（二）属乡镇集体经济组织入市的，其获得的收益应主要用于辖区内农村基础设施建设、民生项目等支出。

第四十三条 农村集体经济组织应当建立集体经营性建设用地入市收益辅助账户，专门用于其入市收益的核算管理，资金使用情况向本集体经济组织成员公开，并接受乡镇人民政府和乡镇农村集体"三资"管理办公室监督。

第七章 法律责任

第四十四条 集体经营性建设用地使用权入市违反本办法的规定交易的，城乡规划管理部门不得为其办理建设用地规划手续，国土资源管理部门不得为其办理用地和登记手续，房产管理部门不得为其办理房产登记手续。

第四十五条 国家工作人员在集体经营性建设用地入市过程中存在玩忽职守、滥用职权、徇私舞弊、弄虚作假等行为，造成集体资产流失的，由所在单位或者上级机关给予行政处分；构成犯罪的，依法移送司法机关追究刑事责任。

第四十六条 农村集体经济组织经营管理者，在集体经营性建设用地入市过程中存在玩忽职守、滥用职权、徇私舞弊、弄虚作假等行为或者擅自侵占、挪用集体经营性建设用地入市收益，构成犯罪的，依法移送司法机关追究刑事责任。

第八章 附则

第四十七条 各乡镇（开发区）应设立农村集体经营性建设用地异地调整入市集中区域，并做好基础设施等土地前期开发工作，为集体经营性建设用地异地调整入市创造条件。

第四十八条　本办法实施之前已流转的集体经营性建设用地，在尊重原土地使用者意愿的前提下，按照自愿协商的原则，可参照现行试点政策进行规范。

第四十九条　农村集体经营性建设用地异地调整、土地增值收益调节金征收和使用管理、收益分配管理、地价评估等相关规定另行制定。

第五十条　本办法由县国土资源局负责解释。

第五十一条　本办法自发布之日起实施。

附录7　东衡村异地调整区块入市案例详细介绍

摘自：国土资源部全面深化改革领导小组办公室，《农村土地制度改革三项试点案例汇编》（未刊印本，国土部在德清召开现场会的资料），2017年4月。

一、基本情况

洛舍镇东衡村众创园项目规划面积680亩，总投资约17亿元，分为A、B、C、D等区块。洛舍众创园项目A区块是我县首宗异地调整入市项目，共计68.56亩，该项目主要通过集体经营性建设用地入市，将废弃矿基地平整后加以合理利用，并与本地特色的钢琴产业结合，推动大众创业、万众创新，努力打造中国钢琴小镇。出让方为德清县洛舍镇东衡村股份经济合作社，受让单位为德清德伦钢琴有限公司、东韵乐器有限公司、德清卡诺伊乐器有限公司、德清伯梁钢琴有限公司、德清博兰钢琴有限公司、德清德海钢琴有限公司、德清洛舍凤凰钢琴厂、德清恒凯乐器有限公司、德清恒意乐器有限公司、德清鸿发乐器有限公司、德清嘉之爵乐器有限公司、德清亮键琴业有限公司、德清斯丹利钢琴有限公司、德清县希晨木业有限公司等14家企业。

1. 地块概况：地块具体坐落在洛舍镇东衡村，总面积68.56亩，土地用途为工业用地，土地使用权出让年限为50年。

2. 交易结果：2016年5月10日以挂牌出让的方式公告，并于6月8日14个地块正式成交，在德清县公共资源交易中心签订合同，土地用途均为工业用地，土地使用权出让年限为50年，成交总价1462.6万元，平均每亩

21.33 万元。增值收益调节金按照 16% 标准，共收取 234.1 万元。

3. 开发建设和利用情况：项目方案由德林建设公司统一建设，将建成 18 栋标准厂房。固定资产投资额约 1.35 亿元。项目于 2016 年 10 月 7 日正式开工建设，先进行场地平整，目前正在加快土建基础部分浇筑和雨污水管网等配套工程建设。项目计划于 2017 年 10 月前竣工。

二、改革要解决的突出问题、基本思路和主要任务

（一）改革要解决的突出问题

建立城乡统一的建设用地市场，夯实农村集体土地权能，明确农村集体经营性建设用地的出让主体，建立兼顾国家、集体、个人的土地增值收益分配机制，维护农民土地权益、保障农民公平分享土地增值收益，协调好农村集体经营性建设用地入市与征收制度的关系。

（二）基本思路

作为全国 33 个农村土地制度改革试点之一，德清始终围绕建立一个城乡统一的建设用地市场为出发点，坚守"试制度、试成效"初心不变，用农民的改革获得感作为检验改革成效的重要标准，坚守底线、大胆探索，努力推进农村土地制度改革工作。

（三）主要任务

建立"同权同价、流转顺畅、收益共享"的农村集体经营性建设用地入市制度，探索形成可复制可推广的改革成果，为科学立法和修改完善相关法律法规提供支撑。

三、改革进展、制度创新成果和主要成效

（一）改革进展

坚持以改革实效、群众是否受益来检验改革举措，始终把改革举措落地作为重中之重来抓，在全国率先实现了首宗入市和首笔抵押贷款，入市实现了常态化运行。截至目前，全县入市宗地 102 宗、758.45 亩，正在组织入市 20 宗 107.7 亩。已成交总额 1.64 亿元，农民和农民集体收益 1.32 亿元，惠及农民 86000 余人。主要做法如下。

1. 坚持农民主体地位，分类明确"谁来入市"。农村土地制度改革关系农民切身利益，他们不能成为旁观者，更不能缺席。我县在主体设置、程序规定上把参与权、选择权、决策权赋予农民和农民集体。一是明确了三级入市主体。在全面完成集体土地所有权确权登记发证的基础上，根据入市需求设计了"自主入市、委托入市、合作入市"三种实现形式。乡镇集体由乡镇资产经营公司等全资下属公司或其代理人实施入市，村集体由村股份经济合作社实施入市，村民小组可委托村股份经济合作社等代理人实施入市。鼓励偏远欠发达地区的集体经济组织与集中入市区块的集体经济组织合作，探索建立土地股份合作社，资源互补、共同入市、收益共享。二是落实农民集体的市场主体资格。结合浙江省"三权到人（户）、权跟人（户）走"农村产权制度改革，全县160个村（社区）级经济合作社成立了股份经济合作社，对所有经营性资产量化到人、发证到户，33万农民成为股东。成立的股份经济合作社，实行工商注册登记，独立核算、自主经营、自负盈亏，具有独立法人资格。三是强化土地入市的民主决策。为确保入市改革工作的透明度和公众参与度，我县开展了农村土地民主管理"十村示范、百村共建"活动，将集体经营性建设用地入市等事项纳入核心内容，建立"三会三公开"制度，对入市前、中、后涉及的宗地情况、入市方式、交易形式、起始地价、合同条款、收益分配等重大事项进行全程公开、民主管理。

2. 坚持集约高效利用，多规合一确定"哪些地入市"。为避免入市造成新的"低、小、散"和"村村冒烟、组组点火"现象，我县在规划布局、产业门槛等方面把好准入关。一是多维度调查确定存量。结合图上作业、无人机航拍和实地勘测等手段，开展集体经营性建设用地"一村一梳理、一地一梳理"，摸清了1881宗10691亩的存量底数。所有地块落实坐落、四至、权属，纳入国土资源"一张图"管理，每一宗地有唯一身份编码，并实行公开公示，让农民充分知情。二是"多规合一"促进布局优化。结合全国"多规合一"试点工作，对照土地利用总体规划、城乡建设规划、产业发展规划和生态保护规划套合分析，堵疏结合，分类确定入市途径。符合就地入市的地块1036宗5819余亩，其余的结合浙江省"三改一拆""五水共治"等行动，纳入异地调整和整治入市，促进产业集聚升级。三是加强用地供需对接。引导西部山区发展"洋家乐"为代表的民宿旅游，中部丘陵地带依托主城区发展商贸、高新制造，东部平原服务工业块状经济，积极打造特色小镇和"小微企业众创园"。同时，考虑到调整入市中农村集体资金不足情况，实行"先预约、后复垦、再入市"方式，公开接受广大业主用地规模预约申请，以需求定供给，确保有复垦、必入市。

3. 坚持市场配置资源，以"五统一"规范"怎么入市"。

建设城乡统一的建设用地市场，应当发挥政府有形之手和市场无形之手作用，形成一个既竞争又互补，既公平又高效的土地市场。我们通过"五统一"来营造市场环境。一是实行统一的交易平台。将全县的农村集体经营性建设用地与国有土地统一纳入县公共资源交易中心，公告、交易、成交公示等环节实行一体化管理。二是实行统一的地价体系。修编了全县城乡统一的建设用地基准地价和租金体系，试点期间明确每个地块必须选择 2 家评估公司进行评估。三是实行统一的交易规则。集体经营性建设用地与国有土地交易规则"大同小异"，特殊性体现在集体经济组织的主体性和需求的多样性，主要通过合同条款表达。鼓励集体经济组织实施招拍挂的公开交易形式，已入市土地采用挂牌、拍卖方式交易的达到94%。四是实行统一的登记管理。完善不动产统一登记系统，将集体经营性建设用地纳入不动产统一登记范围，并于 2015 年 8 月 2 日，发放了首本集体经营性建设用地《不动产权证书》。落实使用权的抵押权能与国有土地同等待遇，县内银行业金融机构实现了该业务的全覆盖。五是实行统一的服务监管。结合"简政放权、放管结合"要求，全面做好平台搭建和审批监管等工作，实现了"申请、审批、交易、颁证"全程服务 60 日办结。引入"第三方机构服务"机制，培育了一批集体经营性建设用地调查、测绘、评估、交易代理等中介机构。

4. 坚持收益均衡共享，差别化调节"钱怎么分"。土地增值收益在国家、集体和个人之间合理分配，既要体现所有者权益，又要体现社会公平正义，既要让农民有获得感，又要实现长远收益，如何分好、用好、管好入市收益十分关键。一是合理确定调节金征收比例。我县以"同权同价同责"为出发点，精心核算集体经营性建设用地成本和收益对比，确定了"按类别、有级差"的调节金收取方式，收取比例按土地成交价款的16%～48%不等。在德清县已实现统筹城镇职工与失地农民保障水平的基础上，入市收益与农转征收的补偿收益基本相当。二是差别化落实集体内部入市收益分配。乡镇集体入市收益用于辖区内农村基础设施建设、民生项目等支出。村集体入市收益不直接分配，追加量化农户股权，年底享受收益现金分红，该办法比较切合浙江发展阶段和农村实际，已写入今年5月1日浙江省人大立法实施的《浙江省农村集体资产管理条例》。村民小组收益的10%作为村集体提留，其余可在成员之间公平分配。三是开发信息平台管好资金流向。开发了"农村集体经营性建设用地入市一体化信息管理平台"，将资金征缴、分成、缴库、支出等各个环节纳入系统统一管理，实行"成交价款依申请代收、调节金依申报代扣"，实现了财政、国土、农业、代收银行间联网互通、信息共享，加强了资金流向监管，堵塞管理漏洞，确保农民入市收益安全、保值、增值。

在具体改革实践中，还通过"五项试验"不断求证制度设计的合理性，循序渐进推进改革。一是协议出让试制度。去年8月19日，我县首宗地入市以莫干山醉清风地块协议出让为突破口，对权属确认、规划定位、地价评估、民主决策、交易规则等进行了一次实战测试。二是拍卖出让试市场。随后9月8日，以区位较好、配套成熟、前景明确的砂村地块拍卖出让，检验市场认可度，实现多人报名、多轮竞拍、溢价成交。三是挂牌出让试平台。在产业预审、规划许可、信息发布、挂牌竞价、公开公示等环节检验服务平台，促进多部门联合审批、协同监管，推动入市的常态化。四是租赁入市试观念。为引导农民从私下出租转为正规入市，我县以群众乐于接受的租赁方式推进入市，群众实际获得收益上涨65%～160%。五是调整入市试集成。今年我县积极推动异地调整入市，并与大众创业万众创新、经济欠发达村脱困等全局工作紧密结合，跨村整合零星分散的存量建设用地，探索组建土地股份合作社，让不同区位的集体经济组织共享改革红利。如我县洛舍镇的东衡村结合当地特色的钢琴产业，与经济相对薄弱村共建，在废弃矿地上布局约200亩的入市区块，吸引钢琴企业进驻，努力打造钢琴小镇。目前首期14个地块已入市成交。

（二）主要成效

初步实现了土地增效、农民增收、集体壮大、产业升级和基层治理加强的目标。

1. "五个统一"带来"三个转变"，县域内城乡统一的建设用地市场初步形成。建立完善市场交易规则，将集体经营性建设用地统一纳入县公共资源交易中心交易，建立多方协同的入市监管服务机制，实行与国有建设用地"五个统一"，实现了农村土地市场从改革前的"各自为政、无序交易"转变为目前的"权能完整、统一规范"，抵押融资市场从改革初的"县农业银行一家单干"转变为目前的"县域金融机构全覆盖"，广大用地业主从改革初的"怀疑顾虑"转变为目前的"主动申请"，在县域范围内初步建立起城乡统一的建设用地市场，形成公平竞争的用地市场环境。

2. "农地入市"助推"农民增收"，群众的改革获得感显著增强。在试点推进中，始终把维护好、发展好农民利益作为出发点，让老百姓共享发展成果。特别是在入市增值收益分配上，兼顾入市与土地征收间的大体平衡的同时，更多地体现让农民有改革的获得感，已入市的土地收益中农民和农村集体获得占比为80%。以2015年9月8日拍卖出让的洛舍镇砂村地块为例，出让后，该村农民每股股权价值从5500元增加到8000元，增长幅度达到45%，农民得到了较大实惠。同时，鼓励村集体将入市收益用于扩大再生产，实现保值增值。将镇集体获得的入市收益和政府提取的增值收益调节金，也明确主要统筹用于城镇和农村基础设施建设、农村环境整治等支出，均以直接、间接的方式反哺给农村。

3. "产业升级"拉动"土地增效"，农村经济发展后劲明显增强。坚持"宜工则工、宜商则商"，强化产业引领和规划管控，商贸、旅游、高新制造和"特色经济产业园"并举，不仅解决了小微企业的用地需求，契合了当今"大众创业、万众创新"的发展战略，同时助推产业转型升级。从入市的100宗土地情况看，由于入市时严格按照规划条件和产业政策，一批精品酒店、乡村民宿和小微企业创业园、农产品加工企业等符合农村实际的项目逐渐替代了原有的砖瓦厂、废弃码头、小矿山、小化工厂等落后低效产能。同时，由于落实了土地权能，业主更放心地进行厂房和机器设备的改造提升，促进了县域产业格局的优化。经过初步测算，已入市的100宗土地，投资将达9亿元以上，农村经济发展后劲明显增强。

4. "民主议地"促进"基层治理"，农民群众参与农村土地管理的积极性明显提高。在推进农地入市的过程中，德清不断强化入市决策的民主管理，全面开展农村土地民主管理"十村示范、百村共建"的创建活动，使农地入市的民主决策带动了农村土地的民主管理，同时也增强了农民珍惜土地资源的观念意识、促进了节约集约用地。至 2016 年底，全县 150 个行政村已全部实现民主管理覆盖率 100%，无房户、危房户宅基地保障率 100%，一户多宅整治率 100%，无违建村创建参与率 100%，宅基地确权发证率100%，永久基本农田保护补偿覆盖率 100%。

四、当前存在的困难和问题

回顾试点的两年，德清县由于在入市规模上已达到一定数量，也遇到了一些共性问题。入市改革并非一蹴而就，与户籍、金融、农村产权制度改革等的衔接还不顺畅，尤其是统筹征地改革后，一些深层次问题必将影响土地制度改革试点的推进，需要进一步加强改革的系统协调、联动推进。比如：

1. 农村集体经济组织的法人地位问题。从改革实践来看，集体经营性建设用地入市搭建了镇、村、组三级农民集体经济组织直接参与市场经济的桥梁。但由于农村集体经济组织的社区性、内部性，管理相对松散，尤其是村民小组一级，占有土地多但成员少不稳定，在实际经营管理上与一般企业和公益性组织都不同，其概念和地位界定影响后续的配套管理。虽然村股份经济合作社实行工商注册登记，这主要是浙江省在农村产权制度改革中省农业厅和省工商局以文件的形式进行明确，是一个过渡性的办法，缺少法律的支撑。若要全面适应社会主义市场经济要求，集体经济组织的法人地位仍需进一步研究明确。入市具体操作中涉及的合同签订和修改，监督执行，纠纷处理和违约责任等都要进一步厘清。

2. 集体经济组织的资产管理问题。基于德清县集体经济组织发育程度的不同，在入市收益分配上，德清县采用了村级股权分配、组级现金分配的办法。东衡、砂村等有经营能力的村将收益用于扩大再生产，也有的村采取购买政府性债券的办法，也有部分村经营渠道狭窄变成账上现金，若集体资产不能保值增值，可能会削弱入市的积极作用并影响基层稳定。

3. 入市地块规划及现状问题。目前德清县实行的农村土地规划以镇为单位进行修编，没有编制高精度的村级土地规划，在许多地块的入市上仍需要部门联合会审"一事一议"，影响入市工作效率。而且早期村级建设用地利用不规范，地块形状不规则，造成部分建设用地利用的浪费。

4. 统筹后新增入市的占补平衡问题。到目前为止，入市的宗地均为农村存量建设用地的就地入市和调整入市，不涉及占补平衡问题。统筹推进征地制度改革后，必然面临新增的农村集体经营性建设用地入市，也必然面临占补平衡问题，但农村集体经济组织资金缺乏、自行占补能较弱，如果购买占补指标甚至可能会"入不敷出"，将可能影响用地效率和耕地红线。

附录8　德清县现代农业"两区"建设简介

近年来，德清县把体制机制创新作为推进现代农业发展的根本动力，特别是开展省城乡体制改革试点以来，积极探索实践，大胆改革创新，农业"两区"建设在产业集聚、质量安全、科技创新、规模经营、生态循环、功能拓展等方面取得了明显成效，都市型现代农业健康发展。目前全县建成粮食生产功能区8.98万亩，其中省级千亩粮食生产功能区7个；完成"3830"现代农业园区建设12万亩，建成省级园区36个。截至2015年，德清县农业现代化发展水平综合评价列浙江全省第一；"两区"建设由园区变景区，建成一批休闲农业与乡村旅游样板区，成为全国休闲农业与乡村旅游示范县。德清县的主要做法如下。

一、推进涉农体制改革，激发"两区"发展活力

一是率先开展"新土改"。在全省率先实施户籍制度改革，深化农村土地、林地承包经营权确权登记，并以省城乡体制改革试点为契机，开展流转经营权确权登记发证，农业经营面积50亩以上、林业30亩以上的流转经营权证100%发放，实现土地（林地）所有权、承包权、经营权"三权分置"。土地、林地股份合作社100%建立并进行工商登记，引导农民将承包经营权以"定量不定位、定权不定地"的方式入股，以"土地股化"促土地流转长期稳定。组建县农村综合产权流转交易中心，目前农村土地（林地）承包经营权等10类权种进入流转交易体系。

二是率先开展"新社保"。在全省率先出台《德清县土地承包经营权长期流转农村居民参加职工社会保险的实施意见》，按照流转土地比例和期限

标准，承包经营权流出方家庭成员符合条件的均可参加职工社会保险，切实保障长期流转农村居民的基本生活。截至目前，全县 1.4 万名承包经营权长期流转农村居民中已有 7507 人办理参保缴费手续。

三是率先开展"新水改"。积极开展国家农田水利设施产权制度改革和创新运行管护机制试点，围绕产权明晰、权责落实、经费保障、管用得当、持续发展目标，探索建立农田水利设施建管养用一体化新体系，努力形成水利建设保障现代农业"两区"建设新格局。目前全县农田水利设施所有权证 100% 发放，共发证 2274 本，入市交易、抵押贷款工作加快推进。

二、创新科技支撑机制，提升"两区"发展水平

一是搭建县校深度合作平台。全县农业"两区"内有 45 家农业经营主体与浙江大学、浙江农林大学、上海海洋大学、浙江省农科院等高校院所开展了农业科技合作。如莫干山省级农业（林业）综合区建立德清农林科技孵化器，与浙江农林大学共建国家级农业科技园；湘溪现代农业综合区与浙江中医药大学合作打造"浙北精品中药谷"。各合作项目在提高经济效益的同时，形成良好的研究成果，实施过程中已发表论文 15 篇，申请专利 25 项。

二是聘请"智囊团"出谋划策。组建德清县农业"智囊团"，邀请省、市、高校等有关领导和专家为农业发展会诊把脉、谋求对策、提供技术，促使农业向规模、资本、技术相结合的集约发展方式转变，向龙头企业、专业合作社和家庭农场为主体的企业化、组织化经营模式转变，向农业产业融合发展方向转变，构建现代农业经营体系。目前已建成的 12 万亩现代农业园区土地流转比例达 84%，"两区"内已培育县级以上农业龙头企业 35 家、农民专业合作社 38 家、家庭农场 95 家。

三是创新"1＋1＋N"产学研推广模式。根据农业生产实际和产业优势，进一步完善"农业产学研联盟"建设，目前已实现 9 大主导产业全覆盖，9 个产业分联盟共聘请 42 名专家教授，选配 56 名县、乡镇农技人员，形成了以专家团队为依托、以本地农技推广小组为基础，以农业企业、专业合作社和家庭农场为平台的"1＋1＋N"的农技推广新模式，构建农业科技成果转化应用新机制。

三、完善资金保障机制，加大"两区"建设投入

一是创新金融资本投入。该县是全省首批金融创新示范县建设试点之一，目前有各类金融企业500多家，是全省金融组织体系最全的县域之一。在农业"两区"建设中，创新推进农村综合产权抵质押融资，加大金融支农力度。全县12家银行创新推出16项贷款产品，累计发放贷款2962户、8.47亿元，其中农村土地（林地）经营权抵押贷款达748户、5.18亿元，实现"死产变活权、活权生活钱"。

二是强化选商引资投入。积极创新选商引资方式，加大农业"大好高"项目引进推进力度，不断强化农业"两区"建设投入。2010年以来，全县"两区"内共引进农业招商项目59个，组织实施农林类固定资产投资项目78个，实施农业"大好高"项目22个，有效投入资金达12.9亿元。在全县现代农业园区"3830"工程中，通过农业选商引资引进的项目主体占近一半。

三是加大政府引导投入。相继出台《关于加快推进现代农业园区和粮食生产功能区建设的实施意见》《关于加快农田种养模式创新促进粮食增产农民增收的实施意见》《关于加快发展都市型现代农业的若干政策意见》等文件，按照县农业发展基金70%用于"两区"建设的标准，每年安排专项资金不少于5500万元用于支持引导"两区"内重点项目建设。同时，积极整合农业项目和涉农部门项目资金投入"两区"建设，累计完成投入3.6亿元。

附录9　德清县户籍改革概况

2012年6月，根据国务院、省、市关于推进户籍管理制度改革工作的部署和要求，德清县积极稳妥推进户籍管理制度改革试点相关准备工作，在充分调查摸底的基础上，制定了《德清县户籍管理制度改革方案》，2012年12月省政府正式批复同意该试点方案。2012年以来，该县按照试点工作要求，狠抓工作推进，已全面完成各项准备工作，并于9月30日正式启动户籍身份数据转换，取消农业、非农业户口性质划分，全面组织户籍管理制度改革。该县的主要做法如下。

（一）实施三项改革，统一城乡户籍管理制度

以消除农民进城镇落户的政策性、体制性障碍为导向，同步进行城乡统一的户口登记制度、户口迁移制度和居住证制度三项改革，推动城乡人口合理布局和城镇化发展。一是统一城乡户口登记制度。取消农业、非农业户口性质划分，统一登记为"浙江居民户口"。在启动户籍身份数据转换前，对全县户籍信息数据进行备份，作为继续执行农村居民相关政策的备份资料。二是调整完善城乡户口迁移制度。根据城镇化进程、产业发展和城镇人口集聚等需要，以具有合法稳定住所或合法稳定职业为基本条件，以"经常居住地登记、人户一致"为基本原则，制定了《德清县户口迁移暂行规定》，分类明确了有合法稳定住所人员、引进人才、投资人员、有突出贡献人员、工作录用及调动人员、亲属投靠和其他人员等七类人员的落户条件，使农村居民进城镇落户基本实现"零门槛"。三是实行居住证制度。根据全县经济社会发展水平和公共资源承载能力，按照公平公正、分类保障的原则，对暂不具备落户条件或不愿落户的新居民实施居住证制度。制定了《德清县新居民居住证申领及相关配套政策暂行规定》，按其在德清居住时间、固定住所、个人学历、投资创业等情况，分类发放居住证和临时居住证。

（二）落实赋权举措，依法保障农民合法权益

以保障进城镇落户农民合法权益、消除农村人口向城镇转移的顾虑为导向，实行"三个确权、一个不变"，确保户籍管理制度改革顺利实施。一是深化农村土地（山林）承包经营权确权登记工作。土地、山林是农民最基本的生产资料和最可靠的生活保障。实施户籍管理制度改革，避免因户籍身份的转换而让农民存有顾虑，必须长期稳定保障其合法拥有的土地山林承包经营权。该县分别于 2004 年、2007 年完成了农村土地延包和山林确权工作，承包期限分别至 2028 年、2055 年，并全部发证到户。2016 年对土地（山林）承包经营权确权工作进行全面细致核查，同时鼓励引导进城镇落户农民依法自愿有偿流转。二是全面实施村集体资产收益权确权工作。2016 年，该县全面实施并完成了村经济合作社股份合作制改革，明确农民的社员身份，将村集体经济净资产全部折股量化到社员，社员拥有的股权可依法继承或在本社社员中转让，保障进城镇落户农民在村经济合作社中的集体资产收

益分配权。全县 160 个村经济合作社共核实村集体总资产 18.32 亿元、净资产 7.2 亿元，其中经营性净资产 2.47 亿元，量化经营性净资产 1.98 亿元。三是全面推进宅基地确权登记工作。为切实保障进城镇落户农民合法拥有的宅基地使用权和房屋所有权，今年以来对全县农村宅基地情况做了补充调查，完成了摸底调查和备案登记，目前已启动宅基地登记发证补办手续，年内基本完成规划区内农村宅基地发证工作。四是稳定人口和计划生育政策不变。户籍管制制度改革后，农民进城镇落户的，其本人继续享受农村居民的计划生育政策待遇。

（三）优化增利途径，逐步完善配套政策体系

以消除依附于户口性质的差别待遇、逐步推进基本公共服务均等化为导向，完善"增利"政策体系，全面梳理以不同户口性质划分实行的政策，按照"先易后难、量力而行"的原则，对条件比较成熟的 16 项政策进行调整完善，同时明确今后出台有关政策将不再与户口性质挂钩。一是围绕推动城镇化，调整完善吸引农民进城镇落户的政策体系。农民进城镇落户的，享有与当地城镇居民同等的权益，包括接受义务教育、就业困难人员申请认定、失业保险、就业扶持政策等。二是围绕城乡一体化，健全完善城乡统一的政策体系。对社会救助和社会福利、基本医疗保险、廉租住房、经济适用住房、公共租赁住房等方面的政策逐步实行城乡统一，消除户口性质差别待遇，加快形成城乡经济社会发展一体化格局，切实保障和改善民生。三是围绕基本公共服务均等化，逐步由户籍居民向新居民拓展。对持《浙江省居住证》和《浙江省临时居住证》的新居民，提供分级、分层次的社会保障和公共服务，进一步解决其在劳动就业、社会保障、居住环境、子女就学、预防保健、社会救助等方面的实际困难，基本公共服务逐步向流动人口覆盖。

附录 10　德清县"中国和美家园"项目建设简介

（一）概要

"中国和美家园"项目建设始于 2009 年，以十年（2009—2018 年）为规划期限，以建立统筹城乡经济社会发展体制机制为核心，并致力于"政府主导、农民主体、社会参与"投入机制的构建。仅前三年，投入资金 3.8 亿

元。截至 2015 年，已经投入 20 亿元。该项目是德清县新农村建设的提升工程，是德清县省级社会主义新农村实验示范县建设的深化，是全县新农村建设整体化实施、品牌化经营、项目化管理的探索，是促进全县新农村建设走在全市第一、全省前列、全国前茅的主抓手。截至 2015 年，已经建成和美家园精品村 118 个，和美家园特色村 6 个，成功创建 4 个省级以上美丽宜居示范村。

路径方式：村庄集聚是和美家园建设的一项重点工作。推动村庄布局规划与土地利用总体规划"两规合一"，落实农户集聚优惠措施，严格农村建设用地管理审批、农房建设质量监管，创新农村土地违法行为防控制度，推进村庄集聚、农房集聚和农村土地综合整治。全县 151 个行政村 1751 个居住点，通过规划撤并到 229 个居住点，其中，中心村 112 个、保留居住点 90 个、城镇新社区 27 个，目前 112 个中心村已全部实现"两规合一"。

另外，在资金扶持上，县财政每年安排专项资金进行以奖代补，对考核获得精品村的行政村，按照每人 2000 元标准进行奖励，每村最大奖励数额为 500 万元；对获得特色村的行政村，按照每人 800 元标准进行奖励，每村最大奖励额为 150 万元；乡镇给予一定比例配套。

（二）德清"中国和美家园"（美丽乡村）建设大事记（2009—2015）

2009 年以来，德清县开始以"和美家园"建设为主要抓手，致力于打造"山水美、农家富、社会和、机制新"的美丽乡村建设新局面。

2012 年，德清县被农业部评为全国农业标准化示范县。

2013 年 10 月，德清县被授予"浙江省美丽乡村创建先进县"荣誉称号。

2014 年 11 月，浙江全省"深化千万工程，建设美丽乡村"现场会在德清召开。

2015 年，（住建部主持）全国首次农村人居环境普查评估，德清县位居全国第一。

2015 年，德清县被农业部和国家旅游局评为全国休闲农业与乡村旅游示范县之一。

2015 年，国际乡村旅游大会在德清召开（亚太旅游协会、浙江省旅游局、湖州市人民政府主办）。

2015 年，全国农村精神文明建设现场会在德清召开。

2015 年，浙江全省农村文化礼堂建设工作现场会等相继在德清县召开。

2015 年，德清成功入选世界十大乡村度假胜地、中国十佳最美乡村旅游目的地和首批中国乡村旅游创客示范基地称号（亚太旅协授予）。

附录 11　德清县城乡体制改革试点经验总结

2014 年 3 月，作为浙江省首个城乡一体化改革试点县，德清县全面启动了此项综合性改革（浙政办发〔2014〕37 号、德委发〔2014〕15 号、德城乡体改办〔2015〕4 号）。整体而言，德清县城乡体制改革已取得阶段性成效，可概括为：以统筹的思维，加快推动城乡发展格局一体化；以活权为导向，加快推动农村体制改革制度化；以市场为手段，加快推动城乡要素配置合理化；以惠民为目标，加快推动城乡资源配置均衡化；以多元的途径，加快推动社会治理体系现代化；以稳健的步伐，加快实现改革红利释放最大化。具体陈述如下。

（一）城乡规划建设一体化机制改革

1. 加快"多规合一"成果应用等领域改革。按照新型城镇化的要求，结合德清资源禀赋条件和空间区位特点，以中心城市、中心镇、中心村为节点，全面构建科学的生产空间、生活空间和生态空间，切实优化城乡整体布局。一是以"多规合一"国家试点为契机，高起点编制县域空间总体规划。目前，《县域总体规划》已完成评估报告及纲要方案，《产业发展规划》和《环境功能区划》已完成初稿，《土地利用总体规划》已完成基数转换与预布局工作，《德清县"多规合一"试点工作实施方案》已于 2015 年 7 月 2 日正式发文，到当年底可以形成一套指标体系、一张空间蓝图、一个信息平台、一套审批流程、一套考核体系、一个协调机制的"六个一"成果体系。以"五个一体化"运行机制为抓手，完善城乡基础设施建设。建立供水、供气、公交、污水处理、环境管理等城乡基础设施"五个一体化"运行机制，实行"一根管子接到底"农村污水治理模式和"一把扫帚扫到底"城乡环境管理新模式。目前已改造旧供水管网 10.8 公里，完成污水管网建设 28.33 公里，城乡环境管理一体化模式已在钟管镇、武康镇、（新）莫干山镇推行。

2. 加快建设"美丽乡村"升级版。开展美丽乡村升级版规划编制,出台了《关于2016年美丽乡村建设的实施意见》等政策文件。高标准打造美丽乡村精品示范村,完成五四村等第一批5个美丽乡村精品示范村建设,实施联合村、宋市村等第二批10个精品示范村建设。大力推进中东部美丽乡村提升工程,启动实施联星村等31个中东部美丽乡村提升村建设。

3. 加速推动县域城镇体系协同发展。积极谋划和推进特色小镇、美丽城镇建设。2016年上半年,地理信息小镇完成固定资产投资8.87亿元,占年度投资计划64.6%;通过国家新型城镇化改革试点争取到2亿元专项建设基金;编制完成裸心度假小镇(莫干山)和通航智造小镇(临杭工业区)申报方案和规划方案,做好第三批省级特色小镇申报准备。加快小城镇特色化建设,有序推进乾元、新市、洛舍等7个创建镇(街道)首批申报的194个项目,完成乾元镇东门城桥南桥头公园、洛舍镇文化中心大楼等项目49个,2016年上半年累计完成投资2.8亿元。

(二)农村产权制度改革

1. 深化农村产权确权等领域改革。扎实开展不动产统一登记,稳步开展承包经营权确权登记颁证试点,2016年上半年已完成权属调查的村138个,占应登记村数的100%;完成承包地块测绘面积25.77万亩,占家庭承包耕地合同总面积的101.5%。农田水利设施确权颁证实现县域全覆盖,新颁发所有权证300余本(累计2274本)。深化集体资产股份权能改革和农田水利设施产权制度改革,拟定《德清县村股份经济合作社成员身份资格认定办法》等八项制度草案。德清县"三位一体"农合联改革工作加速推进,全面完成县、镇两级农合联组织架构组建,共吸收会员691个。

2. 加快推动产权交易流转市场化改革。健全县、镇(街道)、村(社区)、农户"四位一体"的农村综合产权流转交易体系,制定出台配套政策25项(2016年上半年新增1项),实行交易规则、鉴证程序、服务标准、交易监管、信息平台和诚信建设"六统一"管理模式,进入流转交易平台权种达10类,提出了农村产权交易示范平台创建标准,完成了新安镇、禹越镇规范化平台创建试点工作。完成农村产权交易平台软件的升级工作,2016

年上半年新增农村产权交易 98 笔，交易金额 3489.98 万元，初步实现了农村产权的高效、合理、顺畅流转。

3. 稳步探索推进农村集体经营性建设用地入市改革。以"政府立制、群众议事、市场定价、收益共享"的改革路径，促进农村集体经营性建设用地在城乡之间平等交换和自由流动，2016 年上半年组织入市地块 25 宗 138.77 亩，成交金额 2944.76 万元，其中集体经济组织获益 2408.9 万元（累计组织入市地块 65 宗 502.42 亩，总成交金额 1.26 亿元，其中集体经济组织获得收益 1.03 亿元）。率先开发出土地增值收益征管系统（入市一体化信息管理平台）。出台集体经营性建设用地使用权抵押贷款管理办法，在全国率先突破农地入市抵押贷款融资，上半年 15 宗入市地块获得抵押贷款 4031 万元，初步建立了城乡统一的建设用地市场，基本实现农村集体经营性建设用地与城镇建设用地同价同权、同等抵押。

值得强调的是，德清此次"农村集体经营性建设用地入市"最值得肯定的是其对应的制度设计。其制度安排包括：出让、土地估值、增值收益分配、抵押权能实现。具体而言，分别为确定入市决策程序，建立统一城乡地价体系，建立统一交易平台兼市场规则和服务监管机制，落实抵押权能，探索建立兼顾国家、集体、个人的收益分配机制；就利益分配机制而言，将依据工业用地和商服用地差异，以及规划和区位差异，收取不同比例的增值收益调节金，且规定政府收取的增值收益调节金必须用于农村基础设施建设等开支。此类举措有助于当地城乡统一建设用地市场的建立。

概而言之，农村产权制度改革是德清县实施城乡一体化的一个突破口，也是德清县推进产业结构优化升级的一个引擎，且与德清城乡综合体改革中其他领域诸项改革互为条件，成为基于地域发展实践逻辑和实践过程相融合的一个印证。

（三）城乡要素市场化配置改革

1. 加快推进供给侧结构性改革。扎实开展"三去一降一补"行动，制定出台供给侧结构性改革工作方案及系列配套政策措施，提出县域要素交易综合平台组建方案。截至目前，"去产能"方面，已淘汰落后产能企业 16 家，节约 7 万吨标煤能耗，腾出土地 820 亩；"去库存"方面，商品住宅库存去化周期缩短到 18 个月；"去杠杆"方面，积极推进有效信贷支持，引导金融机构落实差别化信贷服务，至 2016 年 5 月底，新增中小微企业贷款 15.07 亿元，占全县贷款新增的 75.27%，累计召开各类"两链"风险帮扶协调会议 15 次，银行不良贷款率 0.73%，继续保持全市最低水平；"降成本"方面，按现行方案，预计到 2016 年底可为全县企业减负约 29.18 亿元；"补短板"方面，着力发挥"金象金牛"培育企业的示范带动作用，加快企业兼并重组，深入推进"机器换人"，1—5 月以"机器换人"为核心的技改投资完成 54.1 亿元，同比增长 34.1%，增幅位列全市第一。

2. 深化完善科技成果转化德清模式新机制。与高校院所、科技服务机构合作共建难题需求库和成果供给库，实现成果、专家、专利等资源的共享。上半年累计发布和更新成果信息 2.5 万条、专家信息万余条，新发布高校院所信息 2000 余条、技术需求 150 余条。以线上成果信息发布汇交、线下成果对接交易等方式，创新"成果＋市场＋产业＋平台＋资本＋环境"的供给方式，圣博康药业以 1100 万元竞得成交金额最高的科技成果"新药银黄丸技术"。通过众创空间"产学研结合"吸引创新团队，上半年建成使用创客邦、地信梦工场等众创空间 4 个（累计建成 5 个），共吸引创新项目近 20 项，入驻创业人才团队 6 个。新设立 1 个总规模 5000 万元的科技成果产业化合作子基金——德清华盛达科成创业投资基金。

3. 加快推进政府投融资体制改革。加快推动 PPP 投资模式，总投资 2.1 亿元的高新区污水处理厂工程项目已于 2016 年 4 月底前完成项目评估，完成物有所值评价和财政承受能力论证，目前项目实施方案已通过县政府审定。推进国有资产"证券化"，县水利建设发展有限公司以所属国有资产为载体，实施了资产证券化项目，目前已获得 4.5 亿元融资，有效拓宽了重大基础设施和重点民生项目的融资渠道。

（四）行政审批制度改革

1. 实施投资项目网上审批，提升审批服务水平。已经完成系统硬件部署、用户同步、单点登录、政务网网址的挂接，建立了德清县在线审批监管平台，实现了与市县平台、省级平台的物理贯通，并成功推送历史项目信息。与此同时，结合"快速审批"，重新梳理优化了企业投资项目全流程审批和政府投资项目审批，同步更新了各审批事项基本信息。

2. 深化项目投资准入制度，规范项目准入标准。一是认真做好项目预评价。在做好投资项目预评价的基础上，推进项目"三色预警"机制，及时将预评通过的"大好高"及其他投资项目告知相关职能部门。二是将项目前期工作向前延伸，结合"聚焦好项目　培育新动力"行动，积极与各平台、镇、街道及产业招商组做好工作对接。三是建立项目引进预警、通报机制。建立项目数据库，将全县在谈、签约"大好高"项目按不同类型纳入数据库，并配套建立月度更新制、县级领导联系在谈项目、在谈项目预警、定期通报、年度考核等制度。

3. 深化中介服务市场化改革，建立中介服务规范。初步形成了德清县开发中介服务网上竞价系统及推进中介市场化改革的思路，并与开发商就竞价系统开发需求进行了对接。

4. 深化政府购买公共服务制度，提升公共服务水平。通过示范引领，努力打造一批可复制、可推广的示范性政府购买公共服务项目典型，以此带动全县各部门的政府购买服务工作。

（五）县域经济向都市区经济转型发展机制

1. 健全战略性新兴产业发展激励机制。坚持创新驱动，加快省级地理信息产业园、通用航空基地建设，谋划争创地理信息小镇、金融小镇、通航小镇等一批特色小镇，大力培育发展地理信息、通用航空等新兴产业。

2. 创新平台园区建设管理机制。完善平台（园区）规划的编制和实施。加大重点产业的招商力度，有计划有重点地向砂村地块倾斜。鼓励企业开展"增资扩股""以企引企"，在现有土地上抓"零土地"招商。

3. 建立健全农业全产业链发展机制。推进农村一二三产业融合发展，完善"三位一体"农村新型合作体系，加快转变农业发展方式。

4. 建立健全高端服务业发展激励机制。认真落实加快信息经济、旅游业等发展政策，推动信息产业、休闲旅游、现代物流、新型金融等现代服务业加快发展。

5. 开展省级科技金融结合示范区建设。探索建立科技成果转化引导母基金，加强对科技型中小企业的服务和资金使用管理，推进企业科技创新。

加大企业知识产权质押贷款，实施项目贷、种子贷、成果贷等金融产品，扩大科技金融创新产品贷款规模，探索"政府＋银行＋保险"的合作机制，开展科技企业专项贷款保证保险，扩大科技金融创新。加大科技与金融结合力度，加快科技型中小企业资产证券化进程，拓宽企业融资渠道。

（六）完善基本公共服务均等化体制机制改革

1. 健全城乡社会保障体系。进一步加大医疗救助、临时救助资金筹集和救助力度，规范最低生活保障，构建城乡一体的社会救助体系，上半年核定困难群众一次性医疗救助 297 人，下拨救助资金 201.14 万元，落实临时救助财政预算资金 200 万元。健全城乡统筹的就业制度，起草支持大众创业就业政策，修订完善《德清县统筹城乡失业保险制度实施意见》，失业保险费单位缴费率从 2016 年 5 月 1 日起由之前的 1.5% 降为 1%。

2. 提升城乡教育医疗公共服务水平。推进城乡义务教育资源统筹配置，全面启动 2016 学年义务教育教师校长交流工作。鼓励支持民资投资办学，华盛达外语学校迁建项目完成前期并开工建设；出台《德清县 2016 年省支持民办教育发展专项资金分配方案》等文件，德清一中与杭州龙恒教育有限公司签订合作办学协议。深化医药卫生体制改革，以"两下沉、双提升"为契机，引导优质医疗卫生资源流向基层，推进分级诊疗制度建设。德清医院签约成为杭师大附属医院德清分院；邵逸夫医院委派管理人员、业务骨干担任县人民医院院长顾问和四个专科特聘主任。2016 年上半年，上级医院专家到德清县开展坐诊、疑难病例会诊讨论等 1470 次，服务群众 14800 人。

3. 加快建设公共文化服务体系示范区。一是完善公共文化设施建设，夯实示范区创建工作基础。二是创新公共文化服务模式，打造特色文化服务品牌。三是丰富公共文化产品供给，提升文化惠民服务效能。四是加大公共文化保障力度，增强文化建设发展动力。

4. 完善"五个一体化"运行机制。不断提升供水保障能力，104 国道至莫干集镇供水管道工程基本完工；东苕溪备用水源建设工程完成总工程量的 90%。逐步提高燃气覆盖率，完成三莫线 8 公里燃气管网建设。扎实推进全县污水管网建设，累计完成污水管网建设 30.7 公里，完成全年任务的 87.7%。大力实施公交一体化工程，优化公交线路 6 条；新增公交线路 2

条，勘察完成首条"民游公交线路"的沿途公路安保设施情况。建立健全环境管理一体化市场运作机制，以钟管、洛舍为市场化运作试点，推进环卫作业市场化改革。

（七）完善生态建设保护机制改革

在生态建设保护方面，基本做到了遵循"以资源环境承载能力为基础、以生态保护为前提、以协同配置为纲领、以耕地保护为重点、以节约集约为主线"的原则，合理安排规划期内土地利用目标和任务，优化生态建设、耕地保护与城镇发展空间格局。具体体现在以下几个方面。

1. 健全生态补偿机制。健全了矿产资源资产产权制度和用途管理制度，高标准开展关闭矿山的地质环境恢复综合治理工作，综合治理裸露岩体。健全林业、湿地、河流等资源的科学开发和保护管理机制，改革和完善森林资源保护利用机制。加强湿地保护管理，建立完善湿地生态保护补偿机制；加快实施环境功能区划，实现对各环境功能区的分类管控。

2. 深入推进"五水共治"，完善"河长制"。继续加大"五水共治"力度，加快水环境综合治理重点项目建设，出台深化"河长制"工作实施意见。

3. 建立治水长效机制。实施工业用水定额机制，出台工业用水定额标准，实行对不同类别企业执行差别化水价。完善截污纳管长效机制，加大城镇污水管网建设力度，加快推进全县污水处理设施的提标改造工作。

4. 健全园区循环化改造推进机制。组织实施改造，稳步推进实施园区循环化改造工作，实现园区的主要资源产出率、土地产出率大幅度上升，固体废物资源化利用率、水循环利用率显著提高，主要污染物排放量大幅度降低。

5. 建立健全生态产业、节能低碳产业政策激励机制。建立了以低碳为特征的产业体系和消费模式，推进能源结构优化和节能降耗，提升城市碳汇能力，建立完善温室气体统计、核算、考核体系，构建促进低碳发展能力支撑体系。

6. 推进排污许可证"一证式"改革试点。积极开展排污许可证管理与环保审批、验收、执法有效整合的制度创新，探索实践排污许可证"一证式"管理模式。

7. 建立健全大气污染防治长效机制。建立了全县大气污染防治信息交流平台，推进重点任务和重点项目落实，巩固深化"治霾318"攻坚成果，加快推进有机废气治理等重点工程。

（八）创新社会治理机制改革

1. 创新公共服务供给机制，用好政府与市场"两只手"。进一步处理好履行政府职责与发挥市场作用的关系，加快形成多元参与、公平竞争的公共服务供给格局，健全政府购买公共服务制度。制定《2016年政府向社会力量购买服务的指导目录》（德财综〔2016〕31号），其中购买服务三级目录146项，较浙江省目录增加城乡低保家庭社会服务、重点青少年援助服务等适应德清县公众需求的服务事项16项，累计投入160万元资助社会组织公益创投项目48个。

2. 推广"乡贤参事会"，推动基层科学决策。围绕创建全国社区管理和服务创新实验区，推广"乡贤参事会"农村治理模式，推动农村基层治理模式从"代民做主"向"由民做主"的转变。目前已培育发展乡贤参事会56个，并于5月7日成功举办首届中国乡贤治理论坛。

3. 积极探索综合行政执法改革，优化城乡执法体系建设。全面梳理、汇总和分析由县级人民政府负责而未明确具体实施主体的综合行政执法拟划转事项，并初步核定综合行政执法局的人员编制，为正式组建综合行政执法局夯实基础。深化统一政务咨询投诉举报平台建设，研究制定《德清县深化统一政务咨询投诉举报平台建设实施方案》，确定10个部门13条热线列入深化平台整合的范围。

后　　记

这本小书是不才 2013 年从中山大学博士毕业后的第一本"著述",也是有生以来的第一本"著述"。囿于才识,几经校订完善,尽管仍有一些缺陷不足,但为便于读者阅读,自忖尚有一些需要补充的赘言,列于此供参考。

其一,大概由于我不是"正统"农村社会学出身的缘故,整体而言,本书的撰写和修改,受既有经济社会学研究方向影响较多,偏重于产业层面及其之上社会现象的观察和阐释。比如,如何看待作为特定生产要素的农地,以及关于"农村土地上的人、乡村产业与产业地"之间关联等方面的探讨,致力于提供若干关于"村庄治理转型和产业升级向何处去"的分析性概念暨命题。

其二,关于总体写作思路,本书尝试使用一个整体性分析视角,即"地域活化",予以统领,贯穿于全书的不同章节。并从中分解出一些基于整体性分析框架之下的具体分析路径,比如,"土地 + 土地上的人 + 土地上的产业"的三维构建。此外,在整体上,相对而言,本书主体内容可以独立成章,且每章均有对应理论性梳理和"小结"。本书内容的重点不在于对所选两个村庄(德清县西部的燎原村和中北部的东衡村)进行详尽的描绘性说明,而是致力于探索,在(浙北等地)县域转型发展过程中"乡村何以实现振兴",以及在城乡互动、城乡融合发展视野下,所选村庄凸显的"类型化"的学理意义(肯定成绩之外,反思和批判的内容,或更值得探讨交流,详见本书第三、四、五、六章)。

之所以对"地域活化"研究视角予以突出，首先，源自近年来在浙江湖州、宁波、丽水等地的观察调研。其次，受到一些来自台湾大学的师友（他们在内地的机构名称为"乡愁经济学堂"）的影响。10多年来，他们一直在大陆致力于乡村建设（主要是教育培训和规划项目落地），具有较明显的跨学科色彩。再次，汲取了日本、韩国、中国台湾等东亚国家和地区的一些乡村建设经验。在本书中，作为城乡社会转型和发展学说的一支，"地域活化"分析视角只是一个研究系列的开端，期冀未来可以循沿此路径持续开展有关调研（本书也涉及少量跨学科知识，比如，东衡村"农地入市之异地调整入市"案例，以克服传统文科/社科在面向技术性案例叙述时可能造成的瑕疵。另外，关于"地域活化"分析视角，我在民政部2018年"新时代乡村振兴战略与乡村治理现代化研讨会"主题发言上有简介，发言题名："坡地村镇"与乡村振兴的浙江探索——"本土化逆城镇化"现象的社会学分析）。

其三，关于"从村入乡（镇）"，反之亦然。本书的分析单位原定为"村"，但在书写过程中，并没有局限于"村"，在一定程度上，拓展到"联村（成片）"或"小镇"的层面，比如，"小镇大村"。这是因为，一是受益于我在浙江经年田野调研后的思考；二是受益于"（乡村）地域活化"分析思路，着力于理论性概念的提炼。

进一步而言，通读后不难发现，本书并没有局限于所选两个村庄的讨论，还涉及这两个村庄所在镇区的讨论，甚至还有一定县域信息的引入。如此写作是：第一，受制于研究所选村庄的特质，比如，燎原村（庾村）与莫干山镇（莫干山村落），在产业上都以民宿闻名，在地理上呈现为相互嵌入关系，而庾村街市既是燎原村的中心地带，也是莫干山镇的一个中心地带。因此，在第五章，才有从莫干一个村（燎原）到整个莫干山村的讨论。再例如，"钢琴之乡"（洛舍镇）与"钢琴之村"（东衡村），无论是产业结构，还是地理，也是相互嵌入的关系。因此，在第五章，才有从"钢琴之村"到"钢琴之乡"的讨论。第二，依个人陋见，研究乡村发展变迁，不能孤立地就乡村论乡村，而需要将其置于乡村所在乡镇及县域整体转型发展背景下予以考察，比如，"小镇大村"分析概念的提出正是基于这样的观察。同时，从德清全县层面去观察，可以见到，村庄转型发展，离不开所在县域层面的转型发展，乡村活力维系和提升离不开县域活力的维系和提升。乡村转型的背后一般都离不开县域有力的产业支撑、财政支持，以及有效公共治理体系的构建与运转（比如，在农村土地利用方式更变方面，德清有较长期的历史。再如，多年来，德清城乡一体化推进工作构成了其乡村转型发展的重要基石，而长期以来小城镇综合环境整治工作，同样对当地乡村发展转型有重要的推动功用）。

最后，外出求学和工作 20 多年来，非常感谢家人和亲朋师友的一路关爱与帮扶，特别感谢妻子的理解和包容，也很想借此对乖巧的女儿说声道歉："未能充分陪伴嬉戏，诚为愧怍。"然而，余之求学，路坎且长，大概唯有"朝斯夕斯"，方能以勤补拙，正所谓学问之道贵在"行行重行行"！

李　敢

浙江省杭州市下沙高教园区钱塘江畔

2018 年 5 月

致　　谢

　　囿于各类因素，相应资料不足和采集困难，是本课题实施过程中遇到的显性障碍。当然，本书在写作过程中，也裨益于多方力量的支持帮扶。除了"中国百村经济社会调查"总课题组的关心呵护之外，在调研和写作过程中，一定程度上受益于同上海"乡愁经济学堂"团队之间的互动沟通，学堂核心成员林德福、刘昭吟都是台湾大学城乡所博士，在乡镇发展和建设方面，有丰富的田野调研和项目培训经验，学堂另一名负责人陈艳燕也在乡村调研方面做了很多工作。

　　当然，调研工作的顺利开展极大地受益于中共德清县委宣传部、德清县社科联、德清县国土局、德清县体改办、德清县发改委、德清县财税局、中共德清县委组织部、德清县金融办、德清县民政局、德清县农办、德清县农业局（农经站）、德清县旅游委员会、德清县莫干山镇政府、德清县洛舍镇政府、德清县东衡村村委、德清县燎原村村委等机构及其工作人员的支持。另外，也要特别感谢"研读德清"学习小组、受访村民和民宿业主、民宿经营管理人员、民宿游客、乡村企业主，以及其他类型的乡村企业经营管理人员、乡村产业工人、乡村产业技术人员等有关人士的支持和襄助，成文之际，深表谢意。

　　最后需要一提的是，自2015年夏秋承接"百村"调研子课题以来，笔者相继发表了基于德清调研的多篇论文，其中既有《城市规划》（国内城乡规划学科权威期刊），也有CSSCI来源与其他类型的普通期刊。本书的撰写和修改充分汲取了前期论文成果（不过，书中内容和对应已经以论文形式发表的内容，还是存有一定差别，如篇幅和裁剪取舍角度的不同等）。在此次修改过程中，已将书中基于前期论文的内容，分别予以了标注。与本书撰写具有直间接关联的论文信息如下（主要为承接子课题后的调研和写作，其中，2017 年《社会学研究》那篇也得益于德清调研，但开始时间早于百村德清调研子课题，部分内容涉及乡村新产业新业态）：（1）《另辟蹊径的城镇化——基于浙江"钢琴之乡"双重产业集群化路径的案例研究》，《北京社会科学》2015 年第 9 期。（2）《"莫干乡村改进"实践及其对新时期乡村建设的启示》，《浙江树人大学学报》2017 年第 1 期。（3）《舒适物理论视角下莫干小镇建设解析——一个消费社会学视角》，《城市规划》2017 年第 3 期。（4）《社区总体营造视野下乡村活力的维系与提升——基于新旧"莫干乡村改进实践"的案例比较》，《城市规划》2017 年第 12 期。（5）《空间重塑与村庄转型互动机制何以构建——基于莫干山村民宿群落化的案例分析》，《城市规划》2018 年第 11 期。（6）《城乡一体"化"的实践逻辑与实践过程》，《城市规划》2018 年第 12 期。（7）《"乡村振兴战略"一个着力点探讨：农村"土地上人的改革"向何处去》，《农村经营管理》2017 年第 12 期。（8）《改革开放四十年来我国农村土地产权变革的制度逻辑——一个资源配置效率与公平的分析视角》，《社会发展研究》2018 年第 2 期。（9）《浙江"新土改"及其城乡一体"化"探索（1999—2015）》，《中共南京市委党校学报》2016 年第 4 期。（10）《文化产业与地方政府行动逻辑变迁——基于 Z 省 H 市的调查》，《社会学研究》2017 年第 4 期。

至于本书记录与阐释的错漏之处，依据学界惯例，由作者本人承担。

图书在版编目（CIP）数据

乡村活力如何维系与提升／李敢著. -- 北京：社
会科学文献出版社，2018.12
（中国百村调查丛书）
ISBN 978 - 7 - 5201 - 3445 - 3

Ⅰ.①乡… Ⅱ.①李… Ⅲ.①农村 - 社会主义建设 -
研究 - 中国 Ⅳ.①F320.3

中国版本图书馆 CIP 数据核字（2018）第 209928 号

·中国百村调查丛书·

乡村活力如何维系与提升

著　者／李　敢

出 版 人／谢寿光
项目统筹／任晓霞
责任编辑／任晓霞　冯莹莹

出　　版／社会科学文献出版社·社会学出版中心（010）59367159
　　　　　地址：北京市北三环中路甲29号院华龙大厦　邮编：100029
　　　　　网址：www. ssap. com. cn
发　　行／市场营销中心（010）59367081　59367083
印　　装／三河市尚艺印装有限公司

规　　格／开　本：787mm×1092mm　1/16
　　　　　印　张：19.75　插　页：0.25　字　数：298千字
版　　次／2018年12月第1版　2018年12月第1次印刷
书　　号／ISBN 978 - 7 - 5201 - 3445 - 3
定　　价／89.00元

本书如有印装质量问题，请与读者服务中心（010 - 59367028）联系